Das Praxisbuch: Mitentscheiden
und Mithandeln in der Kita

Rüdiger Hansen, Raingard Knauer

Das Praxisbuch: Mitentscheiden und Mithandeln in der Kita

Wie pädagogische Fachkräfte Partizipation und Engagement von Kindern fördern

| Verlag BertelsmannStiftung

Bibliografische Information der Deutschen Nationalbibliothek

Die Deutsche Nationalbibliothek verzeichnet diese Publikation in der Deutschen Nationalbibliografie; detaillierte bibliografische Daten sind im Internet unter http://dnb.d-nb.de abrufbar.

MIX
Papier aus verantwortungsvollen Quellen
FSC® C113405
www.fsc.org

10. Auflage 2025

Verantwortlich: Sigrid Meinhold-Henschel
Lektorat: Heike Herrberg, Bielefeld
Herstellung: Sabine Reimann
Illustrationen: Matthias Berghahn, Bielefeld
Fotos: Arbor Verlag/Magda Gerber: Ein guter Start ins Leben/5.Aufl. 2014 (S. 171)
Humboldt-Universität zu Berlin, Universitätsbibliothek (S. 49)
IMAGNO/Sigm.Freud Priv.Stiftung (S. 59)
Jacobs Foundation (S. 37)
Kathleen King/Alison Gopnik (S. 170)
Matthias Kleinow (S. 54)
Privat/Patricia K. Kuhl (S. 170)
Privat/Andrew Meltzoff (S. 170)
Pikler-Lóczy-Gesellschaft Ungarn (S. 171)
Wikipedia/Eva Watson-Schütze (S. 63)
Wikipedia/Miedzynarodowe Stowarzyszenie im. Janusza Korczaka Beit Lohamei Haghetaot (Ghetto Fighter's House Museum), (S. 69)
Wikipedia/House of Childhood Inc. (S. 93)
Umschlaggestaltung: Elisabeth Menke
Umschlagabbildung: Matthias Berghahn, Bielefeld
Gestaltung, Layout und Satz: werkzwei, Detmold
Druck: LD Medienhaus GmbH & Co. KG, 48268 Greven
ISBN 978-3-86793-509-8 (Print)
ISBN 978-3-86793-692-7 (E-Book PDF)
ISBN 978-3-86793-693-4 (E-Book EPUB)

www.bertelsmann-stiftung.de/verlag

Inhalt

Vorwort

Kinder sind neugierig, aufgeschlossen und an allem interessiert. Sie wollen wissen, wie die Welt funktioniert, möchten mitgestalten und helfen. Kinder beteiligen sich gern an den Aufgaben des Alltags. Das wissen Eltern und pädagogische Fachkräfte. „Hilf mir es selbst zu tun.", war schon für Maria Montessori ein wichtiger Leitsatz. Denn etwas allein oder mit anderen tun zu dürfen und zu können, ist für Kinder Motor ihrer Entwicklung. Dies gilt zunächst in ihrer Familie, später in der Kita, in der Schule und in der Jugendarbeit. Für Kinder ist es dabei wichtig, zu erfahren, wie Gemeinschaften organisiert sind, welche Regeln bestehen und welchen Einfluss sie nehmen können.

Die Kita ist für die meisten Kinder der Ort, an dem sie erstmalig einen öffentlichen Raum betreten. Sie erfahren hier, wie Menschen zusammenleben, die nicht miteinander verwandt sind. Die Kita bildet die Gesellschaft im Kleinen ab. Sie stellt damit einen geeigneten Rahmen bereit, um Engagement, Partizipation und demokratische Kompetenzen früh zu fördern.

Im Projekt „jungbewegt – Für Engagement und Demokratie." haben wir in Kooperation mit dem Institut für Partizipation und Bildung (IPB, Kiel) das Konzept „Mitentscheiden und Mithandeln in der Kita" entwickelt, erprobt und mit guten Ergebnissen evaluiert. Unsere Initiative möchte dazu beitragen, dass Kinder von klein auf und in allen Bildungseinrichtungen erfahren, wie bereichernd es ist, Verantwortung zu übernehmen und eigene Gestaltungswünsche in Aushandlungsprozesse einzubringen. Wir wollen Wege aufzuzeigen, die Menschen unabhängig von Herkunft und Bildungsstand Mitentscheiden und Mithandeln ermöglichen.

Als wir bei Start des Projektes 2010/2011 mit diesem Anliegen an Kitas, Schulen und Jugendeinrichtungen herangetreten sind, haben wir gerade im vorschulischen Bereich viele Fragen ausgelöst. Während sich die Förderung der Partizipation von Kindern als fachlicher Standard für den Elementarbereich – zumindest in der Theorie – in den letzten Jahren durchgesetzt hat, war unser Anliegen, dies mit der Förderung von Engagement und Demokratiebildung zu verbinden, für viele neu.

Für den Ansatz, bereits im Bereich der Elementarbildung, gemeinnütziges und demokratisches Handeln zu unterstützen, mussten wir zunächst intensiv werben. Mittlerweile beteiligen sich 21 Kitas mit insgesamt ca. 2.000 Plätzen am Projekt

„jungbewegt – Für Engagement und Demokratie.". Insgesamt erreicht haben wir bislang ca. 4.000 Kinder. 335 Fachkräfte sind von uns fortgebildet worden.

Das Konzept hat seine Praxistauglichkeit bewiesen. Zahlreiche gelungene Umsetzungsbeispiele werden von den beteiligten Modellkitas beschrieben. 97 Prozent der von uns fortgebildeten Fachkräfte empfehlen eine Projektteilnahme – das überwältigende Ergebnis einer Evaluation im Jahr 2013. Die pädagogischen Fachkräfte stellen heraus, dass sie viel mehr Unterstützung von den Kindern bekommen und ihre Arbeit noch mehr Freude bereitet. Im Hinblick auf die Kinder beschreiben sie eine Stärkung ihrer Mitsprache- und Handlungsmöglichkeiten sowie umfassende (Selbst-) Bildungsprozesse. Und auch die Eltern profitieren: Sie werden intensiver einbezogen und ihre Einflussmöglichkeiten gestärkt. Motiviert durch diese Rückmeldungen arbeiten wir nun an der Verbreitung unserer Handlungsansätze. Dem dient dieses Praxisbuch aber auch die Ausbildung von 70 Multiplikatoren. Sie vermitteln ihr Wissen, ihre Erfahrungen und ihre Methodenkompetenzen als Fachberatungen bei Trägern oder auch als Fortbildner bundesweit an interessierte Kitas.

Unser Dank gilt allen, die an der Entwicklung, Durchführung und Auswertung des Konzeptes „Mitentscheiden und Mithandeln in der Kita" mitgewirkt haben. Theoretisch fundiert ist es in seinem Kern ein Handlungsansatz aus der Praxis für die Praxis. Besonders bedanken möchten wir uns beim IPB für die fachlich kompetente und stets zuverlässige Zusammenarbeit sowie bei den Autoren dieser Handreichung, Rüdiger Hansen und Professor Dr. Raingard Knauer. In diesem Praxisbuch stellen sie Grundlagen, Beispiele und Umsetzungsschritte unserer Arbeit in Kitas dar, geben Hinweise für eine gelingende Elternarbeit und die Einbeziehung unter dreijähriger Kinder..

Wir hoffen, Ihnen damit Impulse für die frühe Förderung von Engagement, Partizipation und Demokratiebildung zu geben und möchten Sie ermutigen, sich auch in Ihrer Kita auf den Weg zu machen.

Brigitte Mohn
Mitglied des Vorstandes der
Bertelsmann Stiftung

Sigrid Meinhold-Henschel
Senior Project Manager
Leitung des Projekts "jungbewegt –
Für Engagement und Demokratie."

Einleitung

Das vorliegende Praxisbuch beschreibt ein Konzept zur Förderung gesellschaftlichen Engagements von Kindern in Kindertageseinrichtungen. Das Konzept „Mitentscheiden und Mithandeln in der Kita“ (Knauer, Sturzenhecker und Hansen 2011) wurde zunächst in Zusammenarbeit mit drei schleswig-holsteinischen Kindertageseinrichtungen entwickelt und erprobt und seit 2011 an den Modellstandorten Berlin, Magdeburg und Mainz in bislang 18 Kindertageseinrichtungen umgesetzt.

Das Konzept „Mitentscheiden und Mithandeln in der Kita“ nimmt die Erfahrungen auf, die wir im Laufe von zehn Jahren mit dem Konzept „Die Kinderstube der Demokratie“ (vgl. Hansen, Knauer und Sturzenhecker 2011) – dem bislang umfassendsten Konzept für Partizipation in Kindertageseinrichtungen im deutschsprachigen Raum – gesammelt haben. Das Konzept „Die Kinderstube der Demokratie“ thematisiert die zentrale Frage, wer im Kita-Alltag jeweils das Recht und die Macht haben soll, Entscheidungen zu fällen. Das Konzept „Mitentscheiden und Mithandeln in der Kita“ erweitert diesen Blickwinkel. Es zeigt sowohl, wie Kinder im gemeinsamen Leben in der Kita mitentscheiden, als auch, wie sie mithandeln können. Dabei geht es nicht darum, Kinder verfrüht an erwachsene Partizipations- und Engagementformen heranzuführen.

Mithilfe des Konzepts „Mitentscheiden und Mithandeln in der Kita“ ermöglichen pädagogische Fachkräfte Kindern zunächst, sich in der kleinen Gemeinschaft der Kindertageseinrichtung für sich und die Gemeinschaft zu engagieren. Dabei wird ein besonderes Augenmerk auf die vielfältigen Aufgaben und Herausforderungen gelegt, die der Alltag der Kita bereithält. Das Ziel ist, die Kinder so viel wie möglich an all dem zu beteiligen, was in und um die Kita zu tun ist; das heißt, weniger für die Kinder und stattdessen viel mehr gemeinsam mit den Kindern zu erledigen – wobei auch die Verteilung der Entscheidungsmacht große Bedeutung hat.

In den Modelleinrichtungen haben die Kinder die Herausforderungen, mitzuentscheiden und mitzuhandeln, voller Begeisterung und Engagement angenommen und sind dabei vielfach – zum Erstaunen vieler Erwachsener – über sich hinausgewachsen. Dabei haben diese ein- bis zehnjährigen Mädchen und Jungen mit unterschiedlichen kulturellen und sozialen Hintergründen und vielfältigen Begabungen und Beeinträchtigungen viel über sich, über die anderen und über die verschiedenen Themen, die ihnen im Alltag der Kita begegnet sind, gelernt.

Gesellschaftliches Engagement von Kindern in Kindertageseinrichtungen zu fördern, stärkt die Kinder in ihrem Eigen- und Gemeinschaftssinn, ihrer Selbstständigkeit und ihrem Selbstvertrauen, fordert gleichzeitig vielfältige Bildungsprozesse heraus und ermöglicht erste Erfahrungen mit demokratischem Handeln. Engagementförderung ist daher keine zusätzliche Aufgabe für die pädagogischen Fachkräfte, die neben anderen nun auch noch erfüllt werden soll. Sie hilft ihnen vielmehr, einige ihrer wichtigsten Aufgaben besser zu bewältigen: die Bildung jedes Kindes individuell zu begleiten, ein gedeihliches Zusammenleben in der Gruppe zu unterstützen und die Entwicklung von Autonomie und Solidarität zu fördern.

Engagementförderung stellt für die pädagogischen Fachkräfte zunächst oft eine große Herausforderung dar. Sie verlangt, das Bild vom Kind und das pädagogische Selbstverständnis zu hinterfragen und vielleicht vieles anders zu machen, als das bisher geschah. Die Fachkräfte aus den Modellkitas melden jedoch zurück, dass sich die Mühen lohnen – bezüglich der Entwicklung der Kinder, der Gestaltung der pädagogischen Arbeit, der Zusammenarbeit mit Müttern und Vätern und der öffentlichen Wahrnehmung der Einrichtung (siehe Kapitel 7).

In diesem Praxisbuch werden die Erfahrungen aus den Modellkitas so aufgearbeitet, dass andere Kitas sie nutzen können. Das Buch beschreibt, was gesellschaftliches Engagement von Kindern in Kindertageseinrichtungen meint (Kapitel 1), welche Voraussetzungen Kinder mitbringen, um mitentscheiden und mithandeln zu können (Kapitel 2), und warum das Engagement von Kindern in und für die Gemeinschaft gefördert werden sollte (Kapitel 3). Es stellt praxiserprobte Verfahren vor, mit denen pädagogische Fachkräfte das gesellschaftliche Engagement von Kindern fördern können (Kapitel 4), zeigt, wie das auch schon mit unter dreijährigen Kindern gehen kann (Kapitel 5) und wie die Familien der Kinder einbezogen werden können (Kapitel 6).

Zahlreiche Praxisbeispiele veranschaulichen, wie „gesellschaftliches Engagement" von Kindern in Kitas konkret aussehen und wie es pädagogisch gefördert werden kann. Diese Geschichten vom Mitbestimmen und Mitmachen spielen im Kindergarten von Leon und Jelena. Diesen Kindergarten gibt es nicht wirklich. Aber alle hier erzählten Geschichten haben sich so oder so ähnlich auch in den Modellkitas des Projekts „jungbewegt – Für Engagement und Demokratie." abgespielt. Einige Geschichten sind in bereits acht Bilderbüchern für Kinder veröffentlicht (Hansen und Knauer 2014). Die Bilderbücher erleichtern es pädagogischen Fachkräften, das Thema „gesellschaftliches Engagement“ in der Kindergruppe einzuführen und auch Müttern und Vätern anschaulicher zu machen. Im Praxisbuch wird anhand dieser und vieler weiterer Geschichten die pädagogische Planung erläutert, die solche Erfahrungen von demokratischem gesellschaftlichem Engagement ermöglicht.

In diesem Buch fordern Reflexionsanregungen pädagogische Fachkräfte an verschiedenen Stellen heraus, ihren Kita-Alltag zu hinterfragen. Darüber hinaus werden immer wieder methodische Hinweise gegeben, die allerdings nicht dazu verführen sollen, die vorgestellten Verfahren einfach zu kopieren. Weil jede Kita anders ist, muss jede Kita auch ihren eigenen Weg finden, gesellschaftliches Engagement der Kinder zu fördern; und die dazu nötigen Methoden müssen immer wieder auf die konkreten Kinder in der konkreten Situation zugeschnitten werden. Schließlich gleicht kein Kind dem anderen.

In jeder Kindertageseinrichtung begegnen wir einer Vielfalt von Kindern. Was sie alle eint, ist lediglich, dass sie Kinder sind und damit angewiesen auf Erwachsene, die Verantwortung für sie übernehmen. Das Praxisbuch beschäftigt sich mit einigen zentralen Aspekten der Frage, wie Erwachsene diese Verantwortung für die Kinder wahrnehmen. Weil diese grundsätzlichen Fragen zunächst für alle Kinder gelten – für Mädchen und Jungen, für Jüngere und Ältere, für Kinder unterschiedlicher kultureller, religiöser oder nationaler Herkünfte, aus armen oder reichen Familien, aus Familien mit unterschiedlichem Bildungshintergrund und vieles mehr –, sprechen wir in diesem Buch meistens verallgemeinernd von Kindern. Ohne die Vielfalt, in der die Kinder uns in Kindertageseinrichtungen begegnen, leugnen zu wollen, differenzieren wir zwischen ihnen sprachlich nur dort, wo es uns in diesem Zusammenhang handlungsrelevant erscheint. Davon unbenommen stehen Fachkräfte in ihrer täglichen Arbeit immer vor der Herausforderung, diese Vielfalt wahrzunehmen, in ihrem pädagogischen Handeln zu berücksichtigen und damit Inklusion im Alltag immer wieder herzustellen.

Rüdiger Hansen und *Raingard Knauer*
Kiel, im Oktober 2014

Danksagung

Ohne das große Engagement der Kinder, ihrer Familien und der pädagogischen Fachkräfte aus den Erprobungs- und Modelleinrichtungen sowie der Multiplikatorinnen und Multiplikatoren für Partizipation in Kindertageseinrichtungen, die die Modellkitas und das gesamte Projekt mit großem Einsatz begleitet haben, wäre dieses Praxisbuch nie entstanden. Unser Dank gilt ihnen allen:

AWO Kindertagesstätte „Lotte Lemke", Halstenbek
AWO-Kita Raupe Nimmersatt, Berlin
Evangelische Kindertagesstätte Hasseldieksdamm, Kiel
Evangelische Kita der Kaiser-Wilhelm-Gedächtnis-Kirchengemeinde, Berlin
Independent Living – Kindertagesstätten für Sachsen-Anhalt gGmbH, Integrations-Kita Fliederhof I, Magdeburg
Independent Living – Kindertagesstätten für Sachsen-Anhalt gGmbH, Integrations-Kita Fliederhof II, Magdeburg
Independent Living – Kindertagesstätten für Sachsen-Anhalt gGmbH, Kita Bussi Bär, Magdeburg
Independent Living – Kindertagesstätten für Sachsen-Anhalt gGmbH, Kita Sonnenland, Magdeburg
Jugend- und Sozialwerk gemeinnützige GmbH, KiTa Marzähnchen, Berlin
Kindergruppe Hexenkessel e. V., Mainz
Kindertagesstätten Berlin Süd-West, Kita Ruthstraße, Berlin
Städtische Kindertagesstätte Am Großberg, Mainz
Städtische Kindertagesstätte an der Johannes Gutenberg-Universität, Mainz
Städtische Kindertagesstätte Holunderweg, Mainz
Städtische Kindertagesstätte Maler-Becker-Schule, Mainz
Städtische Kindertagesstätte Römerquelle, Mainz
Städtische Kita Waldblick II, Halberstadt
Tausendfüßler Kinder- und Familiengarten Kaltenkirchen e. V., Kaltenkirchen
Unionhilfswerk Sozialeinrichtungen gemeinnützige GmbH, Kinderhaus „Tom Sawyer", Berlin
Unionhilfswerk Sozialeinrichtungen gemeinnützige GmbH, Montessori-Kinderhaus Lissabonallee, Berlin
Volkssolidarität, Kinder-, Jugend- und Familienwerk gGmbH Sachsen-Anhalt, Kita „Weltkinderhaus", Magdeburg

Beate Müller-Czerwonka	Michael Regner
Petra Ostermann	Franziska Schubert-Suffrian
Sabine Redecker	Julius Seelig

1 Gesellschaftliches Engagement von Kindern in Kitas

Leon und Jelena setzen sich dafür ein, dass die Kinder in der blauen Gruppe einen Platz bekommen, an dem sie immer frühstücken dürfen, wenn sie Hunger haben – weil Jelena nicht gleich frühstücken durfte, als sie hungrig in die Kita kam, und Leon nicht mehr, da die Frühstückszeit schon zu Ende war, als er endlich seinen großen Turm fertig gebaut hatte. Wenn nun den ganzen Morgen Kinder frühstücken, können die Erzieherin Anja und ihre Kollegin sich nicht die ganze Zeit darum kümmern. Also übernehmen es die Kinder, den Teewagen aus der Küche zu holen, den Tisch zu decken und abzuwischen und den Teewagen wieder zurückzubringen.
(vgl. Hansen und Knauer 2014: Ein Platz zum Frühstücken)

Als Leon entdeckt, dass die Kita-Leiterin Frau Schneider im Flur ein Bild von seinem Papa aufhängt, möchte er Gruppensprecher werden, um im Kinderparlament dafür zu sorgen, dass im Flur neben den Bildern der Elternvertreter auch Bilder von den Gruppensprechern hängen. Vor der Wahl der Gruppensprecher gibt es einen Wahlkampf. Die Kandidaten fertigen Wahlplakate an und stellen sie den anderen Kindern vor. Als die Kinder der blauen Gruppe nicht Leon, sondern Jelena und Badu wählen, ist Leon traurig. Aber Jelena trägt sein Anliegen erfolgreich im Kinderparlament vor.
(vgl. Hansen und Knauer 2014: Jelena im Kinderparlament)

Die Dreiräder werden von allen Kindern aus der blauen, der roten und der gelben Gruppe genutzt. Weil es immer Streit darum gibt, beschließen Jelena, Badu und die anderen Gruppensprecher im Kinderparlament eine Regel, nach der der Fahrzeugwechsel erfolgen soll. Als sich herausstellt, dass die Regel nicht funktioniert, wird weiter nach einer guten Lösung gesucht. Schließlich bauen sie gemeinsam eine Haltestelle. Dort warten Kinder, die Dreirad fahren wollen, bis andere Kinder zum Fahrzeugwechsel vorfahren. Von da an klappt der Tausch der Dreiräder viel besser.
(vgl. Hansen und Knauer 2014: Die Haltestelle für Dreiräder)

Das Klettergerüst ist kaputt und muss abgerissen werden. Die Kinder aus allen drei Gruppen sammeln Vorschläge, wie das neue Gerät aussehen soll, und stimmen darüber ab. Einige Kinder bauen ein Modell, in dem die Vorschläge mit den meisten Stimmen enthalten sind, und zeigen es Hausmeister Frickel, der das neue Gerät aufbauen soll. Als Herr Frickel mit dem Bau beginnt, helfen die Kinder unermüdlich mit, bis der neue Kletterturm fertig ist und eingeweiht werden kann.
(vgl. Hansen und Knauer 2014: Der neue Kletterturm)

Als die blaue Gruppe auf der Wiese im Park spielen will, finden die Kinder überall Hundehaufen. Sie basteln Schilder und markieren die Hundehaufen im hohen Gras, um sie den Hundebesitzern zu zeigen und sie zu bitten, die Haufen wegzumachen. Doch eine alte Dame wendet ein, es gäbe im Park keinen Hundetüten-Automaten. Die Kinder sind ratlos. Aber die Erzieherin Anja schlägt vor, die Bürgermeisterin anzurufen und um Hilfe zu bitten. Die Kinder beschließen, dass Jelena dort anrufen soll. Die Bürgermeisterin lässt schließlich einen Automaten aufstellen, und die Kinder übernehmen die Patenschaft dafür und achten künftig darauf, dass darin immer genügend Tüten vorhanden sind.
(vgl. Hansen und Knauer 2014: Die Hundehaufen im Park)

Diese in fünf Bilderbüchern (Hansen und Knauer 2014) ausführlich erzählten sowie alle anderen Geschichten vom Mitbestimmen und Mitmachen in diesem Buch spielen in der Kita von Leon und Jelena. In der Kita gibt es drei Gruppen: die blaue, die rote und die gelbe Gruppe mit Kindern im Alter von drei bis sechs Jahren. Leon und Jelena gehören zur blauen Gruppe, in der die Erzieherin Anja arbeitet. Seit Kurzem gibt es auch eine Krippengruppe. Aber der wenden wir uns erst im fünften Kapitel näher zu.

Leon, Jelena und die anderen Kinder in ihrer Kita engagieren sich gern. Sie freuen sich, wenn sie etwas für sich und die Gruppe tun können. Sich zu engagieren bedeutet für Kinder, dabei zu sein, etwas Spannendes zu tun, etwas Wichtiges beitragen zu können, mitmachen und mitgestalten zu dürfen.

Mit dem Begriff „gesellschaftliches Engagement“ wird ein breites Spektrum unterschiedlicher Tätigkeiten bezeichnet. Wer sich gesellschaftlich engagiert, kümmert sich beispielsweise um Hilfsbedürftige oder um Missstände, ergreift das Wort für jemanden oder protestiert gegen etwas, sorgt für Veränderungen oder kämpft für den Erhalt von etwas, sammelt Spenden und Unterstützer oder legt selbst Hand an. Dabei kann es um so verschiedene Themen gehen wie eine Ausstellung des Kaninchenzüchtervereins oder die Großbaustelle eines Bahnhofs, die Besteuerung gleichgeschlechtlicher Ehen oder die Sanierung der alten Kirchenorgel, den Adlerschutz oder einen Skatepark.

Wenn man von gesellschaftlichem Engagement spricht, meint man, dass sich jemand für ein Thema oder für eigene Interessen beziehungsweise die von anderen einsetzt. Bekannter dafür ist vielleicht die Bezeichnung „ehrenamtliche Tätigkeit“. Der Begriff des Ehrenamts stammt aus der christlichen Soziallehre. Im Rahmen der Debatten um die Entwicklung der Zivilgesellschaft und der Demokratie spricht man heute eher von bürgerschaftlichem oder eben gesellschaftlichem Engagement.

Für die Entwicklung eines Konzepts zur Förderung gesellschaftlichen Engagements von Kindern in Kindertageseinrichtungen haben wir den Begriff folgendermaßen definiert:

> Gesellschaftliches Engagement heißt, sich an der Bewältigung von Aufgaben und Herausforderungen, die das Leben der Gemeinschaft betreffen, in der Öffentlichkeit der Gemeinschaft freiwillig und (mit-)verantwortlich zu beteiligen.[1]

Diese Definition wollen wir im Folgenden konkretisieren, indem wir den Fragen nachgehen, wo, wobei und wie Kinder in Kindertageseinrichtungen sich gesellschaftlich engagieren können.

Gesellschaftliches Engagement findet in der Öffentlichkeit der Gemeinschaft statt

„Öffentlichkeit“ ist ein zentraler Begriff für das Verständnis gesellschaftlichen Engagements und ein Kriterium der vorgestellten Definition. Beim Einsatz gegen die Hundehaufen im Park bewegen sich die Kinder offensichtlich in einem öffentlichen Raum, haben Kontakt zu fremden Menschen und zur Bürgermeisterin, die ein öffentliches Amt bekleidet. Die übrigen Geschichten in

1 Wir lehnen uns dabei an die Definition der Enquete-Kommission zur Zukunft des bürgerlichen Engagements des Bundestages (Deutscher Bundestag 2002: 38 f.) an.

den Bilderbüchern mit Leon und Jelena hingegen scheinen dieses Kriterium nicht zu erfüllen – finden sie doch allesamt im Binnenbereich der Kita statt. Damit stellt sich die Frage: Was kennzeichnet denn „Öffentlichkeit"? Welche öffentlichen Gemeinschaften erleben Kinder in ihrem Alltag und in welchen können sie wie handeln?

Die erste Gemeinschaft, die Kinder in der Regel erleben, ist die Familie. Sie ist die Basis kindlicher Bildungs- und Entwicklungsprozesse. Aber sie ist keine öffentliche Gemeinschaft, sondern ein privater und intimer Raum, der von familiären und verwandtschaftlichen Beziehungen gekennzeichnet ist. Öffentlichkeit bezeichnet den gesellschaftlichen Bereich, der über den privaten Bereich hinausgeht und für alle offen und zugänglich ist. Sie begegnet Kindern, wenn sie mit ihren Müttern und Vätern spazieren gehen, beim Einkaufen oder bei öffentlichen Veranstaltungen.

Auch der Start in der Kita ist für die Kinder ein Übergang aus dem privaten Raum der Familie in den öffentlichen Raum der Kindertageseinrichtung. Die Kita ist in aller Regel die erste öffentliche Gemeinschaft, in der Kinder einen Teil ihres Alltags ohne ihre vertrauten Bezugspersonen verbringen. Sie begegnen hier fremden Kindern und Erwachsenen, die in (für sie) fremden Räumen, Abläufen und Routinen handeln.

Davon sind die Kinder in aller Regel zunächst stark verunsichert. Auch wenn sie bereits zu einer Bezugserzieherin eine Sicherheit gewährende emotionale Beziehung aufbauen konnten, sind die Kinder in ihrer ersten Zeit in der Kita weiterhin mit all ihren Kräften darum bemüht zu begreifen, wie diese ihnen fremde Gemeinschaft funktioniert: „Wer hat hier was zu sagen? Wie läuft das hier? Was kann man hier tun? Was will ich tun? Was darf ich tun?" All das kann man den Kindern nicht abstrakt erklären. Man kann ihnen allenfalls erläutern, was als Nächstes passieren wird. Aber nach und nach erkennen die Kinder, wie der komplexe Alltag der Kita funktioniert.

Die dreijährige Semra ist ganz neu im Kindergarten. Ihre Mutter hat gerade zum ersten Mal den Gruppenraum für kurze Zeit verlassen. Beim Frühstück sitzt Semra neben der Erzieherin Anja. Nach und nach wendet sie sich aber auch schon Jelena zu, die auf der anderen Seite neben ihr sitzt. Als dann plötzlich viele Kinder aufspringen und den Raum in Richtung Waschraum verlassen, rutscht Semra wieder ganz dicht an Anja heran. Was mag in ihr vorgehen? Vielleicht fragt sie sich, was jetzt passiert: „Wo laufen die anderen Kinder hin? Muss ich da mit?" Anja erklärt ihr, dass jetzt alle ihre Zähne putzen gehen. Auf dem Weg in den Waschraum hält Semra sich ganz fest an Anjas Hand.

Den Prozess, in dem Kinder sich zum ersten Mal in einer öffentlichen Gemeinschaft orientieren, kann man auch als Beginn der politischen Bildung der Kinder verstehen. Sie erfahren hier erstmals, wie Menschen, die nicht miteinander verwandt sind, einen gemeinsamen Alltag gestalten. Sie lernen, welche Regeln hier gelten und welche Rechte sie in dieser Gemeinschaft haben. Der amerikanische Philosoph und Pädagoge John Dewey (siehe Kapitel 3.2) bezeichnete die Schule einst als „embryonic society" (Dewey 1900, deutsch in: Dewey 2002: 23 ff.), als kleine, im Entstehen begriffene Gesellschaft, in der sich die grundlegenden Strukturen und Handlungsweisen „großer" Gesellschaften abbilden. Kinder erleben auch die Gemeinschaft einer Kindertageseinrichtung als solch eine „Gesellschaft im Kleinen". Und diese Gesellschaft kann mehr oder weniger demokratisch organisiert sein und ihnen mehr oder weniger Möglichkeiten bieten, sich zu engagieren.

Wenn die Kinder sich nach und nach aneignen, wie die Gemeinschaft der Kindertageseinrichtung funktioniert, können sie sich zunehmend sicherer in ihr bewegen. Dabei erfahren sie, welche Handlungsspielräume sie hier haben, worüber sie mitbestimmen und wobei sie mitmachen dürfen. So werden früh erste Weichen in der Entwicklung der Kinder gestellt: Je mehr Möglichkeiten mitzuentscheiden und mitzuhandeln ihnen offen stehen, desto mehr werden sie erleben, dass sie selbst etwas bewirken können und ein bedeutsamer Teil dieser öffentlichen Gemeinschaft sind. Das motiviert sie, sich den vielfältigen Herausforderungen, die sich ihnen hier stellen, interessiert zuzuwenden und sich engagiert damit auseinanderzusetzen.

Will man gesellschaftliches Engagement von Kindern fördern, sollte man daher im Binnenraum der Kindertageseinrichtung beginnen, da dies die erste Öffentlichkeit ist, in der sich die Kinder eigenständig orientieren und erste Erfahrungen sammeln: ob es gewollt ist, sich in der Gemeinschaft für die Gemeinschaft einzusetzen, wie es geht und welche Auswirkungen es hat.

Wenn Kinder in Kindertageseinrichtungen solche Engagementerfahrungen haben, ist es auch denkbar, dass sie bereits punktuell Engagementerfahrungen in der weiteren Öffentlichkeit der Kommune machen. Die Gemeinde oder der Stadtteil sind für Kita-Kinder allerdings bestenfalls in Ausschnitten greifbar. Martha Muchow (Muchow und Muchow 1998) hat schon in den 1920er-Jahren beschrieben, wie sich Kinder ihre Umgebung in konzentrischen Kreisen aneignen. Ausgangspunkt ist immer der vertraute Ort. Das sind zunächst die Familie und das Zuhause. Im weiteren Umfeld bewegen sich Kinder erst einmal unsicher – sie müssen ihre Handlungsmöglichkeiten hier zunächst ausloten.

So geht es ihnen auch in der Kita. Viele Krippenkinder halten sich lange Zeit lieber in der Nähe ihrer vertrauten Bezugserzieherin auf und mögen kaum ihren Gruppenraum verlassen. Sie wären völlig überfordert, wenn sie sich in der kommunalen Öffentlichkeit des Stadtteils engagieren sollten. Älteren Kindern vor dem Schuleintritt wird die Kita aber manchmal zu klein. Manche Fachkräfte kennen das Problem der „Ausreißer“, die auf eigene Faust das Umfeld der Kita erkunden und sich allein auf den Weg zum nahe gelegenen Spielplatz oder nach Hause machen. Für diese Kinder kann ein Engagement außerhalb der Kita eine angemessene Herausforderung sein.

Wenn die Fachkräfte mit den Kindern regelmäßig Ausflüge in die nähere Umgebung der Kita machen, werden den Kindern die Orte und die Menschen, denen sie dort begegnen, zunehmend vertrauter. Wie die Geschichte von den Hundehaufen im Park zeigt, wird dann auch ein Engagement in der kommunalen Öffentlichkeit durchaus möglich (siehe Kapitel 4.5). Das öffentliche Umfeld der Kita ist aber in der Regel erst für ältere Kita-Kinder ein adäquates Aktionsfeld.

Gesellschaftliches Engagement findet statt bei Aufgaben und Herausforderungen, die das Leben der Gemeinschaft betreffen

Wenn der Ort für erste Erfahrungen mit gesellschaftlichem Engagement zunächst der Binnenraum der Kita ist, stellt sich die Frage, bei welchen Aufgaben und Herausforderungen, die das Leben der Gemeinschaft betreffen, sich Kinder denn hier engagieren können. Was sind das für Themen, bei denen sie mitentscheiden und mithandeln können? Es sind, so das zweite Kriterium der Definition, Aufgaben und Herausforderungen, die das Leben der Gemeinschaft in der Kita betreffen.

Machen Sie ein kurzes Brainstorming: Was muss eigentlich den ganzen Tag in Ihrer Kita entschieden und gemacht werden, damit sich Kinder und Erwachsene hier wohlfühlen und der Alltag funktioniert?

Vermutlich sind Ihnen eine ganze Menge Alltagsroutinen eingefallen. Da muss/müssen

- Spiel-, Lern- und Bewegungsangebote organisiert,
- die Aufsicht in der Werkstatt und im Atelier gewährleistet,
- die Nutzung der Fahrzeuge oder des Bewegungsraums fair geregelt,
- der Tagesablauf strukturiert,
- die Öffnung der Gruppen entwickelt,
- Feste und Geburtstagsfeiern, Ausflüge und Ferienfreizeiten organisiert,
- Sicherheit im Straßenverkehr gewährleistet,
- Unfälle verhütet,
- Kühlkissen und Pflaster verabreicht,
- Kinder getröstet oder ermahnt,
- Regeln vereinbart und auf Regelverletzungen reagiert,
- Konflikte beigelegt,
- Kinderparlamente durchgeführt,
- Kindern beim Anziehen geholfen,
- Hausschuhe und Mützen gesucht,
- für angemessene Bekleidung am Maltisch oder im Außengelände gesorgt,
- Mahlzeiten zubereitet, aufgetragen, unter angenehmen Bedingungen eingenommen,
- Tische und Geschirr gereinigt,
- Kinder gewickelt oder auf die Toilette begleitet,
- Nasen, Zähne und Hände geputzt,
- Ruhephasen und Mittagsschlaf organisiert,
- Fische und Stabheuschrecken versorgt,
- Räume hergerichtet oder frisch gestrichen,
- der Flur oder das Außengelände neu gestaltet,
- die experimentelle Nutzung der Waschräume organisiert,
- Ordnung (immer wieder) hergestellt,
- der Flur gewischt oder der Bauteppich gesaugt,
- Spielzeug beschafft und gepflegt,
- Gelder verwaltet,

- der Besuch im Seniorenheim, bei der Polizei, im Stadtpark vorbereitet,
- Besuch begrüßt und durchs Haus geführt,
- Elternbriefe und Einladungen zu Kita-Festen geschrieben,
- Elterngespräche oder Elternabende vorbereitet und durchgeführt

werden und vieles mehr.

Und nun überlegen Sie: Wer ist in der Regel bei Ihnen für all diese Tätigkeiten verantwortlich? Wer entscheidet hierüber und wer führt sie aus?

Zumeist werden es die pädagogischen Fachkräfte oder die Leitungen sein, die in diesen Fällen entscheiden und handeln. Einige dieser Aufgaben werden ihnen als alltägliche Notwendigkeiten erscheinen, vielleicht als lästige Pflichten, die eben erledigt werden müssen, um sich anschließend der eigentlichen pädagogischen Arbeit mit den Kindern zuzuwenden. So werden die Kinder von diesen Alltagsroutinen befreit und können den Tag in der Kita scheinbar unbekümmert „genießen“ und die didaktisch gut aufbereiteten (Bildungs-)Angebote wahrnehmen. Die Kita wird hier gleichsam zum „Serviceangebot“ für Kinder. Das Konzept „Mitentscheiden und Mithandeln in der Kita“ geht im Gegensatz zu dieser – hier etwas pointiert dargestellten – Herangehensweise davon aus, dass es möglich (siehe Kapitel 2) und gerade im Hinblick auf die Bildung und Entwicklung der Kinder vorteilhaft (siehe Kapitel 3) ist, das Engagement der Kinder bei möglichst vielen dieser und weiterer Aufgaben und Herausforderungen zuzulassen und herauszufordern. Wir sind davon überzeugt, dass Kinder im Prinzip in all diesen Bereichen mitbestimmen und mitmachen können und wollen und davon profitieren; und die Erfahrungen in den Modellkitas scheinen diese These zu bestätigen.

Die pädagogischen Fachkräfte in den Modellkitas identifizierten eine Vielzahl potenzieller Engagementmöglichkeiten für die Kinder. Die Grafik auf den folgenden Seiten vermittelt einen ersten Eindruck, in welchen (Themen-)Bereichen Kinder mitentscheiden und mithandeln könnten.

Mögliche Themenbereiche für das Engagement von Kindern in Kitas

Spiel

- Spiele erfinden und organisieren
- Spielregeln entwickeln und beachten
- die Ausgabe der Bobbycars oder der Schminkutensilien organisieren
- die Nutzung des Spielmaterials regeln …

Kleidung

- Kindern beim An- und Ausziehen helfen
- Hausschuhe und Mützen suchen
- für angemessene Bekleidung am Maltisch oder auf dem Außengelände sorgen
- Kleidungsregeln besprechen und beachten
- Kleidung pflegen, waschen, reparieren …

Essen

- Speiseplan erstellen
- Zutaten einkaufen
- Mahlzeiten zubereiten
- auftragen und abräumen
- Tische schön gestalten
- Tischregeln besprechen und beachten
- Tische und Geschirr reinigen …

Regeln

- faire Regeln für die Nutzung der Fahrzeuge, des Bewegungsraums oder des Bistros vereinbaren
- Regeln überprüfen und verändern
- Regelverletzungen durch Kinder oder Erwachsene begegnen …

Angebote

- Themen für Angebote oder Projekte finden
- eine Ballettgruppe, ein Fußballspiel oder den Tausch von Paninibildern organisieren
- Feste und Geburtstagsfeiern, Ausflüge und Ferienfreizeiten vorbereiten …

Ökonomie

- die Gruppenkasse oder den Etat des Kinderparlaments verwalten
- Spiel- und Arbeitsmaterial einkaufen
- den Energieverbrauch reduzieren
- einen Basar vorbereiten und durchführen …

Konzept

- den Tagesablauf strukturieren
- die Öffnung der Gruppen entwickeln …

Schlafen

- Ruhepausen oder Mittagsschlaf organisieren
- Schlafplätze oder Ruheräume gestalten …

Raum

- Räume herrichten
- Möbel und Material pflegen oder reparieren
- den Flur frisch streichen oder das Außengelände neu gestalten
- die experimentelle Nutzung der Waschräume organisieren …

Öffentlichkeit

- Elternbriefe und Einladungen zu Kita-Festen schreiben
- Elternnachmittage oder -gespräche vorbereiten und durchführen
- Besucher begrüßen und durchs Haus führen
- den Besuch im Seniorenheim oder bei der Polizei vorbereiten
- Wand- oder Kita-Zeitungen gestalten …

Ordnung

- Ordnungssysteme entwickeln
- Ordnung immer wieder herstellen
- Aufräumregeln besprechen, beachten, verändern
- Müll trennen …

Gemeinschaft

- Rituale ein- und durchführen
- Kinder trösten oder ermahnen
- Konflikte beilegen
- Gruppenversammlungen oder Kinderparlamente durchführen …

Hygiene

- Nasen, Zähne oder Hände putzen
- Kinder wickeln oder auf die Toilette begleiten
- die Bälle aus dem Bällebad reinigen
- den Flur wischen oder den Bauteppich saugen …

Sicherheit

- Gefahrenquellen im Kita-Alltag entdecken und Abhilfe schaffen
- Aufsicht in der Werkstatt oder im Atelier führen
- Kühlkissen und Pflaster verabreichen …

Religion

- Gottesdienste, Meditationen oder religiöse Feste vorbereiten und durchführen
- Schreine gestalten …

Viele Fachkräfte haben allerdings anfangs Bedenken, die Kinder an der Bewältigung solcher Aufgaben zu beteiligen. Manchmal fehlen auch Erfahrungen und methodische Ideen, wie insbesondere jüngere Kinder oder solche mit geringen (deutschen) sprachlichen Ausdrucksmöglichkeiten hier eingebunden werden können. In diesen Fällen empfehlen wir, aus der Fülle möglicher Engagementthemen für Kinder in Kitas eines auszuwählen und sich zunächst einmal anhand dieses Themas gemeinsam mit den Kindern auf den Weg zu machen. Die Verfahren und methodischen Hinweise in diesem Praxisbuch (siehe Kapitel 4 und 5) können zu einem gelingenden Einstieg in die Engagementförderung beitragen.

Um Kindertageseinrichtungen zu Orten der Engagementförderung zu entwickeln, werden die pädagogischen Fachkräfte nicht umhinkommen, den Kindern immer wieder mögliche Engagementfelder zu eröffnen. Das gilt vor allem, wenn es in der Kita für die Kinder bislang noch nicht so viele Möglichkeiten gab, mitzuentscheiden und mitzuhandeln. Und das gilt vor allem auch zu Beginn jedes Kindergartenjahres, wenn etliche Kinder neu in die Kita kommen und noch nicht so recht wissen, wo und wie sie sich einbringen können. Aber auch später werden die Fachkräfte den Kindern viele mögliche Engagementthemen erst nahebringen müssen, da die Kinder sonst gar nicht wüssten, dass beispielsweise geplant ist, den Flur umzugestalten, ein Sommerfest zu feiern oder ihren Eltern das aktuelle Engagementprojekt in einem Elternbrief vorzustellen. Hans-Joachim Laewen bezeichnet solche Themen, die den Kindern in ihrem Alltag nicht ohne Weiteres zugänglich sind und die von den pädagogischen Fachkräften *top down* an die Kinder herangetragen werden, im Rahmen der Bildungsdebatte als „zugemutete Themen" (Laewen 2002b: 52 ff.).

Engagementthemen können aber auch *aus der Mitte* zwischen Fachkräften und Kindern im gemeinsamen Alltag entstehen oder von den Kindern *bottom up* eingebracht werden. Damit die Kinder dann bei diesen Themen mitbestimmen und mitmachen können, müssen die Fachkräfte sie als potenzielle Engagementthemen wahrnehmen und aufgreifen (vgl. Knauer et al. 2004: 37 f.).

In den Bilderbüchern über Leon und Jelena gehen die Initiativen für das Engagement überwiegend von den Kindern aus. Diese Geschichten werden bewusst so erzählt, da sie sich ja in erster Linie an die Kinder richten und ihnen Möglichkeiten aufzeigen sollen, sich einzumischen und eine Angelegenheit in die Hand zu nehmen. Doch auch in diesen Geschichten wird deutlich, dass die Beteiligung der Kinder oftmals von den Fachkräften initiiert werden muss.

Hausmeister Frickel wickelt rot-weiß gestreiftes Plastikband um das Klettergerüst. „Warum machst du das?", fragt Badu. „Hier, wo die Holzbalken in der feuchten Erde stecken, sind sie morsch", erklärt Herr Frickel. „Sie könnten brechen, wenn ihr klettert. Das ist gefährlich, deshalb wird das Klettergerüst bald abgerissen." – „Abgerissen?", fragt Leon erschrocken. „Und wo klettern wir dann?" – „Darüber sprecht mal mit eurer Kindergartenleiterin", meint Herr Frickel. „Frau Schneider hat bestimmt eine Idee."

„Willkommen im Kinderparlament", sagt Frau Schneider. „Worüber wollen wir heute sprechen?" – „Übers Klettergerüst", meint Badu. „Ja, das wird abgebaut, weil es sich nicht mehr reparieren lässt", berichtet Frau Schneider. „Wir bauen aber ein neues und ihr könnt mit entscheiden, wie das aussehen soll." *(vgl. Hansen und Knauer 2014: Der neue Kletterturm)*

Hätte der Hausmeister das Klettergerüst nicht so deutlich sichtbar abgesperrt, wäre das Thema „Klettergerüst" von den Kindern sicher gar nicht eingebracht worden. Damit die Kinder sich bei der Gestaltung des neuen Kletterturms engagieren können, hätte ihnen das Thema dann von den Fachkräften zugemutet werden müssen. Aber auch in dieser Geschichte bringen die Kinder das Thema „Klettergerüst" wohl eher als Ausdruck ihrer Verwunderung über oder als Protest gegen den Abriss ein. Sich an der Gestaltung des neuen Geräts zu beteiligen, wird ihnen dann erst von der Einrichtungsleitung zugemutet.

Im nächsten Beispiel stehen die Kinder und die Fachkräfte gemeinsam vor einem Problem:

Die Kinder der blauen Gruppe wollen auf der Wiese im Park Fußball spielen. Max läuft auf die Wiese. Doch nur kurz darauf schreit er auf. „Ihh, guckt mal!“, ruft er.

Die Kinder rennen zu Max. Der steht direkt vor einem Hundehaufen. „Das ist aber ekelig“, meint Jelena. „Hier ist noch einer“, ruft Sofia und nimmt die braune Masse genau unter die Lupe. „Wenn hier so viele Hunde ihr Geschäft gemacht haben, sollten wir besser nicht auf der Wiese spielen“, meint Anja, ihre Erzieherin. „Das ist gemein!“, ruft Leon. Er hat sich schon sehr auf das Fußballspielen gefreut. „Wollen wir uns an der Bank beraten?“, fragt Anja.

Die Kinder sind enttäuscht. „Ich finde es doof, dass wir nicht Fußball spielen können“, sagt Jelena. „Was können wir denn da machen?“, fragt Anja.

(vgl. Hansen und Knauer 2014: Die Hundehaufen im Park)

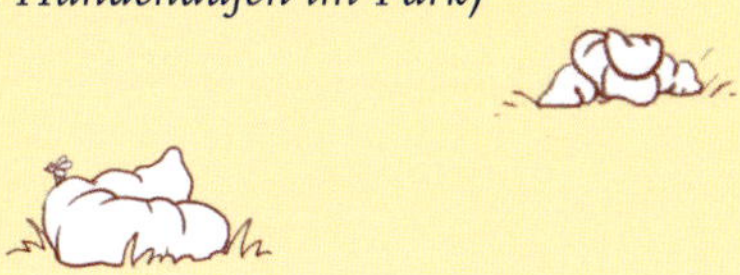

Anstatt eine schnelle Lösung für das Problem vorzuschlagen, gibt die Fachkraft die Aufgabe an die Kinder zurück: „Was können wir denn da machen?“ Durch diese Frage ermöglicht sie das weiter gehende Engagement der Kinder.

Im Kita-Alltag gibt es immer wieder solche Situationen, die für die Kinder Anlässe sein können, sich zu engagieren – wenn die Fachkräfte sie als solche wahrnehmen und die Kinder einbinden.

Ein weiteres Beispiel:

Jelenas Mama hat verschlafen. Daher kann Jelena heute erst im Kindergarten frühstücken. Als sie dort ankommt, knurrt ihr Bauch schon ziemlich laut. Am liebsten würde sie sofort in ihr Butterbrot beißen. „Hallo Jelena", ruft Anja. „Hallo Anja", antwortet Jelena. „Kann ich schon frühstücken? Ich hab' ganz doll Hunger!" – „Eine Viertelstunde musst du noch warten", meint Anja. „Dann fängt ja für alle die Frühstückszeit an. Spiel doch noch ein bisschen mit den anderen."

Leon stapelt eine Menge Bauklötze aufeinander. „Das wird der größte Turm der Welt!", erklärt er Jelena. Aber Jelena kann sich gar nicht darauf konzentrieren. Sie denkt immer nur an ihr Butterbrot. Besorgt fühlt sie in ihrer Tasche, ob es noch da ist. Da ruft Anja alle Kinder an den Frühstückstisch. „Endlich!", denkt Jelena und läuft zu den anderen. Sie packt ihr Brot aus und beißt herzhaft hinein. „Leon, kommst du auch?", fragt Anja. Aber der hat gerade keine Zeit. Er will erst den Turm zu Ende bauen.

„Wollen wir Schule spielen?", fragt Jelena nach dem Frühstück die anderen Kinder. „Au ja!", freut sich Badu. Er möchte gern der Lehrer sein. Die Kinder rücken Tische und Stühle in eine Reihe. Und Jelena holt noch eine Tafel herbei.

„So, jetzt hab ich Hunger", ruft Leon in den Trubel hinein. Sein Turm ist wirklich riesengroß geworden. „Das ist jetzt aber zu spät, Leon", meint Anja. „Unsere Frühstückszeit ist doch längst vorbei." – „Das ist gemein!", jammert Leon und dabei kullert ihm eine dicke Träne übers Gesicht.

Während die Kinder spielen, bereitet Anja alles für die Kinderkonferenz vor. Da kann jeder sagen, was schön ist und was nicht gut läuft. „Kommt ihr zur Kinderkonferenz in die Kuschelecke?", fordert sie die Kinder auf. Jelena läuft schnell hin und schnappt sich ihr Kissen. „Was wollt ihr denn besprechen?", fragt Anja, als alle in der Runde angekommen sind. Leon meldet sich sofort. „Ich finde es doof, dass ich nach der Frühstückszeit nichts essen darf", schimpft er. Jelena stimmt ihm zu. „Ja, ich hatte heute Morgen auch Hunger und musste warten." – „Was können wir denn da machen?", fragt Anja. „Wir brauchen einen Platz, wo Kinder immer frühstücken dürfen!", meint Leon. „Genau", bestätigen die anderen.
(vgl. Hansen und Knauer 2014: Ein Platz zum Frühstücken)

In diesem Fall sind es die Kinder, die ein Problem ansprechen, dessen Dringlichkeit den Fachkräften vielleicht gar nicht aufgefallen war. Dass die Kinder ihrem Ärger so nachdrücklich Ausdruck verleihen, ist keineswegs selbstverständlich. Dazu bedarf es einer Atmosphäre, in der ihr Engagement erwünscht ist und herausgefordert und angenommen wird. Dass es in der blauen Gruppe regelmäßige Kinderkonferenzen gibt, in denen die Fachkräfte die Kinder fragen, was sie besprechen wollen, ihnen aufmerksam zuhören und gemeinsam mit ihnen nach Lösungen suchen, zeigt den Kindern, dass die Erwachsenen ihre Ideen, Wünsche oder Beschwerden wichtig finden und ernst nehmen. Je deutlicher Kinder das wahrnehmen, desto häufiger und engagierter werden sie ihre Vorstellungen im Kita-Alltag einbringen.

Gesellschaftliches Engagement erfolgt freiwillig und (mit)verantwortlich

Das dritte Kriterium der Definition von gesellschaftlichem Engagement bezieht sich auf die Art und Weise, wie das Engagement der Kinder erfolgt. Gesellschaftliches Engagement wird demnach immer freiwillig und (mit)verantwortlich erbracht.

Wenn gesellschaftliches Engagement nur freiwillig erfolgen kann, bedeutet das, dass Kinder sich auch weigern können, es zu erbringen.

Nicht alle Kinder begeistern sich gleichermaßen für die verschiedenen Themen des Alltags. Es gibt neugierige und aktive Kinder, die jede Gelegenheit nutzen mitzumachen. Es gibt aber auch Kinder, die sich zunächst einmal zurückhalten, lieber beobachten, sich nicht danach drängen, alles mitzumachen, oder sich lange Zeit immer wieder derselben Aufgabe widmen. Was geschieht mit diesen Kindern? Gesteht man ihnen zu, nicht mitzumachen, wenn sie es nicht freiwillig tun? Entgeht ihnen dann nicht etwas? Werden sie nicht gar benachteiligt? Und ist es für andere Kinder, die sich bereitwillig stets aufs Neue für die Gemeinschaft engagieren, nicht ungerecht, wenn einige gar keine oder immer nur bestimmte Aufgaben übernehmen?

In vielen Kindertageseinrichtungen gibt es Ämterpläne, in denen die Erledigung bestimmter Aufgaben wie der Tischdienst beim Frühstück, das Blumengießen oder das Füttern der Fische im Aquarium geregelt sind. Üblicherweise sind alle Kinder reihum einmal dafür zuständig, jede dieser Aufgaben zu erledigen. In der Regel gibt es dann in jeder Gruppe Kinder, die ihr Amt freudig und engagiert ausführen, und andere, die es nur widerwillig übernehmen oder versuchen, sich davor zu drücken. In diesem Fall erbringen die Kinder ihre Leistung für die Gemeinschaft nicht freiwillig; und sie kann daher im Sinne der Definition auch nicht als gesellschaftliches Engagement verstanden werden.

Eine solche „Zwangsverpflichtung" von Kindern zum Dienst an der Allgemeinheit ist aber nicht nur unnötig, sondern auch kontraproduktiv. Zwang ist für Kinder kein beziehungsweise ein nur kurzzeitig zum Engagement motivierendes Moment. Wenn sie gezwungen werden, etwas zu tun, was sie gar nicht wollen, verlieren sie schnell die Freude an der Tätigkeit. Sie beugen sich entweder dem Zwang, solange er aufrechterhalten wird, oder lernen, sich ihm zu entziehen oder zu widersetzen – aber kaum, sich aus eigenem Antrieb für andere einzusetzen. Dabei bringen Kinder von Natur aus die Fähigkeit und die große Bereitschaft mit, anderen zu helfen und mit ihnen zu kooperieren (siehe Kapitel 2). Dieses freiwillige Engagement gilt es aufzunehmen und weiterzuentwickeln. Kinder engagieren sich gern – weil sie Teil der sozialen Gemeinschaft der Kita sein wollen, weil sie Anerkennung für ihr Engagement erwarten können, weil sie durch ihr Engagement die Gemeinschaft mitgestalten können oder weil sie im Engagement auch eigene Interessen verfolgen und durchsetzen können.

Wer sich gesellschaftlich engagiert, verfolgt dabei immer auch eigene Interessen. Der Anthropologe und Verhaltensforscher Michael Tomasello stellt im Rahmen seiner Forschungen zum menschlichen Altruismus (siehe Kapitel 2) fest: „Alle lebensfähigen Organismen müssen eine egoistische Ader haben und sich um ihr eigenes Wohlergehen und Überleben sorgen, andernfalls würden sie nicht viele Nachkommen hinterlassen. Menschliche Hilfsbereitschaft und unser Wille zur Kooperation bauen sozusagen auf diesem grundlegenden Eigeninteresse auf" (Tomasello 2010: 20).

Diesem grundlegenden Eigeninteresse wird in unserer Definition insofern Rechnung getragen, als gesellschaftliches Engagement nicht nur freiwillig, sondern auch eigen- oder mitverantwortlich erbracht wird. Das bedeutet, dass Kinder in Kindertageseinrichtungen nicht nur selbst entscheiden, ob und wobei sie sich engagieren, sondern, wenn sie das tun, auch zumindest teilweise mitverantworten – und damit auch mitentscheiden –, wie sie ihr Engagement erbringen.

An dieser Stelle wird die Schnittstelle zwischen gesellschaftlichem Engagement und Partizipation deutlich. Die folgende Definition von Richard Schröder weist darauf hin, dass die Beteiligung an Entscheidungen ein zentrales Merkmal von Partizipation ist:

> „Partizipation heißt, Entscheidungen, die das eigene Leben und das Leben der Gemeinschaft betreffen, zu teilen und gemeinsam Lösungen für Probleme zu finden" (Schröder 1995: 14).

Partizipation bedeutet – so verstanden – immer, an Entscheidungen beteiligt zu sein. Damit stellt Partizipation die Frage nach der Verteilung von Rechten und Macht: Wer hat in der Kindertageseinrichtung das Recht und die Macht, Entscheidungen zu fällen? Im Konzept „Die Kinderstube der Demokratie" (vgl. Hansen, Knauer und Sturzenhecker 2011) wird ausführlich beschrieben, wie diese Frage differenziert geklärt werden kann und wie Kinder an Entscheidungen, die sie betreffen – und das sind alle Entscheidungen, die in einer Kita getroffen werden –, angemessen beteiligt werden. Das Konzept „Mitentscheiden und Mithandeln in der Kita" spezifiziert die demokratische Gestaltung der Kita in Bezug auf Mitentscheidungs- und Mithandlungsmöglichkeiten der Kinder. Auch die Förderung demokratischen gesellschaftlichen Engagements verlangt zu klären, wer im Alltag von Kindertageseinrichtungen das Recht und die Macht hat zu entscheiden, welchen Aufgaben und Herausforderungen, die das Leben der Gemeinschaft betreffen, wie begegnet wird. Mitentscheiden und Mithandeln sind im demokratischen gesellschaftlichen Engagement untrennbar miteinander verbunden.

2 Kinder sind „zum Helfen geboren und erzogen"

Wenn Kinder in Kindertageseinrichtungen sich gesellschaftlich engagieren, beteiligen sie sich an vielfältigen Aufgaben und Herausforderungen, die die Gemeinschaft betreffen. Sie entscheiden (mit), wobei und wie sie sich engagieren, und handeln (mit), wenn ihre Pläne umgesetzt werden.

Als wir begannen, das Partizipationskonzept „Die Kinderstube der Demokratie" zu entwickeln, wurden wir oft gefragt, ab welchem Alter Kinder sich denn beteiligen könnten. Diese Frage unterstellt, dass Kinder bestimmte Voraussetzungen erfüllen müssen, damit sie sich beteiligen können. Wenn man diese Frage aus der Perspektive von Kinderrechten anschaut, dreht sie sich aber um: Partizipation ist ein Recht von Kindern, das nicht an Bedingungen geknüpft werden darf, die die Kinder zuvor erfüllen müssen. Dies betont auch der Entwicklungspsychologe Rolf Oerter:

„Da nun Kinder sowohl schon jetzt als auch zukünftig Bürger des Gemeinwesens sind, haben sie ein Recht auf Partizipation. Die Frage ist also nicht mehr, ob Partizipation oder nicht, sondern wie Partizipation entsprechend den Entwicklungsmöglichkeiten des Kindes und zugleich entsprechend den vorliegenden Rahmenbedingungen realisiert werden kann" (Oerter 2005: 7).

Die Frage, ob Kinder schon partizipationsfähig sind, stellt sich damit gar nicht mehr. Es geht jetzt vielmehr darum, welche Voraussetzungen die Erwachsenen bereitstellen müssen, damit sich jedes Kind unabhängig von seinem Alter und seinen Fähigkeiten beteiligen kann. Dieser Perspektivwechsel führt dann immer wieder dazu, dass die Erwachsenen staunen, wie begeistert und kompetent sich die Kinder beteiligen.

Kinder scheinen ein nachvollziehbares, egoistisches Motiv zu haben, ihre Partizipationschancen zu nutzen. Sie wollen über ihre eigenen Angelegenheiten (mit) entscheiden. Gewährt man ihnen das Recht dazu und unterstützt sie angemessen, dieses wahrzunehmen, kann man mit hoher Wahrscheinlichkeit davon ausgehen, dass sie sich engagiert einbringen werden. Sich für die Gemeinschaft einzusetzen, bedeutet aber – zumindest vordergründig –, rücksichtsvoll, uneigennützig, selbstlos zu handeln.

Es ist eine auch in der Forschung viel diskutierte Frage, ob Menschen mit der Bereitschaft geboren werden, kooperativ zu sein und anderen zu helfen, und später von der Gesellschaft verdorben werden, oder ob sie zunächst egoistisch und nicht bereit sind zu helfen und von der Gesellschaft zu Kooperation und Hilfsbereitschaft erzogen werden müssen. Michael Tomasellos Forschungen und Ideen bringen uns einer Antwort auf diese Frage näher und geben uns damit wertvolle Hinweise bezüglich der Entwicklung und Förderung gesellschaftlichen Engagements von Kindern.

Michael Tomasello, geboren 1950 in Bartow/Florida, ist seit 1998 Kodirektor des Max-Planck-Instituts für evolutionäre Anthropologie in Leipzig. Anhand vergleichender Untersuchungen zwischen Kleinkindern und Primaten beforscht Tomasello die Entwicklung menschlichen Denkens und Handelns.

Für unser Thema ist vor allem Tomasellos Forschung zum Altruismus bei Kindern von Bedeutung. Unter Altruismus versteht man eine nicht egoistische, aufopferungsvolle, hilfsbereite Denk- und Handlungsweise – die den Menschen einen evolutionären Vorteil gegenüber anderen Arten gebracht hat (vgl. Tomasello 2010: 49). Tomasello hat äußerst interessante Erkenntnisse darüber gewonnen, wie sich der Altruismus bei Kindern entwickelt, und kam dabei zu dem Schluss, dass Kinder „zum Helfen geboren (und erzogen)“ seien (ebd.: 19 ff.).

Zum Helfen geboren

Tomasello und seine Forschergruppe haben zahlreiche vergleichende Studien mit Kleinkindern und Primaten (vorwiegend Schimpansen) durchgeführt, um zu erkunden, wie Kinder lernen zu kooperieren. Dazu haben sie in verschiedenen Experimenten untersucht, wie hilfsbereit Kinder sind, wie kooperativ sie mit Informationen umgehen und wie großzügig und gerecht sie teilen.

Bei diesen Experimenten stellten sie immer wieder fest, dass „Kleinkinder im Alter zwischen 14 und 18 Monaten [...] einem nicht verwandten Erwachsenen [helfen], den sie erst wenige Momente zuvor kennengelernt haben. Der Erwachsene steht vor einem kleinen Problem und die Kleinkinder helfen ihm, es zu lösen. Dabei tun sie alles Mögliche, vom Herbeiholen nicht erreichbarer Gegenstände bis hin zum Öffnen von Schranktüren, wenn der Erwachsene keine Hand frei hat“ (Tomasello 2010: 21). Solch ein Experiment sieht beispielsweise folgendermaßen aus:

> „Am Anfang schaut ein Kind passiv zu, wie ein Erwachsener Zeitschriften in einen Schrank räumt. In der zweiten Runde kann der Erwachsene die Schranktür nicht öffnen, da er einen Stapel Zeitschriften in den Händen hält, und das Kind hilft ihm, die Tür zu öffnen. Nachdem das Kind den Ablauf verstanden hat, antizipiert es in der dritten Runde bereits den weiteren Verlauf und öffnet die Schranktür im Voraus – wodurch das Wegräumen der Zeitschriften zu einer gemeinsamen Aktivität wird. In einigen Fällen weist das Kind den Erwachsenen sogar auf die Stelle hin, an die er die Zeitschriften bringen soll (indem es darauf zeigt)" (ebd.: 76 f.).

Tomasello zieht aus seinen Beobachtungen den Schluss: „Um anderen so flexibel helfen zu können, müssen Kinder zunächst in der Lage sein, die Ziele anderer in verschiedensten Situationen zu erkennen, und dann das altruistische Motiv haben, ihnen helfen zu wollen" (ebd.: 22). Dabei geht es den Kindern offensichtlich nicht darum, Belohnungen zu erhalten. Belohnungen und Ermutigungen schienen das hilfsbereite Verhalten der Kinder nicht zu steigern. Im Gegenteil: Kinder, die für ihr helfendes Verhalten zunächst belohnt wurden, halfen anschließend weniger, wenn die Belohnungen ausblieben (ebd.: 22 ff.). Tomasellos Studien führen ihn zu der Annahme, „dass das frühe Helfen bei Kleinkindern kein Verhalten ist, das von kulturellen und/oder sozialisierenden Prozessen innerhalb der Familie hervorgebracht wird. Vielmehr ist es Ausdruck der natürlichen Neigung von Kindern, Mitgefühl zu zeigen" (ebd.: 26).

Ein weiteres Experiment galt einer speziellen Form des Helfens, die nur beim Menschen vorkommt: dem Weitergeben notwendiger Informationen.

> „In einer Studie schufen wir eine Situation, in der zwölf Monate alte Kinder, die noch nicht sprechen konnten, zusahen, wie eine erwachsene Person einer für sie üblichen Tätigkeit nachging, zum Beispiel dem Abheften von Unterlagen. Im gleichen Zeitraum beschäftigte sie sich zusätzlich mit einem anderen Gegenstand. Dann verließ sie den Raum, und ein anderer Erwachsener kam herein und räumte die Gegenstände in ein Regal. Anschließend kam die erste Erwachsene zurück ins Zimmer – mit weiteren Unterlagen in der Hand, die abgeheftet werden sollten. Da kein Hefter mehr auf dem Tisch

> stand, suchte sie mit fragenden Gesten danach, sprach dabei aber nicht. Wie auch in den Studien zum instrumentellen Helfen erfaßten die Kinder das Problem der Erwachsenen und waren bereit zu helfen – was die meisten von ihnen taten, indem sie auf das gesuchte Klammergerät zeigten" (ebd.: 26 f.).

Zwischen ungefähr neun und zwölf Monaten entwickeln Kinder ein Verständnis dafür, dass ein Gegenstand oder ein Ereignis nicht nur von ihnen selbst, sondern auch von anderen wahrgenommen wird und sie sich gemeinsam darauf beziehen können. Sie haben jetzt erkannt, dass sie selbst etwas mit Absicht tun und damit etwas bewirken können, und beginnen zu verstehen, dass es anderen auch so geht. Sie folgen den Blicken von Erwachsenen, können sich lange Zeit gemeinsam mit ihnen mit einem Gegenstand beschäftigen und imitieren, wie die Erwachsenen mit dem Gegenstand umgehen. Mit zwölf Monaten, also noch bevor sie sprechen können, verstehen Kinder informative Zeigegesten und die dahinterstehende Absicht und informieren auch andere, indem sie zum Beispiel mit dem Finger auf etwas zeigen. So entstehen Situationen „gemeinsamer Aufmerksamkeit" (vgl. Tomasello 2006: 83 ff.), die für die kognitive Entwicklung und insbesondere für den Spracherwerb von großer Bedeutung sind (ebd.: 126 ff.).

Tomasellos Studien zeigen, dass Kinder diese Zeigegesten im Gegensatz zu Primaten auch dann zum Helfen einsetzen, wenn sie selbst nicht davon profitieren. Affen zeigten den Menschen nur, wo sie ein Werkzeug finden konnten, wenn sie damit etwas für den Affen herbeiholen konnten. Kinder hingegen informierten Erwachsene genauso häufig, wenn diese das Werkzeug benötigten, um an eine Belohnung für sich selbst zu kommen. Einige Kinder schienen in diesen Fällen überrascht und unzufrieden, zeigten aber trotzdem auf das Werkzeug, wenn die Erwachsenen sich suchend umschauten – „sie konnten einfach nicht anders, als zu helfen" (Tomasello 2010: 28).

Als letztes sei hier ein Experiment skizziert, in dem es um das Teilen geht:

> „So fanden Forscher […] heraus, daß es für Schimpansen keine Rolle zu spielen scheint, ob und wie viel Futter andere bekommen. In einer Variante hatten die Tiere die Möglichkeit, eines von zwei Brettern heranzuziehen, auf de-

nen jeweils zwei Tabletts mit einer Belohnung angebracht waren: Eines davon war für das beobachtete Tier selbst zugänglich, das andere für einen Artgenossen im Nachbarraum. In der einfachsten Version lag ein Stück Futter auf dem Tablett des untersuchten Tieres und nichts auf dem des Partners, während auf dem zweiten Brett für jeden der beiden ein Stück Futter lag. Der notwendige Energieeinsatz war also in beiden Situationen der gleiche, und auch die Belohnung (ein Stück Futter) blieb unverändert. Die Frage war, ob die Schimpansen das Brett heranziehen würden, das auch ihrem Partner zu Futter verhelfen würde – ganz ohne zusätzlichen Aufwand für sie selbst. Die Antwort [...] lautet nein. [...] Sie zogen gleich oft an beiden Brettern und schienen nur darauf konzentriert zu sein, Futter für sich selbst zu bekommen. [...] Sowohl bei 25 Monate alten Kleinkindern als auch bei Schulkindern konnten Forscher jedoch kürzlich zeigen, daß diese in einem ähnlichen Studienaufbau häufiger die gerechte Option als die egoistische wählen" (ebd.: 32 f.).

Auch wenn Kinder Leckereien in weiteren Untersuchungen nicht immer fair teilten, fanden sie doch in der Regel eine gemeinsame Lösung. Nahm einmal ein Kind mehr und der Partner verlangte eine gerechte Verteilung, gab das erste Kind fast immer nach. Tomasello scheint es so, „als ob Kinder unter natürlichen Bedingungen eher bereit sind, Nahrung und andere Dinge abzugeben als ihre Primatenverwandten“ (ebd.: 35).

Zum Helfen erzogen

Michael Tomasello stellt aufgrund seiner Untersuchungen die These auf, dass Kinder von Natur aus hilfsbereit sind und großzügig mit Informationen und Gegenständen umgehen. Er räumt jedoch ein, dass, wenn die Kinder älter werden, ihre soziale Umwelt beeinflusst, wie sich der kindliche Altruismus weiterentwickelt. Dabei spielen vor allem ihre individuellen Erfahrungen sowie die Normen und Werte ihrer kulturellen Gruppe eine entscheidende Rolle.

Kinder lernen – indem sie andere beobachten oder erfahren, wie diese mit ihnen umgehen –, dass eigenes kooperatives Verhalten dazu führt, dass andere auch kooperativ und hilfsbereit sind. Sie können aber auch erleben, dass sie ausgenutzt werden, wenn sie anderen helfen. Diese Erfahrungen führen dazu, dass Kinder im Alter von ungefähr drei Jahren zunehmend unterscheiden, wem gegenüber sie sich altruistisch verhalten. Sie helfen jetzt denjenigen häufiger, die zuvor auch ihnen gegenüber hilfreich waren, und teilen eher mit denen, die zuvor nett zu ihnen waren (vgl. Tomasello 2010: 36 f.). Tomasellos Kollegin Carol S. Dweck meint, dass der Altruismus von Kindern auch bereits im ersten Lebensjahr „durch das ihnen gegenüber gezeigte Verhalten der Eltern – altruistisch oder anderweitig –" (Dweck in Tomasello 2010: 100) beeinflusst wird.

Was die Entwicklung des kindlichen Altruismus noch nachhaltiger zu prägen scheint, sind soziale Normen. Soziale Normen sind allgemein bekannte Erwartungen bezüglich des sozialen Verhaltens, mehr oder weniger verbindliche Regeln dafür, wie „das hier so üblich ist". „Sei nett, sei hilfsbereit, lüg nicht, teile dein Spielzeug!" In den meisten Kulturen gelten derartige altruistische soziale Normen, mit denen Kinder durch Vorbilder, Erklärungen und Anweisungen vertraut gemacht werden (vgl. Tomasello 2010: 37).

Wer sich an die sozialen Normen seiner Gruppe hält, wird positiv beurteilt; wer sie missachtet, verliert seinen guten Ruf. Sobald Kindern das bewusst wird, versuchen sie die Urteile der anderen zu beeinflussen. In der Regel führt das dazu, dass sie sich bemühen, soziale Normen einzuhalten. Aber Kinder befolgen Normen nicht nur, „sondern sie versuchen, in neuen Situationen aktiv herauszufinden, was sie tun sollen – welche sozialen Normen und Regeln es also gibt –, um sich entsprechend verhalten zu können" (ebd.: 40). Wenn sie sich in einer Situation unsicher fühlen, scheinen sie sich zu fragen: „Was wollen die anderen von mir? Wie soll ich mich verhalten, damit ich nicht ihren Unmut auf mich ziehe?"

Tomasellos Studien zeigen auch, dass Kinder sich ebenso früh schon aus eigenem Antrieb an der Durchsetzung sozialer Normen beteiligen. Wenn sie erst einmal wissen, „wie man das hier macht", vertreten sie anderen gegenüber vehement: „So geht das aber nicht! So macht man das!" Weil sie aber in den Experimenten weder dazu gezwungen noch dazu ermuntert wurden, anderen gegenüber auf die Einhaltung von Normen zu bestehen, geht Tomasello davon aus, „dass schon die frühesten kindlichen Normen – welche sich im Alter von rund drei Jahren zum ersten Mal beobachten lassen – echte soziale Normen sind“ (ebd.: 42). Echte soziale Normen beachten Kinder, weil sie sie verinnerlicht haben und teilen und nicht nur dank der Autorität, mit der andere ihre Einhaltung fordern. Tomasello vermutet, dass Kinder Normen verinnerlichen und respektieren, weil sie sich selbst als einer unter vielen sehen und sich mit den anderen in ihrer Gruppe identifizieren (vgl. ebd.: 44).

Michael Tomasello fasst seine Studien zum Altruismus bei Kindern folgendermaßen zusammen:

> „Die Entwicklung altruistischer Tendenzen bei Kindern wird somit klar durch ihre Sozialisation beeinflußt. Zu Beginn des Prozesses sind sie zum Helfen und zur Kooperation veranlagt. Dann aber lernen sie, selektiv zu helfen, zu informieren und zu teilen. Gleichzeitig lernen sie, ihren Eindruck auf andere – ihren öffentlichen Ruf – zu gestalten und dadurch auch die Handlungen anderer in Bezug auf sich selbst zu beeinflussen. Zusätzlich entdecken sie die sozialen Normen, welche ihr kulturelles Umfeld charakterisieren, sie versuchen, sie aktiv zu entschlüsseln und sie zu befolgen. Darüber hinaus beginnen sie sogar die Durchsetzung dieser Normen zu unterstützen, indem sie andere an deren Existenz erinnern [...] und sich selbst durch Schuld- und Schamgefühle bestrafen, wenn sie Regeln nicht befolgen" (ebd.: 45 f.).

Tomasellos Forschungsergebnisse geben klare Hinweise für die pädagogische Förderung altruistischen Denkens und Handelns:

> „In dieser Hinsicht ist es interessant, daß Erwachsene, die annehmen, daß ihre Kinder nicht von Natur aus hilfsbereit und kooperativ sind und sie deshalb durch Maßregelungen und Bestrafung dazu erziehen wollen, nicht dazu beitragen, daß ihr Nachwuchs soziale Normen verinnerlicht und sie anwendet, um sein eigenes Verhalten zu regulieren. Viele Studien haben gezeigt, daß die sogenannte induktive Erziehung – bei der Eltern mit ihren Kindern über die Auswirkungen ihrer Handlungen auf andere und den Sinn kooperativen Verhaltens sprechen – am besten zur Internalisierung sozialer Normen und Werte beiträgt. Diese induktive Erziehungsweise funktioniert deshalb so gut, weil sie auf der richtigen Annahme basiert, daß Kinder ohnehin bereit sind

> zu kooperieren, wenn ihnen die Auswirkungen ihres Handelns auf andere und das Funktionieren der Gruppe erklärt werden. Kinder sind von Natur aus altruistisch, und dies ist eine Veranlagung, die Erwachsene (weil Kinder auch von Natur aus egoistisch sind) zu fördern versuchen" (ebd.: 47 f.).

Kinder bringen also die Bereitschaft und erstaunliche Fähigkeiten mit, sich bereits im Krippenalter in der Gemeinschaft für die Gemeinschaft zu engagieren. Wenn sie – auch in der kritischen Phase um ihren dritten Geburtstag – in der Kindertageseinrichtung auf freundliche und hilfsbereite Erwachsene treffen und eine Einrichtungskultur vorfinden, in der es möglich ist und gern gesehen sowie angemessen unterstützt wird, sich in der Gemeinschaft für die Gemeinschaft zu engagieren, dann bestehen gute Chancen, dass ihre altruistische Veranlagung erhalten bleibt und sich weiter entfaltet.

Wie solch eine Engagementkultur in Kindertageseinrichtungen entstehen kann, wird im vierten und fünften Kapitel beschrieben. Doch zunächst vertiefen wir im folgenden Kapitel, warum es sich lohnt, das gesellschaftliche Engagement von Kindern zu fördern.

3 Kinder mitentscheiden und mithandeln zu lassen lohnt sich

Kindertageseinrichtungen sind in den vergangenen Jahren zunehmend mit immer mehr Aufgaben konfrontiert worden. Sie haben ihre Konzepte an die Bedarfe unter dreijähriger Kinder angepasst, kümmern sich neben der Bildung, Erziehung und Betreuung um Inklusion, Kinderschutz und die Kooperation mit Schulen und anderen Institutionen, machen auch den Familien der Kinder vielfältige Angebote und vieles mehr – und all das bei nach wie vor eher schwierigen Rahmenbedingungen. Was den pädagogischen Fachkräften häufig fehlt, ist Zeit: Zeit, sich mit einzelnen Kindern oder Kindergruppen in der nötigen Ruhe zu beschäftigen, die Zusammenarbeit mit den Eltern und die vielfältigen Kooperationen zu gestalten oder die eigene Arbeit mit den Kolleginnen zu reflektieren und zu planen.

Unter den gegebenen Umständen ist es verständlich, wenn pädagogische Fachkräfte zunächst zurückhaltend auf weitere Anforderungen an ihre Arbeit reagieren. Doch die Förderung des gesellschaftlichen Engagements der Kinder ist keine zusätzliche Aufgabe, die neben all den anderen nun auch noch erledigt werden soll. Es geht eher darum, manches anders zu machen, als es bisher vielleicht geschah, wie im vierten und fünften Kapitel gezeigt wird. Die Fachkräfte aus den Modelleinrichtungen machen keinen Hehl daraus, dass es zunächst herausfordernd und anstrengend ist, das eigene Denken und Handeln infrage zu stellen und neu auszurichten. Aber wenn das Konzept „Mitentscheiden und Mithandeln in der Kita“ eingeführt ist und immer selbstverständlicher gelebt wird, erleichtert es nach Ansicht der meisten Fachkräfte aus den Modellkitas an vielen Stellen auch den pädagogischen Alltag (siehe Kapitel 7). Die Chance, mitzumachen und mitzubestimmen, ermöglicht und ermutigt Kinder nämlich, sich Aufgaben zuzuwenden, die üblicherweise von den Erwachsenen in der Kita bewältigt werden. Während die Kinder sich bei diesen Tätigkeiten vielfältige Kompetenzen aneignen, können die Fachkräfte sich diesen Aufgaben nun gemeinsam mit den Kindern während der Betreuungszeiten widmen. Das kann dann durchaus zu einer spürbaren Entlastung der ohnehin viel zu knappen Verfügungszeiten führen.

In diesem Kapitel wird gezeigt, dass es sinnvoll ist, Kinder vor solche Herausforderungen zu stellen, weil gesellschaftliches Engagement die Bildung der Kinder – eine Kernaufgabe von Kindertageseinrichtungen – umfassend unterstützt und insbesondere frühe Demokratiebildung ermöglicht.

3.1 Gesellschaftliches Engagement fördert Bildung

Kindertageseinrichtungen sind Bildungseinrichtungen. Kaum ein Thema hat die Kitas in den vergangenen Jahren so sehr geprägt wie die Bildung der Kinder. Nach der ersten Veröffentlichung der PISA-Vergleichsstudien im Jahr 2001 (Deutsches PISA-Konsortium 2001) sind schnell die Kindertageseinrichtungen als Bildungseinrichtungen in den Blick geraten. Die Erkenntnis, „Bildung beginnt mit der Geburt" (Schäfer 2003), hat bewirkt, dass alle Bundesländer Bildungsrahmenpläne für Kindertageseinrichtungen verabschiedet haben. Das führte auf der einen Seite zu einer Aufwertung der Kitas – wurden sie doch öffentlich endlich (wieder) als Bildungs- und nicht nur als Betreuungseinrichtungen wahrgenommen. Auf der anderen Seite haben sich die Erwartungen an die Bildungsförderung in den Kitas durch diese Entwicklung auch enorm erhöht und vervielfältigt.

Bildung: für Kitas eine große Herausforderung

Bildung ist als Aufgabe in den Kindertageseinrichtungen angekommen. Untersuchungen zeigen, dass pädagogische Fachkräfte sich intensiv mit diesem Thema auseinandersetzen und engagiert daran arbeiten, ihre pädagogische Begleitung der kindlichen Bildungsprozesse stetig zu verbessern. Dabei sind vor allem die in den Bildungsrahmenplänen der Länder beschriebenen Bildungsbereiche in den Blick geraten (vgl. Sturzenhecker, Knauer und Dollase 2013: 37). Diese benennen und beschreiben Themen, bei denen die Selbstbildung der Kinder begleitet oder herausgefordert werden soll. In der Folge haben die meisten Kindertageseinrichtungen die Themenpalette, die sie den Kindern anbieten, erweitert. Viele Fachkräfte sehen sich in der Verantwortung, Kindern den Zugang zu möglichst vielen Themen zu ermöglichen.

Unter pädagogischen Fachkräften macht sich dadurch aber auch eine gewisse Atemlosigkeit breit. Sie betreuen jüngere und ältere Mädchen und Jungen mit unterschiedlichen Fähigkeiten und Beeinträchtigungen aus unterschiedlichen Kulturen und Lebensverhältnissen. Angesichts dieser Heterogenität in den Kindergruppen bemühen sich die Fachkräfte, jeden Tag ein vielfältiges Angebot vorzuhalten, um möglichst jedes Kind angemessen zu fördern. Sie besuchen Fortbildungen, spezialisieren sich auf bestimmte Themen, lernen neue Methoden – und können sich doch des unguten Gefühls nicht erwehren, einzelnen Kindern nicht gerecht zu werden, sie nicht ausreichend unterstützen zu können. Dabei lässt sich feststellen, dass gerade die Fachkräfte, die sich gut mit dem in den Rahmenplänen beschriebenen Bildungsauftrag auskennen, eher unzufrieden mit dem sind, was sie angesichts der Rahmenbedingungen leisten können (vgl. ebd.: 103).

Es steht außer Frage, dass die strukturellen Rahmenbedingungen – insbesondere die Fachkraft-Kind-Relation und die Zeitkontingente für mittelbare pädagogische Arbeit (die Verfügungszeiten) – nicht den hohen Anforderungen an die Bildungsförderung in Kindertageseinrichtungen entsprechen und dringend angepasst werden müssen (vgl. Viernickel et al. 2013). Doch das ist nicht die einzige Stellschraube, mit der der Druck, den viele Fachkräfte aufgrund der hohen Anforderungen und des eigenen Anspruchs an ihre Arbeit empfinden, reguliert werden kann. Wir halten es gleichfalls für ratsam, dass pädagogische Fachkräfte einmal innehalten und ihre Bildungsangebote selbstkritisch reflektieren: Kann es wirklich darum gehen, den Kindern möglichst viele Bildungsthemen aus allen Bildungsbereichen nahezubringen? Welche Themen wollen wir ihnen denn zumuten? Wozu wollen wir sie erziehen? Welche Bildungsprozesse ermöglichen wir den Kindern? Unterstützen wir sie angemessen? Verhindern wir durch unsere Aktivitäten vielleicht sogar mögliche Bildungsprozesse?

Wenn pädagogische Fachkräfte darüber nachdenken wollen, wie sie die Bildung von Kindern am besten fördern (und dabei selbst nicht in unnötigen Stress geraten), ist es hilfreich, zunächst zu klären, von welchem Bildungsverständnis sie ausgehen: Was verstehen wir unter Bildung? Welcher Bildungsbegriff liegt den Bildungsrahmenplänen zugrunde?

Bildung als Aneignung der Welt

Der Bildungsbegriff, der in den Rahmenplänen formuliert wird, hat eine lange Tradition in der deutschen Bildungsgeschichte. Er meint weit mehr als die Anhäufung von Wissen, das überprüft und zum Beispiel in Schulabschlüssen zertifiziert werden kann. Dieses komplexe Bildungsverständnis geht auf Wilhelm von Humboldt zurück.

Wilhelm von Humboldt (1767–1835) war Staatsmann, Gelehrter und Mitgründer der Berliner Universität. Er wollte eine allgemeine Bildungsreform umsetzen, in der es um die Bildung des gesamten Menschen (allgemeine Menschenbildung) gehen sollte.

Der Pädagoge Hartmut von Hentig fasst Humboldts Bildungsverständnis in dessen eigenen, etwas altertümlich klingenden Worten wie folgt zusammen:

> „Bildung sei [für Humboldt, d. A.] die Anregung aller Kräfte eines Menschen, damit diese sich über die Aneignung der Welt in wechselseitiger Ver- und Beschränkung harmonisch-proportionierlich entfalten und zu einer sich selbst bestimmenden Individualität und Persönlichkeit führen, die in ihrer Idealität und Einzigartigkeit die Menschheit bereichere" (Hentig 1996: 40).

Diese Definition wird im Folgenden darauf beleuchtet, welches Ziel von Bildung Wilhelm von Humboldt hier ausdrückt und welche Hinweise er gibt, wie dieses Ziel zu erreichen sei. Dabei wird deutlich, wie aktuell Humboldts Vorstellungen sind.

Bildung zielt für Humboldt – etwas zeitgemäßer ausgedrückt – darauf ab, dass ein Mensch sich zu einer selbstbestimmten Persönlichkeit entwickelt, die sich auf ihre Weise konstruktiv in die menschliche Gemeinschaft einbringt. Ähnliche Ziele formulieren heute das Kinder- und Jugendhilfegesetz als Auftrag an die gesamte Kinder- und Jugendhilfe oder der Situationsansatz für die Arbeit in Kindertageseinrichtungen. Dort ist von Erziehung zu einer „eigenverantwortlichen und gemeinschaftsfähigen Persönlichkeit" (§ 1 SGB VIII) oder zu „Autonomie und Solidarität" (vgl. Zimmer 2000) die Rede.

Um eigenverantwortlich und gemeinschaftsfähig, autonom und solidarisch handeln zu können, werden laut Humboldt „alle Kräfte eines Menschen" benötigt, also seine kognitiven, emotionalen, sozialen, moralischen, motorischen, fachlichen, methodischen usw. Kompetenzen. Diese vielfältigen Kräfte eines Menschen sollten sich möglichst in einem ausgewogenen Verhältnis zueinander (proportionierlich) und einander harmonisch ergänzend entwickeln. Je besser Menschen in der Lage sind, all ihre Kräfte zu nutzen und angemessen einzusetzen, desto handlungsfähiger werden sie sich in unterschiedlichen Situationen erweisen und desto eigenverantwortlicher und gemeinschaftsfähiger können sie agieren. Solche Handlungskompetenz wird in vielen aktuellen Bildungsrahmenplänen als Ziel von Bildung ausgewiesen.

Wenn Bildungsförderung in Kindertageseinrichtungen auf Handlungskompetenz zielt, stellt sich die Frage, wie Kinder Handlungskompetenz entwickeln. Humboldt meint, die Kräfte eines Menschen sollten angeregt werden und sich dann entfalten; sie seien also bereits von Natur aus im Menschen angelegt, müssten aber durch äußere Reize angeregt werden, um sich entfalten zu können. Diese Annahme Humboldts kann die moderne Hirnforschung physiologisch belegen. Neurowissenschaftler haben herausgefunden, „dass das Gehirn so wird, wie man es benutzt" (Hüther und Hauser 2014: 85). Unser Gehirn stellt Vernetzungsoptionen zwischen den Nervenzellen im Überschuss bereit. Die Nervenzellenverschaltungen (Synapsen) entwickeln und verändern sich zeitlebens – je nachdem, wie sie verwendet werden. Diese „nutzungs- und erfahrungsabhängige Neuroplastizität" (ebd.: 84) ermöglicht es, dass jedes Kind „all das lernen kann, worauf es in seinem weiteren Leben ankommt" (ebd.: 95).

Die Kräfte eines Menschen entfalten sich laut Humboldt, indem dieser sich die Welt in wechselseitiger Ver- und Beschränkung aneignet. Ein solches Verständnis von Bildung als Aneignung entspricht auch dem Bildungsverständnis der Rahmenpläne für Kindertageseinrichtungen. Aneignung meint, dass ein Mensch sich die Welt in aktiver Auseinandersetzung mit den Dingen und den handelnden Menschen, die ihn umgeben, zu eigen macht.

Papa hat Leon einen Motorradhelm geschenkt. Keinen echten. Aber Leon sieht damit trotzdem fast wie ein richtiger Motorradfahrer aus. Im Kindergarten will er unbedingt mit dem neuen Helm spielen. Als sie am Kindergarten ankommen, läuft Leon direkt zu den Dreirädern. „Tschüss, ich fahr' jetzt Motorrad", ruft er Papa zu. Leon sitzt in den nächsten Wochen, wann immer er kann, auf einem Dreirad. Er probiert alles Mögliche aus. Er versucht sogar, in den Kurven auf nur zwei Rädern zu fahren. So, wie ein echter Motorradfahrer. Mit dem Dreirad ist das gar nicht so leicht.

Doch die anderen wollen auch Dreirad fahren; und so kommt es immer wieder zu Streitigkeiten um die Fahrzeuge, sodass Leon gar nicht richtig fahren kann.

(vgl. Hansen und Knauer 2014: Die Haltestelle für Dreiräder)

Leon erarbeitet sich ein Thema – in diesem Fall das Dreiradfahren –, indem er über einen langen Zeitraum unzählige Variationen, das Dreirad zu nutzen, ausprobiert und immer aufs Neue wiederholt. Bei seinen Experimenten trainiert er nicht nur seinen Gleichgewichtssinn und seine Körperbeherrschung. Er erprobt sich auch in der Rolle eines draufgängerischen Motorradfahrers (was gewiss auch etwas mit seiner Suche nach einer Geschlechtsidentität zu tun hat). Er macht Erfahrungen mit einer technischen Errungenschaft, die auf einer menschlichen Kulturleistung (der Erfindung des Rades) beruht. Er erlebt, dass solche wertvollen Gegenstände wie ein Dreirad durchaus ein rares Gut sein können und dass man sich über dessen Nutzung gegebenenfalls mit anderen verständigen muss und vieles mehr.

Beschränkt ist dieser Aneignungsprozess,

- weil jeder Mensch sich einerseits nur das aneignen kann, was er – als äußeren Reiz – vorfindet: Wenn es in Leons Kindergarten keine Dreiräder geben würde, könnte Leon sich nicht auf die beschriebene Weise damit auseinandersetzen; und

- weil er andererseits aus der Fülle dessen, was ihn umgibt, stets eine Auswahl treffen muss, auf welche Aspekte er seine Konzentration richtet: Nicht alle Kinder im Kindergarten interessieren sich für die Dreiräder, und für Max beispielsweise wird ein Dreirad erst interessant, wenn es auf dem Kopf steht und er die Räder mit der Hand in Bewegung setzen kann.

Verschränkt sind der Mensch und die Welt in diesem Prozess,

- weil der handelnde Mensch zum einen die Welt verändert: Leons waghalsige Versuche, auf zwei Rädern zu fahren, spornen auch andere Mädchen und Jungen dazu an; nach einigen Tagen gibt es bereits einen Parcours, auf dem immer neue akrobatische Kunststücke auf den Dreirädern ausprobiert werden; und
- weil die Welt und die Erfahrungen, die er in ihr macht, gleichzeitig auch ihn verändern: Leon fühlt sich stark und ist stolz, als es ihm gelingt, ein Stückchen auf zwei Rädern voranzukommen; aber er hat auch erfahren, dass er sich mit den anderen arrangieren muss, um seine Interessen umsetzen zu können. Die Aneignung der Welt ist immer auch ein Weg zu sich selbst im Verhältnis zu den anderen.

Bildung als Aneignung der Welt und des Selbst setzt einen aktiv handelnden Menschen in einer materialen und sozialen Umwelt voraus. Das heißt einerseits, dass Kinder nicht gebildet werden können, wenn sie sich nicht aktiv an diesem Prozess beteiligen; Bildung ist daher immer Selbstbildung und ohne die Beteiligung der Kinder nicht zu haben (Laewen 2002a: 47; Schäfer 2003: 15). Selbstbildung findet aber immer auch in sozialen Kontexten (vgl. Stenger 2010) und damit als Ko-Konstruktion (Fthenakis 2009) zwischen dem sich bildenden Kind und anderen Kindern und Erwachsenen – also auch den pädagogischen Fachkräften – statt.

Wenn pädagogische Fachkräfte die Kinder bei ihrer Aneignung der Welt unterstützen wollen, haben sie dazu, wie Hans-Joachim Laewen zeigt, zwei grundsätzliche Möglichkeiten. Zum einen können sie die Umwelt, also die Räume und die materielle Ausstattung sowie die Abläufe in der Kita, gestalten. So sind unter anderem in vielen Kindertageseinrichtungen themenspezifische

Fachbereiche wie Ateliers, Werkstätten oder Labore entstanden. Zum anderen können die Fachkräfte ihre Interaktionen mit den Kindern, also ihre Art, auf die Themen der Kinder einzugehen oder ihnen Themen zuzumuten, gestalten (vgl. Laewen 2002a: 73).

Um den Kindern die Vielfalt möglicher Bildungsthemen, die in den Bildungsbereichen beschrieben werden, nahebringen zu können, werden bisweilen komplexe Tätigkeiten in einzelne Handlungsabläufe zerlegt, damit die Kinder diese dann lernen können. So existieren Angebote der Sprachförderung, in der Sprache eher isoliert geübt wird und nicht in sinnvolle Handlungszusammenhänge eingebunden ist. Naturwissenschaftliche Themen werden in Experimenten veranschaulicht, die von den pädagogischen Fachkräften inszeniert werden und von den Kindern oft nur schwer mit ihren Alltagserfahrungen in Verbindung gebracht werden können. So sinnvoll ein Sprachtraining oder Experimentieren sein kann, besteht bei solch einem Vorgehen doch die Gefahr, dass die Aneignung der Welt durch die Kinder zerstückelt wird und ihre vielfältigen Kräfte sich nicht harmonisch-proportionierlich entfalten können. Der Bildungsforscher Gerd Schäfer betont, dass frühkindliche Bildung komplex ist: „Teilen wir die Kinder in Kompetenzen auf [...], ignorieren wir, dass die Alltagserfahrungen nicht nach solchen Kompetenzbereichen geordnet vorliegen" (Schäfer 2003: 32).

Wie können es pädagogische Fachkräfte dann aber Kindern ermöglichen, sich die Welt in ihrer Komplexität anzueignen, dabei all ihre Kräfte zu entfalten und dennoch vielfältigen Themen aus allen Bildungsbereichen zu begegnen?

Die Herausforderungen des Alltags als pädagogische Chancen (wieder) entdecken

Gerd Schäfer weist in diesem Zusammenhang auf die Chancen hin, die der Alltag für die Bildung der Kinder bietet.

Gerd Schäfer, Jahrgang 1942, lehrte als Professor an der Humanwissenschaftlichen Fakultät der Universität Köln mit dem Forschungsschwerpunkt frühkindliche Bildungsforschung. Sein Buch „Bildung beginnt mit der Geburt" aus dem Jahr 2003 hatte großen Einfluss auf die Debatte um Bildung in Kindertageseinrichtungen. Er betont: Bildung ist Selbstbildung.

Wenn Kinder sich Aufgaben und Herausforderungen im Alltag der Kindertageseinrichtung widmen, müssen sie immer wieder nach Mitteln suchen, mit denen sie die dabei auftretenden Probleme lösen können.

> „Keine Alltagssituation trägt die Aufschrift: Hier handelt es sich um eine soziale, emotionale oder motorische Lernaufgabe. Jeder muss selbst herausfinden, welche Fähigkeiten er einsetzen kann, um Lösungen für alltägliche Aufgaben zu finden. Das Lösen von Problemen im Alltag nutzt zunächst alle zur Verfügung stehenden Kräfte eines Menschen und entwickelt einen Prozess, in dessen Verlauf immer klarer wird, welche Kompetenzen dafür sinnvoll eingesetzt werden und in welcher Kombination" (Schäfer 2003: 32 f.).

Will man Kinder dabei unterstützen, all ihre Kräfte zu entfalten, ist es Erfolg versprechend, die Herausforderungen und Probleme des Alltags als komplexe Bildungsthemen (wieder) zu entdecken und gemeinsam mit den Kindern zu bearbeiten. Im ersten Kapitel wurde bereits vermutet, dass der Alltag in Kindertageseinrichtungen als Bildungsanlass immer wieder aus dem Blick gerät, weil er eben alltäglich ist. All die dort aufgezählten Alltagsroutinen sind scheinbar nichts Besonderes, werden manchmal sogar als lästig empfunden und eher nebenbei erledigt. Doch was für Erwachsene alltäglich ist, ist für Kinder immer wieder neu. Sie helfen – wie Tomasello zeigt (siehe Kapitel 2) – gern und nehmen jede Herausforderung an. Wenn sie sich aktiv beteiligen, wenn sie engagiert bei der Sache sind und all ihre Kräfte herausgefordert werden, finden intensive, beeindruckende Bildungsprozesse statt.

Badu hat einen Prospekt vom neuen Indoor-Spielpark der Stadt mitgebracht und zeigt ihn in der Kinderkonferenz den anderen. Alle Kinder sind begeistert und wollen unbedingt dorthin. „Da haben wir aber eine Menge zu planen", sagt Anja, die Erzieherin. „Was müssen wir denn machen, damit wir in den Spielpark fahren können?" „Mama fragen", schlägt Max vor. „Mit dem Bus fahren", sagt Jelena. „Bezahlen", weiß Badu. „Stimmt", sagt Anja und schaut in den Prospekt. „Es kostet acht Euro Eintritt für jedes Kind."

„Acht Euro ist ganz viel Geld", stöhnt Badu. „Mein Freund zu Hause, der ist sieben. Und der bekommt nur einen Euro Taschengeld." „Wie viel brauchen wir denn für uns alle?", fragt Leon. „Bestimmt 1000 Euro!", ruft Badu. „Vielleicht nicht ganz so viel", vermutet Anja. „Habt ihr eine Idee, wie wir das ausrechnen können?" Alle denken nach. Da hat Jelena eine Idee: Wenn sie und die anderen mit den Murmeln spielen, legen sie immer alle Murmeln in eine Schale und teilen sie dann so auf, dass alle gleich viele haben. Sie holt die Murmeln und erklärt: „Jeder nimmt sich acht Murmeln, und die tun wir dann alle zusammen in die Schale. Dann können wir zählen, wie viel Geld das zusammen ist." Da alle 22 Kinder aus der Gruppe mitwollen, liegen am Ende ganz viele Murmeln in der Schale.

„So viel kann ich aber nicht zählen", stöhnt Jelena. „Wie weit könnt ihr denn zählen?", fragt Anja. „Bis 10!", ruft Sofia und zählt gleich los: „Eins, zwei, drei..." „Ich weiß", sagt Leon. Wenn wir zehn Murmeln wegnehmen, können wir dafür einen blauen Schein aus dem Postspiel hinlegen. Der ist so viel wie zehn, hat Anja gesagt." Nun nehmen die Kinder immer zehn Murmeln aus der Schale und legen dafür einen blauen Spielgeldschein hinein. Schließlich liegen in der Schale 17 blaue Scheine und sechs Murmeln. „So viel Geld brauchen wir", stellen die Kinder fest.

„Woher bekommen wir denn so viel Geld?", fragt Anja weiter. „Von Frau Schneider", schlägt Jelena vor. Die Kinder gehen also mit den 17 Scheinen und sechs Murmeln zur Kindergartenleiterin. Frau Schneider meint, es gäbe nicht mehr so viel Geld für Ausflüge. Sie könnte ihnen 76 Euro geben; und sie nimmt sieben Scheine und die restlichen Murmeln aus der Schale.

„Wo kriegen wir bloß den Rest her?", fragt Anja, als die Kinder zurückkommen. Diesmal hat Badu eine Idee: „Wir backen Kuchen und verkaufen den – wie beim Sommerfest." „Okay", meint Anja. „Ein Stück Kuchen hat beim Sommerfest einen

Euro gekostet. Wir müssen also 100 Stücke Kuchen backen und verkaufen. Wie viele Stücke Kuchen kriegen wir denn von einem Backblech?" Die Kinder gehen in die Küche und holen ein Backblech. Sie betrachten grübelnd das Blech, bis Leon meint: „Wir können da doch so Striche drauf machen, dann sehen wir das." Als die anderen nicht gleich verstehen, was er meint, holt er die Rolle mit dem Klebeband und beginnt, die Reihen auf dem Blech abzukleben. Es entsteht ein Karo-Muster; und so können sie abzählen, wie viele Kuchenstücke auf ein Blech passen. Es sind zwölf.

„Und wie viele Bleche müssen wir nun backen, damit wir 100 Stücke Kuchen haben und die verkaufen können?", fragt Anja. „Das ist doch klar", sagt Jelena. „Wir legen auf jedes Kuchenstück eine Murmel." Die Kinder tauschen die blauen Scheine wieder in je 10 Murmeln um und legen auf jedes Karo eine Murmel. Nachdem sie das achtmal gemacht haben, sind noch vier Murmeln übrig. Acht Bleche und noch vier Stück Kuchen brauchen sie also. Das erscheint ihnen viel zu viel; und so überlegen sie weiter, auf welche Weise sie sonst noch Geld bekommen können.

Komplexe Bildungsprozesse, die in Alltagszusammenhänge eingebettet sind, motivieren Kinder nicht nur zu solch engagierten Leistungen; sie gehen auch keineswegs zulasten der Themenvielfalt. Bei der Bewältigung von Herausforderungen und Problemen im Alltag begegnen die Kinder unzähligen Themen aus allen Bildungsbereichen – aber nicht zerstückelt und nach Bildungsbereichen geordnet, sondern gleichzeitig und bunt gemischt und immer eingebettet in Alltagszusammenhänge.

> In den Bilderbüchern über das Mitbestimmen und Mitmachen im Kindergarten von Leon und Jelena (Hansen und Knauer 2014) werden Geschichten erzählt, in denen sich Kinder mit Herausforderungen im Alltag ihrer Kita auseinandersetzen. Schauen Sie doch mal, welchen Themen die Kinder dabei begegnen und welchen Bildungsbereichen diese jeweils zugeordnet werden können.

Wenn Leon und Jelena und die anderen Kinder in ihrer Kita Alltagsprobleme lösen,

- gestalten sie beispielsweise ein Haltestellenschild und zeichnen Hundehaufen (das könnte unter anderem einem Bildungsbereich „Künstlerisches Gestalten“ zugeordnet werden),
- ordnen sie jedem Platz am Frühstückstisch einen Teller, einen Becher und Besteck zu oder zählen Stimmen aus, wenn Gruppensprecher oder Ideen für ein neues Klettergerät gewählt werden („Mathematik“),
- wählen sie Gruppensprecher und entwickeln eine Regel, nach der die Dreiräder fair getauscht werden („Politik und Gesellschaft“),
- bauen sie ein Modell für einen Kletterturm und helfen beim Aufbau („Technik“),
- rollen sie einen Teppich auf, um ihn besser tragen zu können, mischen Beton und finden heraus, wie ein Hundehaufen aussieht („Naturwissenschaften“),
- tragen sie schwere Holzbalken und Teppiche, mischen Beton oder bekleben das Haltestellenschild mit Folie („Körper und Bewegung“),
- lesen sie im Flur das Protokoll vom Kinderparlament oder schlagen in Büchern nach, wie Hundehaufen aussehen („Literacy“),
- lernen sie neue Worte wie „Beton“ oder „Hundetüten-Automat“ und verhandeln immerzu miteinander und mit den Erwachsenen („Sprache und Kommunikation“).

Die Auseinandersetzung mit Alltagsthemen fordert alle Kräfte der Kinder heraus und konfrontiert sie gleichzeitig mit unzähligen Themen aus allen Bildungsbereichen. Gesellschaftliches Engagement übt Fähigkeiten in diesen Bildungsbereichen eben nicht isoliert, sondern integriert – indem Kinder Herausforderungen im Alltag lösen, erwerben sie ganz nebenbei Fähigkeiten in unterschiedlichen Bildungsbereichen.

Vorschlag für einen Perspektivenwechsel: Vom „Rentner" zum „Aktivisten"

Mit der Frage, wie Kinder in die Alltagsgestaltung und -bewältigung pädagogischer Einrichtungen einbezogen werden können, hat sich schon Siegfried Bernfeld in den 1920er-Jahren beschäftigt. Auch wenn Bernfelds Versuch einer gerechten Schule letztlich scheiterte, sind seine Ideen für die Gestaltung gesellschaftlichen Engagements in der Kita auch heute noch inspirierend. Bernfeld beschreibt den normalen Alltag in vielen Schulheimen und anderen pädagogischen Einrichtungen überspitzt wie folgt:

Siegfried Bernfeld (1892–1953) war Pädagoge und Psychoanalytiker. Er leitete von 1919 bis 1920 in Österreich das Schulheim Baumgarten, in dem er versuchte, einen neuen pädagogischen Umgang zwischen Erwachsenen und Kindern zu realisieren, der durch Respekt und Achtung geprägt war, sowie die Schule als eine durch eine Schulverfassung abgesicherte Gemeinschaft zu gestalten, in der Kinder Rechte haben und Gerechtigkeit erfahren.

> Die Kinder „[...] werden Rentner. Der Tisch ist täglich drei- oder viermal gedeckt; es gibt Wärme, Licht, Kleidung, Bücher, Musik, Theater, Sport und Spielgerät und Raum. All dies wird produziert ohne ihre Arbeit, ohne ihre Sorge [...]" (Bernfeld 1969: 415 f.).

Kinder erfahren – so wird hier deutlich – häufig, dass die wichtigen Dinge von den Pädagoginnen und Pädagogen für sie getan werden. Sie können gar nicht anders, als sich zurückzulehnen und abzuwarten, welche Angebote ihnen gemacht und welche Rahmenbedingungen für sie gestaltet werden.

Das von Bernfeld für Schulheime beschriebene Szenario findet sich durchaus auch in Kindertageseinrichtungen. Auch hier bereiten Erwachsene vieles für die Kinder vor und übernehmen in der Regel die alleinige Verantwortung für die Gestaltung des Kita-Alltags. Die Kinder erleben dann, dass die Einrichtung „wie von Zauberhand" jeden Morgen aufs Neue gereinigt ist, dass Mahlzeiten auf den Tisch kommen, ohne dass die Zutaten eingekauft und zubereitet wurden, oder dass sie sich nur zu einer bestimmten Zeit in einem bestimmten Raum einfinden müssen, um dort mit den stets reichlich vorhandenen Aquarell- oder Fingerfarben zu malen. Siegfried Bernfeld versuchte stattdessen, die Kinder in dem von ihm geleiteten Kinderheim Baumgarten zu Aktivisten in einer demokratisch organisierten „Schulgemeinde" zu machen.

Er gestand den Kindern nicht nur zu, an der Gestaltung des Alltags mitzuwirken, sondern auch darüber mitzubestimmen. Zur Schulgemeinde gehörte daher auch ein eigener „Gerichtshof". Die Mitentscheidungsmacht über die gemeinsamen Angelegenheiten wurde verbunden mit vielerlei Ämtern der Kinder: Postmeister, Speisesaal-Ordnerin, Läuter, Schlafsaal-Ordnerin, Ausgangs-Ordner, Untersuchungsrichterin, Schriftführer usw. (vgl. ebd.: 129). Demokratie bedeutete hier sowohl mitentscheiden zu dürfen, als auch sich aktiv handelnd in die Gemeinschaft einzubringen.

Auch das Konzept „Mitentscheiden und Mithandeln in der Kita" versucht die Kinder zu Aktivisten im Kita-Alltag zu machen, indem sie in das Engagement in der Gemeinschaft für die Gemeinschaft demokratisch eingebunden und Verantwortung und Macht mit ihnen geteilt werden. Dadurch werden immer auch Prozesse einer frühen demokratischen politischen Bildung angeregt.

3.2 Gesellschaftliches Engagement fördert Demokratie

Demokratisches gesellschaftliches Engagement fördert nicht nur allgemeine Bildungsprozesse, sondern geht in der Regel auch mit einem spezifischen Demokratielernen der Kinder einher. Dass Kinder Demokratie lernen, ist eine wichtige Aufgabe jeder demokratischen Gesellschaft.

„Eine demokratisch verfasste Gesellschaft ist die einzige Gesellschaftsordnung, die gelernt werden muss, alle anderen Gesellschaftsordnungen bekommt man so" (Negt 2010: 27).

Der Soziologe und Philosoph Oskar Negt betont die besondere Herausforderung, vor der Demokratien immer stehen: Die Demokratie ist auf Demokraten angewiesen, auf Menschen, die sich politisch engagieren, zur Wahl gehen, sich wählen lassen, sich öffentlich einmischen und vieles mehr. Da aber niemand als Demokrat geboren wird, muss Demokratie gelernt werden. Daher ist politische Bildung in Demokratien ein zentraler Auftrag pädagogischer Institutionen.

Politik ist jedoch ein Begriff, über den in der Pädagogik, besonders in Kindertageseinrichtungen, auffallend wenig gesprochen wird. Viele pädagogische Fachkräfte sind eher zögerlich, wenn sie ihr Verhältnis zur Politik beschreiben sollen. Dazu eine kleine Reflexionsanregung:

Entscheiden Sie sich bitte spontan für eine der folgenden Aussagen:

1. Ich bin ein politisch aktiver Mensch.
2. Ich bin politisch interessiert.
3. Ich bin eher wenig politisch interessiert.

Überlegen Sie anschließend gemeinsam mit ihren Kolleginnen und Kollegen, was die jeweilige Aussage bedeutet und was dazu geführt hat, dass Sie diese Frage heute so beantworten.

Wenn wir pädagogische Fachkräfte in der Aus- und Fortbildung fragen, wie und wo sie etwas über Politik gelernt haben, berichten die meisten zunächst vom Politikunterricht in der Schule. Mit politischer Bildung verbinden sie vor allem Wissen über Politik. Dabei erinnern sie den Politikunterricht oft nicht als politisch motivierend. Im Gedächtnis geblieben sind eher abstrakte Abhandlungen über Staatsformen oder Schau-

bilder von politischen Gremien – und auch die manchmal nur bis zur nächsten Prüfung. Viele pädagogische Fachkräfte schätzen sich selbst als eher wenig politisch interessiert ein. Politik ist ihnen oft suspekt, sie äußern etwa: „Politiker versprechen viel und halten wenig." Und auch in politischen Diskussionen halten sie sich dann eher zurück, nicht zuletzt, weil sie befürchten, zu wenig über Politik zu wissen.

Immer wieder begegnen wir aber auch pädagogischen Fachkräften, die sich selbst als politisch aktive Menschen verstehen. Sie berichten häufig, dass ihr Interesse für Politik vor allem durch eigene Erfahrungen entstanden sei – in der Familie, in der Jugendgruppe oder auch durch das Engagement in der Schülerinnen- und Schülervertretung. In ihren Erzählungen wird deutlich: Politisches Interesse entsteht vor allem dadurch, dass man politisch handelt. Politische Bildung geschieht eben nicht in erster Linie durch das Lernen von Fakten, sondern braucht Erfahrung im politischen Handeln.

Zwischen dem Alltag von Kindern in Kindertageseinrichtungen und Politik scheint es eine große Lücke zu geben. Und in der Tat funktionieren politische Gremien auf Bundesebene, auf Landesebene oder auch in der Kommune zunächst völlig anders als pädagogische Einrichtungen. Aber Politik und Pädagogik haben mehr miteinander zu tun, als auf den ersten Blick zu vermuten wäre.

Um diesen Zusammenhang zu verdeutlichen, betrachten wir zunächst etwas genauer, was die Begriffe „Politik" und insbesondere „Demokratie" bedeuten: „Politik" beschäftigt sich mit der Frage, wie ein Staat organisiert ist, wie hier Macht verteilt ist und Entscheidungen gefällt und durchgesetzt werden.

Demokratie ist dabei nur eines mehrerer möglicher politischer Systeme. Ein Staat kann auch als Monarchie oder als Diktatur organisiert sein. Wenn wir hier von politischer Bildung sprechen, meinen wir daher eine bestimmte Form politischer Bildung – nämlich Demokratiebildung.

Der Begriff der „Demokratie" setzt sich zusammen aus den altgriechischen Worten *demos* (= Volk) und *kratia* (= Herrschaft). Demokratie bedeutet im Wortsinn „Herrschaft des Volkes". Gemeint ist eine Gesellschaft, in der die Bürgerinnen und Bürger mitentscheiden können und sich für die Gesellschaft engagieren.

Ein Politikverständnis, das sich auf die Organisation von Macht und Entscheidungen reduziert, greift aber zu kurz. Demokratie beinhaltet mehr als Wahlen oder die Arbeit in Parteien. Demokratien eröffnen den Bürgerinnen und Bürgern vielfältige Möglichkeiten sich einzumischen, sich zu engagieren. Gerade in der Pädagogik gibt es diesbezüglich schon lange ein deutlich breiteres Verständnis von Demokratie. John Dewey beschrieb schon früh den Zusammenhang von Erziehung und Demokratie.

John Dewey (1859–1952) war ein amerikanischer Philosoph und Pädagoge sowie Professor an den Universitäten Chicago und New York. Ausgangspunkt pädagogischen Handelns war für ihn die „Erfahrung". Er setzte sich für die Demokratisierung aller Lebensbereiche ein – vor allem auch in der Schule.

Demokratie, so Deweys Demokratiebegriff, vollzieht sich nicht nur in der Regierungsform, sondern meint vor allem auch die alltäglichen Lebensformen aller Bürgerinnen und Bürger (vgl. Dewey 2000).

> „Die Demokratie ist mehr als eine Regierungsform; sie ist in erster Linie eine Form des Zusammenlebens, der gemeinsamen und miteinander geteilten Erfahrungen" (ebd.: 121).

Auf dieser Basis hat auch Gerhard Himmelmann, Professor für Politikwissenschaften an der Technischen Universität Braunschweig, der sich besonders mit der Frage beschäftigte, wie Kinder in der Schule Demokratie lernen können, drei Formen von Demokratie unterschieden: Demokratie als Herrschaftsform, Gesellschaftsform und Lebensform. Erst alle drei Formen zusammen – so seine These – machen eine stabile Demokratie möglich (vgl. Himmelmann 2005).

Demokratie als Herrschaftsform – Macht demokratisch gestalten

Der Blick auf Demokratie als Herrschaftsform kommt dem, was die meisten Fachkräfte zunächst mit Politik verbinden, sicher am nächsten. Betrachtet man Demokratie als Herrschaftsform, beschäftigt man sich mit der Frage, wie Regierungen zustande kommen und kontrolliert werden und welche Rechte das Volk hat. Es geht um das Thema der Gewaltenteilung zwischen der gesetzgebenden Gewalt (Legislative), der ausführenden Gewalt (Exekutive) und der Rechtsprechung (Judikative). Es geht um das Verhältnis zwischen Mehrheitsprinzip und Minderheitenschutz und vieles mehr. In der Demokratie liegt die Entscheidungsmacht eben nicht in den Händen weniger, sondern es gibt klare Regelungen, wie Macht zustande kommt und ausgeübt wird.

Kinder kommen mit diesen politischen Gremien eher selten in Kontakt. Auch für viele pädagogische Fachkräfte ist die Demokratie als Herrschaftsform zwar präsent, doch sie mischen hier – außer als Wählerinnen und Wähler – eher selten aktiv mit. Kinder machen aber schon in Kindertageseinrichtungen erste Erfahrungen mit verschiedenen Herrschaftsformen – nämlich dann, wenn sie erleben, wie im Alltag der Kita die Macht verteilt ist.

Gestern war Leon mit Papa auf einem Spielplatz, auf dem es eine ganz tolle Seilbahn gibt. So eine möchte er auch im Kindergarten haben. Begeistert erzählt er Badu und Jelena, wie er sich das vorstellt: „Wir brauchen ein langes Band; das binden wir da oben an die Schaukel. Und dann hängen wir da eine Schaukel dran. Und dann kann man da runterrutschen." Badu und Jelena finden die Idee gut. Aber ob das wirklich geht? „Da müssen wir erst Anja fragen. Die ist ja der Bestimmer", gibt Badu zu bedenken. „Nee", meint Jelena. „Da müssen wir bestimmt Frau Schneider fragen. Die ist die Cheferin von allen."

Kinder wissen meist genau, wer im Alltag der Kita Entscheidungen trifft. Fragt man sie nach den Bestimmern in der Kita, benennen sie fast immer zuerst die pädagogischen Fachkräfte. Häufig können sie auch noch die Machtverhältnisse innerhalb des Teams differenzieren, so wie Jelena in diesem Beispiel die Kita-Leiterin Frau Schneider als „Ober-Bestimmerin" und mächtiger als ihre Gruppenleiterin Anja identifiziert (vgl. Bartosch und Knauer 2014).

Viele pädagogische Fachkräfte kennen solche Äußerungen von Kindern; den wenigsten gefällt es allerdings, als „Bestimmer" oder „Cheferin" bezeichnet zu werden. Macht über die Kinder zu haben, ist in der Regel kein Motiv dafür, Pädagogin oder Pädagoge zu werden. Zudem erleben sich viele Fachkräfte selbst nicht als mächtig. Dabei ist Macht in pädagogischen Beziehungen immer vorhanden. Es gibt kaum ein Arbeitsfeld, in dem Macht eine so große Rolle spielt wie in pädagogischen Einrichtungen.

Leon und Badu haben ihre Pistolen mit in den Kindergarten gebracht. Die sehen richtig echt aus. Ohne Vorwarnung stürmen sie nun mit lautem „Päng! Päng!" in den Gruppenraum. Semra und Max ziehen erschrocken die Köpfe ein. „Hey!", ruft Anja lachend. „Was ist denn nun los?" Als sie die Spielzeugwaffen in den Händen der Jungen sieht, wird sie jedoch ernst. „Leon! Badu! Ihr wisst, dass ihr hier nicht mit Waffen spielen dürft", mahnt sie. „Gebt mir mal bitte die Pistolen! Ihr könnt sie wiederhaben, wenn ihr nach Hause geht." „Nee, die kriegst du nicht! Das sind unsere", wehrt sich Leon. „Leon!", sagt Anja mit leicht erhobener Stimme und streckt ihm fordernd ihre Hand entgegen. „Das ist gemein!", schimpft Leon und versucht, seine Pistole hinter dem Rücken in Sicherheit zu bringen. „Warum dürfen wir denn nicht damit spielen?" – „Weil Pistolen dafür da sind, Menschen totzuschießen, und das wollen wir hier nicht", erklärt Anja. „Aber die sind doch gar nicht echt. Damit kann man doch gar nicht richtig schießen", wendet Leon ein. Anja wird langsam ungeduldig. „Das ist mir egal. Gebt mir jetzt eure Pistolen. Ich habe keine Lust, das immer wieder zu diskutieren." – „Nee, die geben wir ihr nicht, nä, Badu?!", wendet sich Leon hilfesuchend an seinen Freund. Doch der händigt Anja bereits seine Pistole aus. Leon will sich abwenden, aber Anja stellt sich ihm in den Weg. Da lässt auch er resignierend den Kopf hängen und reicht Anja die Pistole. Anja legt die beiden Spielzeugwaffen oben auf den Schrank.

Pädagogische Fachkräfte verfügen gegenüber den Kindern schon aufgrund ihrer Rolle immer über Macht. Sie entscheiden über die Gruppenzusammensetzung, den Tagesablauf oder Regeln (Handlungs- oder Gestaltungsmacht), haben Zugriff auf die Ressourcen und erlauben oder verwehren den Kindern den Zugang zum Beispiel zu bestimmten Spielmaterialien (Verfügungsmacht), entscheiden, was richtig oder falsch, gut oder schlecht ist (Definitions- oder Deutungsmacht) und können Kinder meistens leicht dazu bringen, ihren Vorstellungen und Ideen zu folgen (Mobilisierungsmacht). Sie setzen ihre Macht verbal durch, immer wieder aber auch körperlich – wie Anja, als sie sich Leon in den Weg stellt. Es gibt Situationen, in denen solch ein Verhalten, etwa zum Schutz der Kinder, durchaus zu rechtfertigen ist; in diesem Fall ist Anja jedoch im Nachhinein mit ihrer machtvollen Entscheidung des Konflikts eher unzufrieden und beschließt, das gemeinsam mit ihren Kolleginnen entschiedene pauschale „Waffenverbot" noch einmal zur Diskussion zu stellen.

Macht ist in pädagogischen Einrichtungen immer vorhanden und immer einseitig verteilt. Der Pädagoge Janusz Korczak sagt: „[...] das Kind ist schwach. Wir können es hochheben, in die Luft werfen, gegen seinen Willen hinsetzen, wir können es mit Gewalt im Lauf anhalten – wir können all sein Bemühen vereiteln" (Korczak 1970: 7). Der Erwachsene ist mächtig, das Kind ist schwach. Dabei sind Kinder auf mächtige Erwachsene angewiesen, weil sie nur von ihnen die Befriedigung ihrer grundlegenden Bedürfnisse erwarten können – nach Nahrung, Pflege, Zuwendung, Lob. Kinder brauchen mächtige Erwachsene auch in Krisensituationen, etwa wenn sie krank sind oder in schwierige und gefährliche Situationen geraten. Aber weil Erwachsene so mächtig sind, braucht es einen sorgfältig reflektierten Umgang mit der eigenen Macht. Denn Macht kann immer auch missbraucht werden.

> „[…] jede Erziehung und jede Pädagogik [steht] zunächst unter dem Generalverdacht […], als Machtmissbrauch angelegt zu sein und Unterdrückung zu betreiben. Will sie den Verdacht entkräften, muss die je konkrete Erziehung und die je allgemeine Pädagogik nachweisen, wie sie Machtmissbrauch verhindert und Unterdrückung aufhebt" (Bartosch 2011: 126 f.)

Es mag zunächst schockieren, dass hier jede pädagogische Arbeit unter einen Generalverdacht gestellt wird. Sollte diese nicht eher von einem generellen Vertrauen getragen werden? Wollen pädagogische Fachkräfte nicht immer das Beste für das Kind? So schwer es fallen mag – pädagogische Fachkräfte müssen sich dem Generalverdacht auf Machtmissbrauch in ihrem pädagogischen Handeln stellen. Dazu zwingt sie schon allein die seit 2012 gültige Fassung des § 45 SGB VIII, der auch Kindertageseinrichtungen verpflichtet, Beschwerdeverfahren für Kinder – auch hinsichtlich des Verhaltens der Fachkräfte – einzuführen. Jede Pädagogik kann nur Vertrauen erwarten, wenn genau geklärt ist, welche Wege den ihnen Anvertrauten zur Verfügung stehen, um sich gegen einen eventuellen Machtmissbrauch zur Wehr zu setzen (vgl. Hansen und Knauer 2013).

Um Machtmissbrauch in Kindertageseinrichtungen entgegenzuwirken, ist es ratsam, sich zunächst einmal die konkreten Machtverhältnisse bewusst zu machen.

Diskutieren Sie mit Ihren Kolleginnen und Kollegen, inwiefern Sie den Kindern in den folgenden Situationen Selbst- oder Mitbestimmung zugestehen und wann Sie es für nötig befinden würden, erzieherische Grenzen zu setzen:

- Einige Kinder sind in der alten Fichte bereits über zwei Meter hoch geklettert und wollen noch weiter hinauf.
- Fünfjährige wollen allein auf den benachbarten Spielplatz gehen.
- Bei der Essensplanung wollen die Kinder nur Pommes, Würstchen und Fischstäbchen.

- Einige Kinder wollen im Winter ohne Mütze nach draußen gehen.
- Eine Jungenclique verlangt den Kletterturm ausschließlich für sich und will die Mädchen ausschließen.
- Die Kinder schlagen als Strafe bei Zerstörung von Spielzeug vor, dass man in die Putzkammer gesperrt wird.
- Kinder beschimpfen ein Mädchen als „Türkensau".
- Zwei Jungen schlagen Nägel in einen Baum.
- Hannah und Lukas werden bei Doktorspielen erwischt. Variante: Fatime und Ali werden bei Doktorspielen erwischt.
- Einige Jungen möchten sich Gewehre bauen.

Die Reflexion solcher Situationen verdeutlicht noch einmal, wie viel Macht pädagogische Fachkräfte in Kindertageseinrichtungen über die Kinder haben. Sie können und müssen sogar darüber entscheiden, worüber die Kinder selbst oder mitentscheiden dürfen und worüber nicht. Vielleicht ist im Austausch der Fachkräfte über diese Situationen aber auch deutlich geworden, dass es oftmals gar nicht so klar ist, wie weit die Selbst- und Mitbestimmung der Kinder gehen soll. Pädagogische Fachkräfte haben dazu bisweilen weit auseinanderliegende Positionen und handeln entsprechend auch sehr unterschiedlich.

Dessen war sich schon Janusz Korczak bewusst. Er versuchte daher, in den von ihm geleiteten Kinderheimen Macht – zumindest in Teilen – demokratisch zu gestalten.

Janusz Korczak (1878 oder 1879–1942) war ein jüdischer Arzt, Schriftsteller und Pädagoge, der 1911 in Warschau das Waisenhaus „Dom Sierot" gründete. Er formulierte als einer der Ersten Kinderrechte und versuchte diese im Waisenhaus umzusetzen: durch eine Kinderversammlung, ein Kindergericht oder auch eine Zeitung von Kindern für Kinder.

Dass es in Kinderheimen eine eigene Kindergerichtsbarkeit braucht, begründet Korczak wie folgt:

> „Das Kind hat ein Recht darauf, daß seine Angelegenheit ernsthaft behandelt und gebührend bedacht wird. Bis jetzt hing alles vom guten Willen und von der guten oder schlechten Laune des Erziehers ab. Das Kind war nicht berechtigt, Einspruch zu erheben. Dieser Despotismus muss ein Ende haben" (Korczak 1967: 304).

Korczak bezeichnet es als Despotismus, also als willkürliche Herrschaft, wenn pädagogische Fachkräfte individuell entscheiden, was Kinder dürfen und was nicht und wie Regelbrüche geahndet werden. Auch wenn es heute in Kindertageseinrichtungen nicht so viele finstere Despoten gibt wie in den Kinderheimen zu Korczaks Zeiten, ist die willkürliche Herrschaft der Fachkräfte nach wie vor weitestgehend ungebrochen. Sie bestimmen meist allein – wenn auch wohlwollend –, was zulässig oder untersagt ist, und das kann von Tag zu Tag oder von Kollegin zu Kollegin durchaus variieren. Die Kinder haben in der Regel keine Rechte, auf die sie sich verbindlich berufen könnten.

Wie in demokratischen Staaten gilt es daher auch in demokratischen pädagogischen Einrichtungen, die Herrschaftsverhältnisse zu klären, transparent zu gestalten und den Kindern zumindest in Teilen demokratische Mitwirkungsmöglichkeiten zu eröffnen. Wie dies in Kindertageseinrichtungen gelingen kann, beschreibt das Konzept „Die Kinderstube der Demokratie" (vgl. Hansen, Knauer und Sturzenhecker 2011). Dort wird erläutert, wie Kinder an Entscheidungen, die sie selbst oder die Gemeinschaft betreffen, systematisch beteiligt werden können. Im Kindergarten von Leon und Jelena gibt es beispielsweise regelmäßige Kinderkonferenzen in den Gruppen und ein Kinderparlament, in dem sich gewählte Repräsentanten für die Interessen ihrer jeweiligen Gruppe engagieren. Wie diese Gremien funktionieren und worüber die Kinder dort mitbestimmen dürfen, ist in einer Kita-Verfassung eindeutig geklärt (siehe dazu Kapitel 4.4).

Um zu einer abgewogenen Entscheidung zu gelangen, genügt es nicht, einfach eine Abstimmung durchzuführen. Zuvor sollten verschiedene Möglichkeiten in Betracht gezogen und das Für und Wider diskutiert werden. Auch das ist Teil der Demokratie – im Staat genauso wie in der Kita.

Demokratie als Gesellschaftsform – informieren und diskutieren

In demokratischen Staaten finden vor entscheidenden Abstimmungen lange Diskussionen statt, nicht nur im Parlament, sondern auch innerhalb der verschiedenen politischen Parteien. Das Programm einer Partei ist ja keineswegs dauerhaft festgeschrieben, sondern wird immer wieder in lebhaften Auseinandersetzungen diskutiert, verändert und neu justiert. In Verbänden und Vereinen organisieren sich Menschen, die ähnliche Interessen verfolgen und sich gegebenenfalls öffentlich dafür stark machen wollen. Auch im Kaninchenzüchter- oder im Kleingartenverein engagieren sich Menschen mit ähnlichen Interessen. Gewerkschaften, Bürgerinitiativen usw. gehören ebenfalls zur Demokratie als Gesellschaftsform. In all diesen Institutionen werden Interessen ausgehandelt und formuliert und oftmals auch in die Tat umgesetzt. Diese Strukturen bieten unzählige Möglichkeiten, sich gesellschaftlich zu engagieren.

Vereine und Verbände, Gewerkschaften und Parteien haben außerdem selbst eine demokratische Struktur, in der die einzelnen Mitglieder ihre Interessen diskutieren und sich auf bestimmte Standpunkte einigen. Und sie können auch die öffentliche Meinungsbildung beeinflussen. So äußert sich der Deutsche Sportbund zu vielen Fragen des Leistungs- und Breitensports. Damit verleiht er diesen Themen Gewicht. Auf diese Weise nehmen solche Institutionen durchaus auch Einfluss auf Parlamentsentscheidungen und damit auf die Ebene der Demokratie als Herrschaftsform – wenn sich etwa die Kleingärtner gegen ein Straßenbauprojekt durch ihre Parzellen zur Wehr setzen und öffentliche Demonstrationen, Presseartikel usw. initiieren.

Eine freie Öffentlichkeit ist eine elementare Voraussetzung von Demokratien. Um sich eine Meinung bilden zu können, braucht man freien Zugang zu den für das jeweilige Thema relevanten Informationen und die Möglichkeit einer öffentlichen Auseinandersetzung über unterschiedliche Positionen, unter anderem in den Medien. Wie wichtig dies ist, wird immer wieder sichtbar, wenn sich Staaten im Übergang zur Demokratie befinden. Die freie Meinungsäußerung in der Öffentlichkeit und den Medien ist hier ein umkämpftes Gut.

Auch diese Form der „großen Demokratie“ findet seine Entsprechung in der „kleinen Demokratie“ der Kita. Kinder brauchen Gelegenheiten, ihre Interessen in der Öffentlichkeit der kleinen Gemeinschaft zu verfolgen, öffentlich zu äußern und mit anderen zu diskutieren. Je mehr Möglichkeiten sie haben, sich im Alltag aktiv engagieren zu können, desto mehr können sie ihren Interessen in ihrem Handeln Ausdruck verleihen. Leon, Jelena und die anderen Kinder werden deshalb immer wieder von den Fachkräften im Rahmen von kleinen und großen Beteiligungs- und Engagementprojekten (siehe Kapitel 4.3 bis 4.5) in zu erledigende Aufgaben eingebunden: ob bei der Einführung eines „gleitenden“ Frühstücks, der Suche nach einer Regel für eine faire Nutzung der Dreiräder, der Planung des neuen Klettergeräts oder der Einrichtung eines Hundetüten-Automaten im Park. Und sie werden – nicht nur in den Kinderkonferenzen oder im Kinderparlament – immer wieder befragt, ob sie ihrerseits etwas zu besprechen haben.

Kindern in der Kita Rechte und Möglichkeiten einzuräumen, in Gremien und Projekten mitzuentscheiden und mitzuhandeln, genügt allein nicht. Die Kinder müssen auch pädagogisch dabei begleitet werden, ihre jeweiligen Rechte und Engagementmöglichkeiten wahrzunehmen. Sie können sich nur erfolgreich einmischen, wenn es den Fachkräften gelingt, ihnen Zugänge zu den jeweiligen Themen zu eröffnen. Um sich an gemeinsamen Planungen und Entscheidungen und deren Umsetzung beteiligen zu können, brauchen Kinder zunächst mal eine Vorstellung davon, um was es eigentlich geht, und dann ausreichende Informationen, auf deren Grundlage sie entscheiden und handeln können.

Die Kinder werden an der Planung des neuen Klettergeräts beteiligt: „Überlegt ihr doch mal in den Gruppen, was ihr mit dem neuen Spielgerät alles machen wollt. Dann malt ihr die Ideen auf und hängt eure Zettel in den Flur, damit alle sie sehen können."

Die blaue Gruppe will ein paar Spielgeräte testen. Dafür machen die Kinder mit Anja einen Ausflug zu einem großen Spielplatz. Jelena hat sogar einen Fotoapparat dabei. „Ich klettere auf den Turm", strahlt Leon. „Und wir machen Fotos von den Sachen, die am meisten Spaß machen", sagt Jelena und geht mit Semra hinterher.

In Jochens Gruppe blättern einige Kinder dicke Kataloge mit Spielgeräten durch. Andere malen auf, wie sie sich das neue Klettergerüst vorstellen. „Schere!", ruft Nermin. Er kann noch nicht so gut Deutsch. Aber er möchte gern eine knallgelbe Rutsche ausschneiden.

Bald hängen viele Bilder von den Gruppen im Flur. Staunend entdecken die Kinder die tollen Ideen, die rund um das neue Klettergerüst entstanden sind.

(vgl. Hansen und Knauer 2014: Der neue Kletterturm)

Um entscheidungs- und handlungsfähig zu werden, müssen Kinder zunächst die unterschiedlichen Möglichkeiten, die ihnen eine Situation bietet, kennen und verstehen. Nicht immer können sich gerade jüngere Kinder – wie im obigen Beispiel bei der Planung von Spielgeräten – vorstellen, was man mit den Dingen, die in den bunten Katalogen abgebildet sind, anfangen kann. Dann sind die pädagogischen Fachkräfte gefordert, die abstrakten Inhalte so zu konkretisieren, dass die Kinder sie ihren Erfahrungen zuordnen und auf dieser Grundlage ihre eigenen Positionen entwickeln können. Beispielsweise könnte es dann hilfreich sein, statt in die Kataloge zu schauen, Ausflüge auf Spielplätze zu machen, wo die Kinder die Geräte ausprobieren, um sie anschließend besser beurteilen können.

Demokratie als Lebensform – Achtung und Respekt im Alltag

Demokratie kann als Herrschafts- und Gesellschaftsform nur dann dauerhaft stabil funktionieren, wenn demokratische Werte und Prinzipien auch im alltäglichen Miteinander selbstverständlich werden. Dabei geht es um die Frage, welche Normen und Werte den Alltag bestimmen und wie sich diese im Handeln der Einzelnen umsetzen: Begegnen sich die Menschen mit Achtung und Respekt? Interessieren sie sich für die Situation und die Sichtweise der anderen? Kommen alle zu Wort? Hört man sich zu? Sorgt man sich um die anderen? Unterstützt man sich solidarisch? Erhalten alle die Möglichkeit, sich im Alltag zu engagieren und mitzuhandeln? Demokratie als Lebensform wirkt als soziale Basis einer nachhaltigen Demokratie.

Auch in Kindertageseinrichtungen können Kinder Demokratie als Lebensform erfahren, wenn die Umgangsformen hier von demokratischen Werten und Prinzipien geprägt sind. Wie unter anderem Michael Tomasellos Untersuchungen zeigen (siehe Kapitel 2), spielt dafür das Verhalten der pädagogischen Fachkräfte gegenüber den Kindern eine große Rolle: Erkennen sie die Kinder als gleichwertige Partnerinnen und Partner an? Gestehen sie ihnen zu, Verantwortung für sich selbst und andere zu übernehmen, oder meinen sie, immer dafür sorgen zu müssen, dass die Kinder bekommen, was sie brauchen? Helfen sie ihnen und lassen sie sie helfen? Gestalten sie die Kommunikation mit den Kindern dialogisch oder überwiegen – wie Untersuchungen nahelegen (vgl. Textor 2007) – bei ihren sprachlichen Äußerungen Anweisungen und einseitige Instruktionen?

Dass die Kinder in den alltäglichen Interaktionen von den pädagogischen Fachkräften anerkannt und gehört werden, dass sie unterstützt und ermuntert werden, sich um sich selbst und andere zu kümmern, ist die Basis für die Förderung gesellschaftlichen Engagements. In Kapitel 4.1 und 4.2 werden diese Aspekte der Demokratie als Lebensform vertieft.

Aber auch, wenn Kinder dabei begleitet werden, sich in Engagementprojekten oder Beteiligungsgremien für die Gemeinschaft zu engagieren (siehe Kapitel 4.3 bis 4.5), ist ein achtsamer und respektvoller Umgang eine Grundvoraussetzung für das Gelingen dieser Verfahren.

Demokratie passiert im Alltag – auch in der Kita

Die Differenzierung von Demokratie als Herrschafts-, Gesellschafts- und Lebensform zeigt, dass Demokratie weit mehr beinhaltet als Wahlen und Parlamente. Demokratie findet sich auf allen drei Ebenen in unserem alltäglichen Leben – wenn wir zur Wahl gehen, unsere Rechte vor einem Gericht einfordern, in einer Partei oder einer Bürgerinitiative aktiv sind, einem Verein beitreten, eine Zeitung lesen und uns eine Meinung bilden, uns als „Vorlesepaten“ in Kitas engagieren und vieles mehr.

Politik – ob demokratisch oder nicht – beginnt im Alltag, auch im Alltag von Kindertageseinrichtungen. Kitas sind Erfahrungs- und Übungsfelder für politisches Denken und Handeln – ob die Fachkräfte dies bewusst gestalten oder nicht. Politische Bildung beginnt im alltäglichen Umgang der Menschen miteinander, in der Art, wie sie miteinander sprechen, ihre Interessen verhandeln oder Konflikte austragen.

Demokratische politische Bildung wird Kindern ermöglicht, wenn sie

- ihre eigenen Interessen wahrnehmen können, dabei auf die unterschiedlichen Interessen der anderen treffen und bei Interessenkonflikten gemeinsam Lösungen finden müssen,
- sich in der Gemeinschaft für die Gemeinschaft engagieren können und sich dabei als wichtiges Mitglied der Gemeinschaft erfahren, zu deren

Wohlergehen sie beitragen und deren Gestaltung sie beeinflussen können,

- ihre Rechte kennen, weil diese in der Kita transparent geregelt sind und es strukturell verankerte Verfahren gibt, mittels derer sie ihre Rechte wahrnehmen können.

Wenn das Engagement für die kleine Gemeinschaft der Kindertageseinrichtung bewusst ermöglicht und gestaltet wird, können Kinder Demokratie auf allen drei Ebenen erfahren – als Herrschaftsform, als Gesellschaftsform und als Lebensform.

4 Gesellschaftliches Engagement von Kindern fördern

Damit Kinder sich in der kleinen Gemeinschaft der Kindertageseinrichtung oder gar in deren Umfeld für die Gemeinschaft engagieren können, sind sie auf die pädagogischen Fachkräfte angewiesen. Diese müssen wollen, zulassen und herausfordern, dass die Kinder mitentscheiden und mithandeln, und sie angemessen dabei begleiten und unterstützen.

Im Folgenden wird beschrieben, wie pädagogische Fachkräfte den Kindern Möglichkeiten, sich gesellschaftlich zu engagieren, eröffnen und diese systematisch erweitern können. Dabei sind die hier dargestellten Schritte jeweils als Teilstrecke auf einem langen Weg zu einer Beteiligungs- und Engagementkultur in der Kita zu verstehen, die man am besten nacheinander geht, die sich aber auch gegenseitig bedingen.

Zunächst geht es in Kapitel 4.1 darum, das Bild vom Kind in Bezug auf ein Engagement in eigener Sache zu reflektieren und daraus pädagogische Handlungsweisen abzuleiten. Kapitel 4.2 zeigt, wie Engagement für die Gemeinschaft im Kita-Alltag immer wieder punktuell zugelassen und herausgefordert werden kann. Diese beiden Schritte thematisieren für die Förderung gesellschaftlichen Engagements grundlegende Aspekte der Beziehung zwischen Fachkraft und Kind. Sie sind die Basis, von der aus die weiteren Schritte der Engagementförderung systematisch entwickelt werden können.

Kapitel 4.3 legt dar, wie Engagementmöglichkeiten für die Kinder im Alltag strukturiert und ihnen transparent angeboten werden können. In Kapitel 4.4 werden diese Angebote durch eine demokratische Mitbestimmung der Kinder über Inhalte und Form ihres Engagements erweitert. Schließlich werden in Kapitel 4.5 einige besondere Herausforderungen angesprochen, die entstehen können, wenn Kinder sich auch außerhalb der Kita gesellschaftlich engagieren.

Um Kindertageseinrichtungen zu Orten der Engagementförderung zu machen, sollten Fachkräfteteams möglichst alle fünf hier vorgestellten Schritte gemeinsam gehen. Demokratisches gesellschaftliches Engagement zu fördern – und das ist das Ziel – verlangt immer auch, die Rechte der Kinder zu klären. Und die (Mitentscheidungs-)Rechte von Kindern müssen von allen pädagogischen Fachkräften in einer Kita diskutiert, übereinstimmend verabschiedet, anerkannt und im Alltag eingehalten werden, um nicht in eine undemokratische, willkürliche Herrschaftsausübung (siehe Kapitel 3.2) zurückzufallen.

4.1 Kinder ernst nehmen und ihnen etwas zutrauen

Michael Tomasello betont, dass Kinder von Natur aus auch egoistisch sind. Dieser natürliche Egoismus des Menschen diene einer Sorge um das eigene Wohlergehen und Überleben. Die menschliche Hilfsbereitschaft und unser Wille zur Kooperation bauten auf diesem grundlegenden Eigeninteresse auf (vgl. Tomasello 2010: 20). Wer also möchte, dass Kinder sich für andere engagieren, tut gut daran, ihnen zunächst einmal zuzugestehen und gegebenenfalls auch zuzumuten, sich um die eigenen Angelegenheiten zu kümmern und für sich selbst zu sorgen. Daher beginnt die Förderung gesellschaftlichen Engagements im Konzept „Mitentscheiden und Mithandeln in der Kita" damit, die Kinder in ihrem Eigensinn ernst zu nehmen und ihnen zuzutrauen, Verantwortung für sich selbst zu übernehmen.

In der blauen Gruppe sitzen einige Kinder mit der Praktikantin Vanessa am Frühstückstisch. Die Kinder reichen sich die Milchkanne weiter und gießen sich selbst Milch in ihre Becher. Als der dreijährige Max zur Kanne greifen will, ist Vanessa schneller. Sie nimmt die Kanne und will Max Milch in seinen Becher füllen. Dabei sagt sie freundlich: „Ich helf' dir mal, Max. Das ist noch ein bisschen zu schwer für dich."

Szenen wie diese lassen sich im Alltag von Kindertageseinrichtungen immer wieder beobachten. Viele alltägliche Abläufe, die die Kinder noch nicht beherrschen, werden von den Erwachsenen mit geübter Hand nebenbei erledigt: den Apfel klein schneiden, das Malheur des umgekippten Tuschbechers beseitigen, die Schuhe zubinden. Immer wieder greifen die Erwachsenen ein und helfen den Kindern. Das geschieht in der Regel nicht aus Besserwisserei oder um die Kinder zu bevormunden, sondern aus Fürsorge. Vanessa will Max in der oben geschilderten Szene helfen, weil sie denkt, dass er die Milch noch nicht allein eingießen kann, etwas danebenlaufen könnte und das Aufwischen nicht nur Zeit kosten, sondern Max vielleicht auch beschämen würde. Aber auch wenn es nicht die Intention für ihr Handeln ist, signalisiert sie Max auf diese Weise, dass sie sein Bemühen, für sich selbst zu sorgen, nicht ernst nimmt und nicht gutheißt. Die unausgesprochene Nachricht, die Max erhält, lautet: „Du kannst das noch nicht. Ich kann das besser. Ich mache das gern für dich. Du brauchst dich also gar nicht zu bemühen."

Weniger für die Kinder machen

Ohne Frage sind Kinder auf die Fürsorge von Erwachsenen existenziell angewiesen. Und auch die Entwicklung des kindlichen Altruismus braucht Erwachsene, die sich den Kindern gegenüber freundlich und hilfreich zeigen. Doch Kinder brauchen nicht nur Geborgenheit und Fürsorge, sie bemühen sich auch schon sehr früh, ihr Leben selbst in die Hand zu nehmen. Sie gehen „– kaum dass die Nabelschnur durchgeschnitten ist – ihre eigenen Wege [...] Im tätigen Umgang mit der Welt machen sie sich ein Bild von ihr und streben hinsichtlich ihrer Bedürfnisse und Interessen mit all ihren Kräften nach Handlungsfähigkeit“ (Laewen 2002 a: 53). Max will sich allein die Milch eingießen und eine Scheibe Käse abschneiden; Semra will sich allein die Schuhe anziehen und die Leiter zur Rutsche hinaufklettern.

Die Fürsorge der Erwachsenen und die Autonomiebestrebungen des Kindes stehen in einem Spannungsverhältnis. Der dänische Familientherapeut Jesper Juul meint, „wenn man über ausreichend lange Zeit etwas für Menschen tut, was sie an sich selber können, werden sie hilflos und abhängig“ (Juul 1997: 209). Es gilt also, das rechte Maß zu finden: Kinder brauchen Erwachsene, die sie behüten und umsorgen; aber Überbehütung behindert Kinder, selbstständig zu werden und Verantwortung für sich selbst zu übernehmen. Daher sollten pädagogische Fachkräfte stets aufmerksam im Blick haben, wann es wirklich nötig ist, etwas für ein Kind zu tun, und wann es besser ist, ihm zu ermöglichen oder es herauszufordern, es selbst zu tun.

Der russische Entwicklungspsychologe Lev Vygotskij hat darauf hingewiesen, dass es stets eine Spanne gibt zwischen dem, was Kinder aktuell verstehen und können, und dem, wozu sie potenziell in der Lage sind. Diese Spanne nennt er die „Zone der nächsten Entwicklung" (vgl. Vygotskij 2002: 83). Herausforderungen, die in dieser Zone liegen, die also etwas mehr von den Kindern verlangen, als sie bisher gezeigt haben, fördern ihre Entwicklung, da sie sie weder unter- noch überfordern, weder langweilen noch frustrieren. Mit welch hoher Konzentration Kinder sich einer ihrer Entwicklung angemessenen Aufgabe widmen können, beschreibt die italienische Kinderärztin und Pädagogin Maria Montessori, wenn sie von der „Polarisation der Aufmerksamkeit" spricht (vgl. Oswald und Schulz-Benesch 2009: 76 ff.). Aufgaben, die Kindern gestellt werden, dürfen daher durchaus anstrengend für sie sein und zunächst womöglich auch zu Misserfolgen führen; doch potenziell sollten die Kinder sie bewältigen können.

Es ist für pädagogische Fachkräfte nicht immer leicht zu erkennen, ob eine Aufgabe für ein Kind in der Zone der nächsten Entwicklung liegt. Doch in der Regel zeigen Kinder, wenn sie Gelegenheit dazu haben und Erwachsene nicht alles voreilig für sie erledigen, durch ihr Handeln, welchen Entwicklungsherausforderungen sie sich gerade stellen wollen und können.

Mehr den Kindern allein zutrauen

Kinder kommen mit sehr komplexen Kompetenzen auf die Welt und können viel mehr, als Erwachsene häufig erwarten. Kinder ernst zu nehmen und ihnen etwas zuzutrauen, verlangt von pädagogischen Fachkräften wahrzunehmen, welche Unterstützung die Kinder brauchen, um eine Herausforderung selbst zu bewältigen. Maria Montessori hat das in ihrem Grundsatz „Hilf mir, es selbst zu tun!" ausgedrückt.

Die Gruppenleiterin Anja bemerkt, dass Vanessa Max beim Eingießen der Milch behilflich sein will, und mischt sich ein: „Vanessa, es ist nett, dass du Max helfen willst. Aber ich glaube, er will das lieber allein versuchen. Oder, Max?" Max nickt und Vanessa sagt erstaunt „okay" und überlässt Max die Kanne.

Während Max vorsichtig Milch in seinen Becher gießt und dabei nur ganz wenig verschüttet, setzt Anja sich zu Vanessa. „Schau mal", sagt sie. „Die Kannen sind ja nicht so schwer; und sie sind durchsichtig, sodass die Kinder die Milch darin beim Eingießen sehen können. Außerdem sind sie immer nur ein wenig gefüllt. Das machen wir extra so, damit die Kinder sich selbst bedienen können. Wenn dann trotzdem mal was danebengeht, wissen sie auch, dass unten auf dem Teewagen ein Eimer mit einem Putzlappen steht und sie alles wieder aufwischen können."

Im Kita-Alltag gibt es viele Möglichkeiten für Kinder, sich um ihre eigenen Angelegenheiten selbst zu kümmern: wenn sie sich bei den Mahlzeiten selbst bedienen, ihr Geschirr abräumen, das ausgekippte Tuschwasser aufwischen, sich selbst die Nase putzen, sich anziehen, um nach draußen zu gehen, und vieles mehr.

Beobachten Sie im Alltag, wann Kinder etwas selbst machen wollen oder wann Sie sie dazu ermuntern könnten. Lassen Sie es die Kinder, wenn möglich, versuchen, und prüfen Sie, wie Sie den Kindern dabei helfen können, es selbst zu tun.

Sobald pädagogische Fachkräfte Kindern ermöglichen, sich in eigener Sache zu engagieren, sind sie immer auch gefordert zu klären, inwiefern die Kinder selbst oder mitentscheiden dürfen, wie sie dabei vorgehen.

> Als alle Kinder schon draußen sind, sitzt die dreijährige Semra noch immer in der Garderobe und müht sich, in ihre gefütterten Winterstiefel zu kommen. Die Jacke hat sie bereits an. Der Reißverschluss ist zu; sie hatte ihre Erzieherin Anja gebeten, ihr dabei zu helfen. Als Anja ihr auch in die Stiefel helfen wollte, wehrte Semra entschieden ab: „Ich kann das alleine." Jetzt hat sie die Stiefel endlich an – aber jeweils am falschen Fuß. Sie setzt sich noch die Mütze etwas schief auf den Kopf und watschelt mit ihren „Entenfüßen" hinter den anderen her.

Anja und ihre Kolleginnen befürworten es, dass die Kinder sich beim Essen selbst bedienen oder sich allein anziehen – auch wenn letzteres bei jüngeren Kindern manchmal lange dauern kann und die Fachkräfte, wie in diesem Beispiel, Semra in der Garderobe im Blick behalten und gleichzeitig die anderen Kinder im Außengelände beaufsichtigen müssen. Sie wissen, dass sich ihre Geduld auszahlt. Wenn Semra es immer wieder selbst probieren kann, wird es nicht lange dauern, bis sie in der Lage ist, sich ohne Hilfe von Erwachsenen allein an- und auszukleiden.

Doch seitdem Semra ihre Schuhe selbst anzieht, trägt sie sie oft jeweils am falschen Fuß, lehnt es aber ab, dies von Anja korrigieren zu lassen. Anja muss daher abwägen, ob sie Semras selbstständiges Bemühen unterstützen und die „Entenfüße" dulden will oder ob sie einschreiten muss, damit die vertauschten Schuhe sich nicht negativ auf Semras Körperhaltung auswirken.

In einen ähnlichen Zwiespalt geraten die Fachkräfte, seit beim Mittagessen die einzelnen Zutaten in kleinen Schüsseln auf den Tischen stehen und die Kinder sich selbst bedienen können. Sollen sie es zulassen, wenn Kinder sich nur Kartoffeln und Soße auffüllen, oder müssen sie im Hinblick auf eine gesunde und ausgewogene Ernährung darauf bestehen, dass sie auch – zumindest ein bisschen – Gemüse nehmen? Doch was wollen sie tun, wenn die Kinder dies nicht freiwillig machen? Werden sie ihnen dann doch wieder ungebeten einen Klacks Gemüse auf den Teller füllen? Viele solcher Entscheidungen, die das eigene Leben der Kinder betreffen, sind in Kindertageseinrichtungen zentrale Partizipationsthemen. Wie weit die Selbst- und Mitbestimmung der Kinder bei diesen Fragen gehen soll, können Kita-Teams bei der Erarbeitung einer Kita-Verfassung klären (siehe Kapitel 4.4). Wer möchte, dass Kinder bereitwillig und engagiert für sich selbst sorgen, wird ihnen jedoch zumindest partiell zugestehen müssen, selbst zu bestimmen, wie sie das tun.

Von „ich" und „mein" zu „wir" und „unser"

Leon wartet mit seinem neuen Motorradhelm darauf, dass ein Dreirad frei wird. Plötzlich steigt Badu ab und läuft ins Haus. Leon rennt los und schnappt Semra das Dreirad vor der Nase weg. „Entschuldigung!", ruft er und braust davon.

Leon ist glücklich. Endlich kann er Motorrad fahren! Doch kurz darauf stellt sich ihm Badu in den Weg. „Steig ab, das Dreirad hatte ich", schimpft er. „Nee, jetzt hab ich das!", antwortet Leon und tritt in die Pedale. Aber nur eine Runde weiter hält ihn seine Erzieherin Anja an. „Leon, Semra will auch Dreirad fahren – lässt du sie mal?", fragt sie. „Nein", sagt Leon bestimmt. „Ich bin gerade erst gestartet. Frag doch die anderen."

(vgl. Hansen und Knauer 2014: Die Haltestelle für Dreiräder)

Kinder haben eigene Interessen, die sie manchmal auch vehement gegen andere durchzusetzen versuchen. Dieses egoistische Verhalten wird von Erwachsenen häufig negativ bewertet. Im Sinne sozialer Erziehungsziele fordern sie die Kinder dazu auf, sich einfühlsam mit den anderen Kindern auseinanderzusetzen und eine gemeinsame Lösung zu finden. Dabei wird übersehen, dass die Formulierung und Einforderung der eigenen Wünsche eine Voraussetzung dafür ist, auch die Interessen der anderen zu erkennen und zu achten. Nur wenn Kinder erfahren, dass ihr Eigensinn akzeptiert wird, können sie erkennen, dass auch andere eigene, berechtigte Interessen haben. Und erst dann sind sie in der Lage, unterschiedliche Interessen kooperativ auszuhandeln. In der Reggio-Pädagogik wird dieser Zusammenhang in der Frage zusammengefasst: „Wenn ein Kind nicht ‚ich' und ‚mein' sagen kann, wie soll es dann ‚du' und ‚unser' sagen?" (Dreier 1999: 155).

Dass sie eigene Interessen haben dürfen, erfahren Kinder durch die Reaktion der Erwachsenen auf ihre Interessenbekundungen, beispielsweise wenn sie etwas haben oder irgendwohin möchten, etwas nicht erdulden oder nicht hergeben wollen – wie Leon, als er das Dreirad nicht abgeben will. Indem Anja nicht von ihrer Macht Gebrauch macht und Leon zwingt abzusteigen, sondern seine Weigerung hinnimmt, zeigt sie ihm, dass sie sein Eigeninteresse wahr- und ernst nimmt. Dennoch hätte sie die für Semra unbefriedigende Situation nicht auf sich beruhen lassen und die Frage, wie die Dreiräder fairer getauscht werden könnten, in der kurz darauf stattfindenden Kinderkonferenz thematisiert, wenn Jelena ihr nicht zuvorgekommen wäre.

Bald darauf kommen die Kinder in der Kinderkonferenz zusammen. „Was wollt ihr besprechen?", fragt Anja. „Immer nehmen sich die großen Jungs die Dreiräder", behauptet Jelena. „Semra und mich hat keiner fahren lassen." – „Und mir hat Leon mein Dreirad geklaut", meckert Badu. „Gar nicht, du bist doch reingegangen", protestiert Leon. „Was können wir denn da machen?", fragt Anja.
(vgl. Hansen und Knauer 2014: Die Haltestelle für Dreiräder)

Anja achtet die unterschiedlichen Interessen der Kinder und zeigt das auch, indem sie Leon kein altruistisches Verhalten abverlangt, das ihn zur Aufgabe seiner eigenen Interessen zwingen würde. Aber sie trägt dazu bei, dass die Problematik, die sich für andere Kinder aus Leons Verhalten ergibt, in der Gruppe thematisiert wird. So kann Leon erfahren, was er bewirkt hat, ohne selbst durch die Fachkraft beschämt oder in seinen Rechten beschnitten zu werden.

Die Akzeptanz ihres Eigensinns und das Zutrauen in ihre Kompetenz, für sich selbst zu sorgen, sind die Basis, auf der sich der Gemeinsinn von Kindern entfaltet.

4.2 Punktuelles Engagement zugestehen und zumuten

Kinder sind nicht nur von Natur aus egoistisch, sondern – wie Michael Tomasello beeindruckend belegt (siehe Kapitel 2) – auch von Natur aus altruistisch. Sie sind geborene Helfer und bieten ihre Hilfe bereitwillig an. Immer wieder wollen sie helfen – wenn das Essen zubereitet, der Tisch gedeckt, die Blumen gegossen, die Tiere gefüttert werden usw. Der zweite Schritt zur Förderung gesellschaftlichen Engagements im Konzept „Mitentscheiden und Mithandeln in der Kita" ist daher, solch spontanes, punktuelles Engagement der Kinder für andere zu unterstützen.

„Kann ich helfen?" und „Kannst du helfen?"

Punktuelles Engagement für die Gemeinschaft kann grundsätzlich auf zweierlei Weise entstehen: Entweder bringen die Kinder von sich aus zum Ausdruck, dass sie helfen wollen, oder sie werden dazu eingeladen.

Die Erzieherin Anja sitzt am Basteltisch und sieht einen Stapel Bilderbücher durch. Entdeckt sie einen kleinen Riss, repariert sie ihn sorgfältig mit einem Klebestreifen. Die vierjährige Sofia hat Anja bereits eine Weile beobachtet, als sie sich zu ihr setzt, sich ein Buch von Anjas Stapel nimmt und darin zu blättern beginnt. Anja lächelt ihr zu und fragt: „Willst du mir helfen, Sofia? Ich suche die Stellen, die eingerissen sind, um sie zu kleben." Sofia nickt und zeigt auf eine umgeknickte Ecke in dem Buch, in dem sie gerade blättert.

Wenn Kinder Erwachsenen ihre Hilfe anbieten, ist das Hilfsangebot bisweilen nur schwer als solches zu erkennen. Hätte Anja Sofias Verhalten nicht als Hilfsangebot eingeschätzt, hätte sie sie vielleicht angewiesen, sich in der Leseecke ein anderes Buch zum Angucken zu suchen, weil sie diese Bücher gerade reparieren wolle. So hätte sie Sofias Offerte ohne Absicht eine Absage erteilt. Anja hat hier jedoch Sofias Wunsch, ihr zu helfen, sensibel wahrgenommen und lässt es gern zu, dass Sofia sie unterstützt.

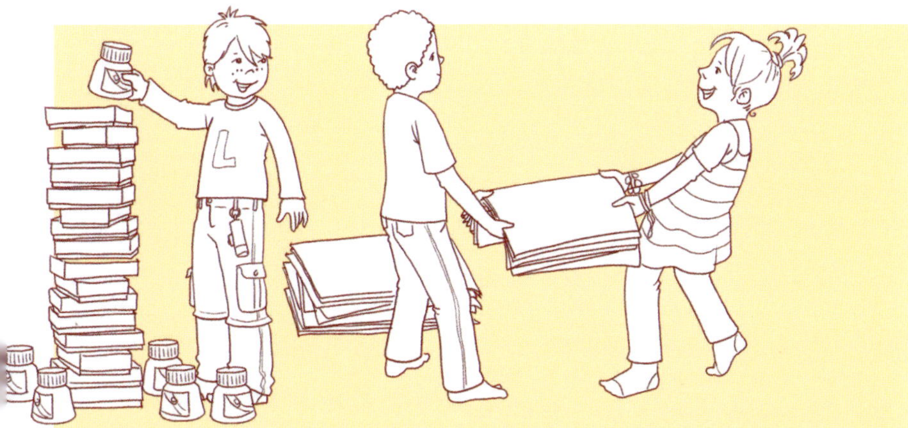

Anja hat die Aufgabe übernommen, die Vorräte an Verbrauchsmaterial zu sichten und bis heute Mittag eine Einkaufsliste zusammenzustellen. Jetzt steht sie vor dem großen Materialschrank im Flur und schüttelt angesichts des Durcheinanders, das darin herrscht, entnervt den Kopf. So kann sie sich keinen Überblick verschaffen; es bleibt ihr wohl nichts anderes übrig, als im ganzen Schrank aufzuräumen. Dabei hatte sie Jelena, Leon und Badu versprochen, mit ihnen zu spielen. Aber warum soll sie die Kinder nicht fragen, ob sie ihr beim Aufräumen helfen?

Die drei sind sofort bereit, mit Anja den Schrank auszuräumen, alles zu sortieren und wieder einzuräumen. Jetzt liegen auf dem Boden allerlei geordnete Haufen mit unterschiedlichen Papierbögen, Kartons mit Stiften und Knetgummi, Flaschen voller Fingerfarben usw. Jelena und Badu ordnen gerade die großen Tonpapierbögen nach Farben, während Leon die Kartons mit Knetgummi zu einem wackeligen, hohen Turm aufeinanderstapelt, den er mit einer Flasche roter Fingerfarbe krönt.

Im Kita-Alltag haben pädagogische Fachkräfte viele Gelegenheiten, Kinder an der Erledigung anstehender Aufgaben zu beteiligen (siehe unter anderem die Aufzählung in Kapitel 1). Indem die Fachkräfte vermehrt darauf eingehen, wenn Kinder ihre Unterstützung anbieten, und sie immer wieder um ihre Mithilfe bitten, zeigen sie den Kindern, dass ihr Engagement für andere gern gesehen ist.

Beobachten Sie im Alltag,

- wann Kinder fragen, ob sie mithelfen dürfen. Was sind das für Situationen, in denen dies geschieht? Wie reagieren Sie und Ihre Kolleginnen darauf?
- wann Sie und Ihre Kolleginnen die Kinder darum bitten zu helfen. Was sind das für Situationen? Wie reagieren die Kinder darauf?
- wann Sie und Ihre Kolleginnen die Kinder außerdem noch bitten könnten zu helfen. Was sind das für Situationen? Warum tun Sie es nicht?

Nichts scheint so offenkundig auf der Hand zu liegen, als gesellschaftliches Engagement zu fördern, indem man Kinder dazu anhält, hilfsbereit zu sein. Zudem ist Hilfsbereitschaft ein verbreitetes soziales Erziehungsziel. Da verwundert es, wie abwehrend Erwachsene der Hilfsbereitschaft von Kindern zuweilen begegnen.

Eltern wie pädagogische Fachkräfte kennen die wiederkehrenden Fragen von Kindern: „Was machst du da? Kann ich mitmachen?“ Und nicht immer zeigen sich die Erwachsenen über solch ein Anerbieten erfreut. Wer hätte darauf nicht schon einmal geantwortet: „Spielt ihr mal schön! Ich mach das schon.“? Wenn Erwachsene solche Hilfsangebote allerdings zu oft ablehnen, dürfen sie sich nicht wundern, dass manche Kinder auch nicht mehr helfen wollen, wenn sie darum gebeten werden.

Was mag Erwachsene dazu bewegen, das Angebot eines Kindes, ihnen zu helfen – wenn sie es denn als solches wahrgenommen haben –, zurückzuweisen? Im Folgenden werden drei mögliche Intentionen für solch ein abweisendes Verhalten der Erwachsenen betrachtet. Erwachsene können die Hilfe der Kinder ablehnen, weil sie annehmen,

- dass sie ihnen etwas Gutes tun, wenn sie sie nicht mit dieser Aufgabe behelligen,
- dass die Aufgabe schneller erledigt wird, wenn sie sie allein erledigen,
- dass die Kinder die Aufgabe nicht richtig erledigen (können).

Helfen ist für Kinder spannend

Wenn Erwachsene annehmen, dass sie die Kinder entlasten, indem sie deren Hilfsangebote ablehnen, gehen sie davon aus, dass es keine Freude bereitet, die anstehende Aufgabe zu bewältigen. Doch viele Tätigkeiten, die Erwachsene langweilen oder verdrießen und die sie versuchen, schnell und routiniert hinter sich zu bringen, sind für Kinder gar keine unangenehmen Tätigkeiten. Abwaschen, staubsaugen, den Tisch decken – was Erwachsene machen, ist für Kinder zunächst meist neu und spannend. Sie wollen gern daran teilhaben – so wie Jelena, Leon und Badu, die sich freuen, beim Aufräumen mit Anja all die Schätze im Materialschrank, zu dem sonst nur die Fachkräfte Zugang haben, genau unter die Lupe nehmen zu können.

Den Wunsch, teilzuhaben an der interessanten Aktivität der Erwachsenen, drücken Kinder häufig schon treffend in der Formulierung aus, mit der sie Hilfe anbieten. Sie fragen selten, ob sie helfen können; sie fragen eher, ob sie mitmachen dürfen. Kinder handeln in der Regel eben nicht selbstlos und aufopfernd, wenn sie sich an den Tätigkeiten der Erwachsenen beteiligen, sondern haben meist ein starkes Eigeninteresse daran. Daher tun Erwachsene Kindern selten einen Gefallen, wenn sie ihre Hilfe nicht in Anspruch nehmen.

Helfen als Investition in die Zukunft

Die Einschätzung, dass eine Aufgabe schneller erledigt ist, wenn die Erwachsenen sie ohne die Kinder erledigen, trifft in vielen – wenn auch längst nicht allen – Fällen sicher zu. Wenn die Kinder den Tisch decken oder Jelena Semra beim Anziehen hilft, dauert es meist länger, als wenn Anja dies macht. Die Kinder müssen viele Handgriffe, die Erwachsenen längst geläufig sind, eben erst lernen. Doch nur Übung führt zur Meisterschaft.

In der pädagogischen Arbeit mit jungen Kindern geht es oft darum, ihnen Zeit zu geben, etwas zu lernen und zu üben, damit sie es später beherrschen. So wie pädagogische Fachkräfte Kindern viel Zeit geben, etwas selbst zu machen, sollten sie auch genügend Zeit einplanen, wenn Kinder ihnen oder anderen Kindern helfen. Diese Zeit ist nicht verloren, sondern eine notwendige Investition in die Zukunft. Die Kinder eignen sich dabei nicht nur die Abläufe und Fertigkeiten an, die die jeweilige Tätigkeit erfordert – so wie Sofia, die zunächst nur für Anja die kaputten Seiten der Bücher sucht, dann aber auch Klebestreifen von der Rolle schneidet und sie Anja reicht. Beim Helfen müssen Kinder darüber hinaus lernen, auf diejenigen, denen sie helfen, einzugehen und sich mit ihnen zu verständigen. Helfen ist immer auch mit sozialen Interaktionen verbunden.

Wer bestimmt, wie geholfen wird?

Manchmal kann eine Aufgabe nur auf eine bestimmte Weise erledigt werden, oder die Erwachsenen haben eine genaue Vorstellung davon, wie sie zu erledigen ist. In diesen Fällen stellt sich zunächst die Frage, ob die Kinder in der Lage sind, die Herausforderungen zu bewerkstelligen. Wenn das, was zu tun ist, zu gefährlich für sie ist oder sie offensichtlich überfordert, werden die Erwachsenen die Kinder nicht helfen lassen oder ihnen nur eine Teilaufgabe übertragen. Anja weiß, dass Sofia es liebt, mit Klebestreifen zu arbeiten. Deshalb lässt sie sie gern helfen, Streifen von der Rolle zu schneiden. Sie weiß aber auch, dass es Sofia bislang noch nicht gut gelingt, die Streifen glatt auf ein Papier zu kleben; meistens entstehen dabei Klebestreifenknäuel. Da das bei der Reparatur der Buchseiten nicht geschehen soll, wird Anja Sofia – wenn sie die Zeit investieren will – bestenfalls gestatten, mit intensiver Unterstützung selbst einen Riss zu kleben.

Ein weiteres Problem kann sich ergeben, wenn die Kinder versuchen, die Vorgehensweise zu variieren. Kann und will Anja es zulassen, wenn Sofia auf der Tischkante einen schnell wachsenden Klebestreifenvorrat anlegt? Wird sie einschreiten, wenn Leon beim Ordnen der Verbrauchsmaterialien aus den Knetgummi-Kartons und Fingerfarben-Flaschen einen Turm baut?

Wenn Kinder Erwachsenen helfen, sind diese immer wieder gezwungen zu klären, ob und inwiefern die Kinder darüber mitbestimmen können, was alles zu tun ist, um die Aufgabe zu erledigen, wie dabei vorgegangen werden soll und wann die Aufgabe hinreichend erfüllt ist. Wenn die Fachkräfte den Kindern hier keine Entscheidungsspielräume lassen und häufig korrigierend in ihr Handeln eingreifen, verlieren die Kinder schnell die Lust an der gemeinsamen Tätigkeit. Wollen die Fachkräfte die Hilfsbereitschaft der Kinder fördern, sind sie also gut beraten, den Kindern zumindest partiell Mitentscheidungsmöglichkeiten einzuräumen.

Wenn pädagogische Fachkräfte sich den Kindern gegenüber hilfsbereit zeigen, deren Hilfsangebote annehmen, sie ihrerseits immer wieder um Mithilfe bitten und ihnen gestatten, über die Art und Weise, wie sie helfen, zumindest teilweise mitzuentscheiden, dann bestehen gute Chancen, dass Kinder auch in Situationen wie der folgenden bereit sind zu helfen.

Anja zuckt ein wenig resigniert mit den Schultern. Vor der Garderobe liegen zahlreiche Jacken, Mützen und Schuhe bunt verstreut auf dem Boden. Als sie gerade die erste Jacke aufhebt, kommen Leon und Jelena aus dem Gruppenraum. „Hallo, ihr zwei“, spricht Anja sie an. „Schaut mal, wie das hier aussieht! Könnt ihr mir helfen, die Sachen wieder ordentlich in die Garderobe zu sortieren?“

Jedes Zugeständnis der Fachkräfte an die Kinder, in den oben geschilderten Situationen mitzumachen und mitzuentscheiden, hängt – mit Korczaks Worten – von der guten oder schlechten Laune der Fachkräfte ab und bleibt damit willkürlich. In den folgenden Kapiteln geht es darum, wie Engagementmöglichkeiten der Kinder in der Kita transparent gemacht und ihre demokratischen Mitentscheidungsrechte dabei systematisch geklärt werden können.

4.3 Aufgaben und Herausforderungen transparent gestalten

Um sich selbst und anderen helfen zu können, sind Kinder in vielen Fällen auf die Hilfe (zur Selbsthilfe) der Erwachsenen angewiesen. Den Kindern ist im Alltag der Kita nicht immer ersichtlich, welche Tätigkeiten sie selbstständig erledigen können (um so für sich selbst zu sorgen) und bei welchen Verrichtungen sie mitmachen oder (Teil-)Aufgaben eigenständig übernehmen dürfen. Außerdem wissen sie oft noch nicht, was in solchen Situationen genau zu tun ist und wie es ausgeführt werden kann oder soll. Der dritte Schritt zur Förderung gesellschaftlichen Engagements im Konzept „Mitentscheiden und Mithandeln in der Kita" ist daher, den Kindern transparent zu machen, wobei und wie sie sich engagieren können.

Dabei kommt das, was wir hier als transparent gestaltete Engagementangebote bezeichnen, in der Umsetzung des Konzepts in seiner reinen Form nicht sehr häufig vor – lediglich dann, wenn Kindern aufgezeigt wird, wie sie sich einer Aufgabe oder Herausforderung nur auf eine bestimmte, vorgegebene Weise widmen können, damit ein bestimmtes vorgegebenes Ziel erreicht wird. In diesen Fällen haben die Kinder keine Möglichkeit (mit) zu entscheiden, was zu tun ist, wie es gemacht wird und was dabei herauskommt – weil es nicht anders geht oder weil die Erwachsenen es nicht anders wollen. Doch in manchen Situationen können pädagogische Fachkräfte es den Kindern nur ermöglichen, sich in eigener Sache oder für die Gemeinschaft zu engagieren, wenn diese sich an die transparent gemachten Vorgaben halten.

Selbst machen leichter gemacht

Vieles, was uns Erwachsenen so selbstverständlich von der Hand geht, dass wir gar nicht darüber nachdenken müssen, stellt Kinder zunächst vor komplexe und oft anspruchsvolle Lernaufgaben. Einer der ersten Handlungsabläufe, die pädagogische Fachkräfte Kindern in der Kita vermitteln, ist die Handhabung der Garderoben. Sie teilen jedem Kind eine Garderobe zu, die durch ein Foto des Kindes oder ein Symbol gekennzeichnet ist. Die Garderoben sind in der Regel einheitlich und überschaubar aufgebaut: Meist gibt es für jedes Kind einen Haken für Jacken, darüber eine Ablage für Mützen und darunter ein Fach für Schuhe. Die Fachkräfte erläutern und demonstrieren den Kindern anfangs, wie die Garderobe ordnungsgemäß zu nutzen ist. Und die Kinder beherrschen dieses Verfahren meist nach kurzer Zeit sehr gut. Außerdem wissen sie bald sogar recht genau, zu welchem Kind welche Garderobe und welche Kleidungsstücke gehören.

Dass die Kinder die Benutzung der Garderoben so schnell in den Griff bekommen, hängt – neben ihrer großen Bereitschaft, solche sozialen Erwartungen zu erfüllen (siehe Kapitel 2) – auch mit der klaren und transparenten Strukturierung der Aufgabe zusammen. Die Kinder wissen, was von ihnen erwartet wird, und können leicht erkennen, was zu tun ist – nämlich ihre Jacke an den Haken mit ihrem Symbol, ihre Mütze auf die Ablage darüber und ihre Schuhe ins Fach darunter zu ordnen. Eine derart „vorbereitete Umgebung" spielt in der Pädagogik Maria Montessoris eine herausragende Rolle.

Maria Montessori (1870–1952) war Ärztin und Pädagogin. Sie stand für eine Pädagogik, die sich am Kind und seinen Bedürfnissen orientiert. Ihr Motto „Hilf mir, es selbst zu tun!" realisierte sie sowohl in der Kommunikation mit dem Kind als auch in der Gestaltung der Umgebung und der Entwicklung von Spielmaterialien. Immer ging es ihr darum, die Umgebung so zu gestalten, dass die Kinder selbsttätig sein und Zusammenhänge allein erkennen konnten.

In der Montessori-Pädagogik soll das Kind durch die vorbereitete Umgebung „zum selbsttätigen und selbstverantwortlichen Handeln aufgefordert werden" (Steenberg 1997: 55; vgl. auch Oswald und Schulz-Benesch 2009: 98 ff.). So sind auch die von Montessori entwickelten Materialien so konzipiert, dass die Kinder sich ohne fremde Hilfe damit auseinandersetzen können (vgl. Oswald und Schulz-Benesch 2009: 110 ff.). Durch eine entsprechend gestaltete Umgebung können Kinder im Kita-Alltag in vielen Situationen in die Lage versetzt werden, etwas selbst zu tun, wozu sie andernfalls die unmittelbare Unterstützung der Erwachsenen benötigen würden. Dazu ist es erforderlich, dass die jeweiligen Herausforderungen und Verfahrensweisen für die Kinder offensichtlich oder nach einer kurzen Einführung zu erkennen sind.

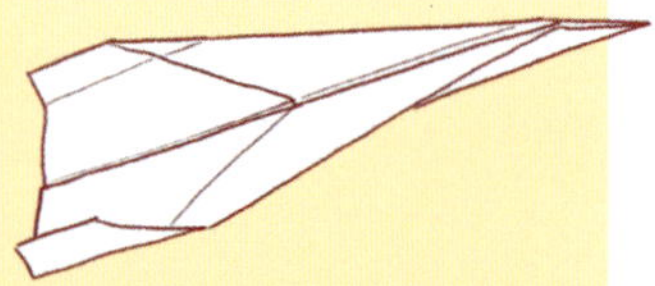

Die Erzieherin Anja hat in den vergangenen Tagen unzählige Papierflieger gefaltet. Immer wieder bitten die Kinder: „Anja, machst du mir einen Flieger?" Vor einer Dienstbesprechung beklagt sie sich bei ihrem Kollegen Jochen: „Ich habe keine Lust mehr, Papierflieger zu falten. Aber die Kinder kriegen es nicht alleine hin. Ich muss ihnen jedes Mal wieder die einzelnen Schritte zeigen." – „Vielleicht brauchen sie eine Bauanleitung wie bei den Möbeln aus dem schwedischen Möbelhaus", schmunzelt Jochen. „Dann können sie selbst nachgucken, wie es geht, und es alleine schaffen." – „Oh, ja", freut sich Anja. „Das ist eine gute Idee."

Am nächsten Morgen beginnt sie, einen einfachen Papierflieger zu falten. Nach dem ersten Kniff klebt sie das Blatt auf ein großes Plakat und beginnt mit einem neuen Blatt von vorn – bis zum zweiten Kniff. „Was machst du da?", fragt Jelena interessiert. „Ich mache euch eine Bauanleitung für einen Papierflieger", erklärt Anja. „Dann könnt ihr sie besser selbst bauen." Bald kleben acht Papierbögen auf dem Plakat. Bei jedem Bogen ist ein Arbeitsschritt mehr gefaltet als beim vorherigen, bis zum fertigen Flieger. Die komplette Bauanleitung hängt Anja über einen kleinen Stapel Papierbögen an die Wand. Danach dauert es nicht lange, bis Jelena vor dem Plakat sitzt und versucht, den Papierflieger nach der Anleitung zu falten.

Um die Bauanleitung für den Papierflieger anzufertigen, hat Anja zunächst die einzelnen Schritte identifiziert, die notwendig sind, um den Flieger herzustellen, sie dann in der richtigen Reihenfolge angeordnet und auf dem Plakat anschaulich präsentiert (vgl. AWO Schleswig-Holstein 2009: 21). Durch solche differenzierten, visualisierten Handlungsanleitungen werden die einzelnen Phasen einer komplexen Tätigkeit für die Kinder sichtbar und nachvollziehbar. Dank dieser Bauanleitung sind Jelena und einige andere Kinder binnen kurzer Zeit in der Lage, den Papierflieger ohne weitere Hilfe so zu falten, wie Anja das sonst immer macht.

„Hasenohr, Hasenohr, über Kreuz und eins durchs Tor." Mithilfe dieses Spruchs versucht Anja, den Kindern beizubringen, wie sie eine Schleife binden können. Bisher gelingt das jedoch nur Leon. Um es den anderen Kindern leichter zu machen, bittet Anja Leon um seine Hilfe. Leon bindet sich seine Schuhe gemäß dem Spruch und Anja fotografiert dabei jeden einzelnen Schritt. Anschließend drucken die beiden die Fotos gemeinsam aus und kleben sie auf ein Plakat. Das hängen sie dann neben die Garderobe. Wenn Anja jetzt ihren Spruch aufsagt, zeigt sie den Kindern dazu die passenden Fotos.

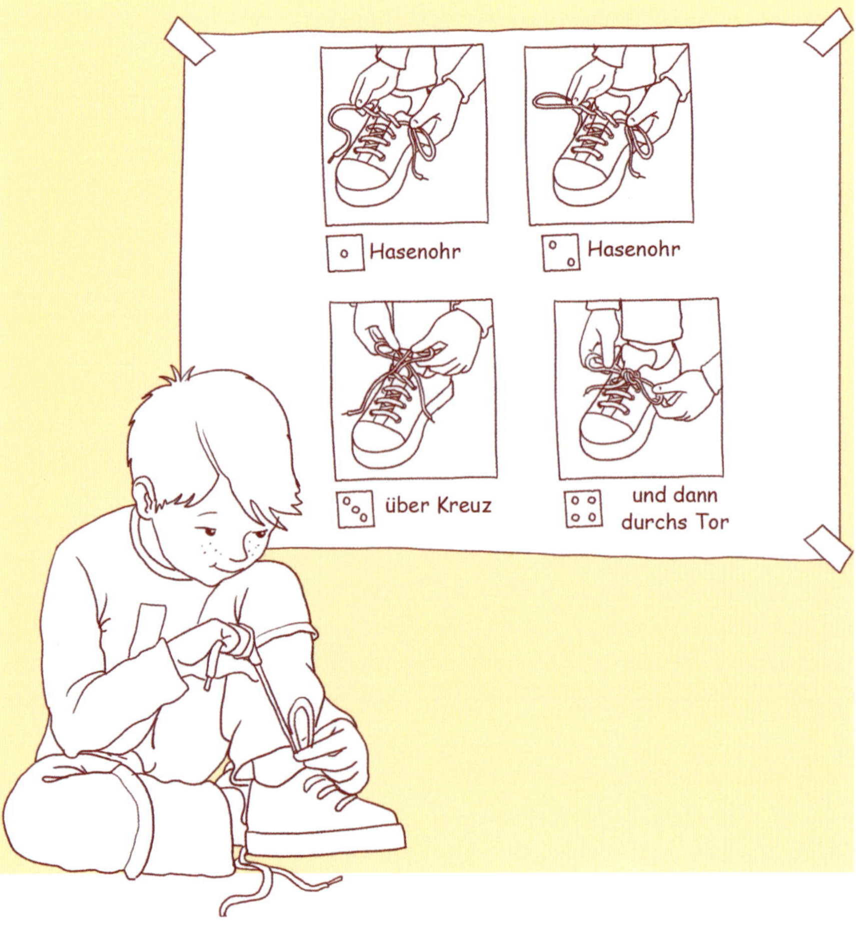

Anja überträgt die positiven Erfahrungen mit der Bauanleitung für den Papierflieger erfolgreich auf eine weitere Alltagssituation. Beim Schleifebinden schauen nun viele Kinder immer wieder auf das Plakat und wiederholen dabei zugleich den Merkspruch.

Beobachten Sie im Alltag, in welchen Situationen Sie die Kinder durch visualisierte Anleitungen unterstützen können, etwas selbst zu tun. Probieren Sie es aus.

Auch für Erwachsene finden sich in Kindertageseinrichtungen mancherorts visualisierte Handlungsanweisungen, beispielsweise für das Desinfizieren der Hände. In ähnlicher Weise wurde für junge Eltern ein textfreier Comic zur Zahnpflege und Mundgesundheit bei Kindern gestaltet (Deutscher Hebammenverband und Bundeszahnärztekammer 2013). Nach solchen Vorbildern können pädagogische Fachkräfte auch einfache Anleitungen für Kinder anfertigen, die sie dabei unterstützen, die Zahnputzutensilien zweckgerecht zu handhaben, die Toiletten selbstständig zu benutzen, sich anschließend wirksam die Hände zu waschen und vieles mehr (vgl. ausführlich zum Visualisieren mithilfe gemeinsamer Symbole: Hansen, Knauer und Sturzenhecker 2011: 280 ff.).

Eine vorbereitete Umgebung oder visualisierte Handlungsanleitungen sollen und können die persönliche Begleitung der Kinder durch die pädagogischen Fachkräfte keineswegs ersetzen. Denn beispielsweise kommt es im Kita-Alltag trotz der klaren Strukturierung der Umgebung häufig zu einem Durcheinander in der Kindergarderobe. Das kann daran liegen, dass die an sich klare Aufgabenstellung die Kinder unter bestimmten Umständen überfordert: wenn einige Kinder motorisch noch gar nicht in der Lage sind, ihre Jacke mit der kleinen Öse an den Haken zu hängen; wenn in der Enge des Raums oft ein Gedränge herrscht, in dem die Kinder sich gegenseitig behindern; wenn manche Kinder mehr Kleidungsstücke in ihrer Garderobe unterbringen müssen, als diese fassen kann; oder wenn die Garderoben nicht nur zur Verwahrung der Kleidung, sondern zudem als Eigentumsfächer der Kinder genutzt werden, ohne dass es dafür Behältnisse gibt.

In all diesen Fällen können die Kinder die Aufgabe nicht gut allein bewältigen und brauchen die Unterstützung der Fachkräfte, damit sie ihre Bemühungen, der Aufgabe nachzukommen, nicht frustriert aufgeben. Diese Unterstützung kann darin bestehen, die Umgebung noch angemessener vorzubereiten oder den Kindern direkte Hilfestellungen zu geben; das pädagogische Ziel bleibt dabei aber stets, dass die Kinder sich (wieder) selbst helfen können.

Offene Ämterpläne erstellen

Eine vorbereitete Umgebung und visualisierte Handlungsanweisungen können Kinder in Kindertageseinrichtungen nicht nur unterstützen, sich selbst zu helfen, sondern auch Ämter zu übernehmen, also wiederkehrende Aufgaben in der Gemeinschaft für die Gemeinschaft eigenständig zu erledigen.

Jeden Morgen gleich nach der Kinderkonferenz füttert Anja die Fische im Aquarium. Dabei drängen sich stets Kinder um sie, um diese Aufgabe übertragen zu bekommen. Nach den Erfahrungen mit den Anleitungen für den Papierflieger und das Schleifebinden möchte Anja es den Kindern nun auch ermöglichen, das Fischefüttern möglichst eigenverantwortlich zu übernehmen.

Anja fertigt ein Plakat an, aus dem hervorgeht, wann die Fische gefüttert werden sollen und was und wie viel sie bekommen. Dazu malt sie eine Uhr auf das Plakat, deren Zeiger auf 9:30 Uhr stehen – der üblichen Fütterzeit. Aus einem Prospekt der Zoohandlung schneidet sie ein Bild der Fischfutterpackung aus, klebt es neben die Uhr und zeichnet zwei kleine Messlöffel daneben. Diese symbolisieren die tägliche Futtermenge.

Da sie es leid ist, Morgen für Morgen zahlreiche Kinder enttäuschen zu müssen, weil sie immer nur ein Kind mit dieser Aufgabe betrauen kann, entwirft sie einen Wochenplan, in dem mit kleinen Porträtfotos gekennzeichnet werden kann, wer an welchem Wochentag dran ist. Sie will den Kindern vorschlagen, die Reihenfolge immer montags in der Kinderkonferenz unter allen, die diese Aufgabe übernehmen wollen, auszulosen.

Zuletzt fügt sie dem Wochenplan noch eine weitere Zeile hinzu, in der jedes Kind durch einen Button mit einem nach oben gestreckten Daumen anzeigen soll, dass es die Aufgabe an diesem Tag wie vorgeschrieben erledigt hat.

Das Plakat hängt Anja neben das Aquarium an die Wand. Darunter bringt sie dann noch ein kleines Regal an, auf dem sie die Dose mit dem Fischfutter, den Messlöffel und eine Uhr platziert.

Wie eine Anleitung zum Schleifebinden erfordert auch ein Ämterplan, dass den Kindern transparent wird, was zu tun ist, wenn man ein Amt übernimmt, und wie die Aufgaben im Einzelnen umgesetzt werden können oder sollen, damit das vorgesehene Ergebnis erreicht wird. Ein Ämterplan soll allerdings – anders als eine Anleitung zum Schleifebinden – nicht den Kindern helfen, sich selbst zu helfen, sondern einzelnen Kindern ermöglichen, eine Aufgabe stellvertretend für alle anderen zu erledigen. Daher muss aus dem Plan auch hervorgehen, welches Kind welches Amt wann übernimmt.

Im obigen Beispiel wollen einige Kinder von sich aus gern das Fischefüttern übernehmen. Auch wenn die Erwachsenen grundsätzlich bereit sind, den Kindern eine Aufgabe zu überlassen, kann es doch sein, dass sie ihnen Vorgaben bezüglich der Ausführung machen wollen oder müssen. So legt Anja in diesem Fall Wert darauf, dass die Fische an jedem Wochentag regelmäßig um die gleiche Zeit mit einer bestimmten Menge des dafür vorgesehenen Futters versorgt werden. Sie bestimmt deshalb sehr detailliert, wann und wie diese Aufgabe erfüllt und deren Erledigung angezeigt werden soll.

Hingegen lässt der von ihr erstellte Plan fürs Fischefüttern offen, welches Kind die Aufgabe an welchem Tag erledigt. Diese Frage ist für die Kinder weitaus wichtiger als für Anja, die darüber gar nicht bestimmen möchte. Anja macht den Kindern daher lediglich einen Verfahrensvorschlag, wie die Frage geklärt werden könnte, nämlich einmal in der Woche per Losentscheid.

In der Gemeinschaft einer Kindertageseinrichtung gibt es verschiedene wiederkehrende Aufgaben, die Kinder übernehmen können, wenn sie bereit sind, ihr Engagement auf eine vorgegebene Weise zu erbringen.

Beobachten Sie im Alltag, in welchen Situationen Sie die Kinder durch einen Ämterplan unterstützen können, freiwillig Dienste für die Gemeinschaft zu übernehmen. Probieren Sie es aus. Bedenken Sie dabei, welche Vorgaben Sie den Kindern bezüglich der Vorgehensweise machen wollen oder müssen und wie Sie diese Anforderungen transparent darstellen können.

Anja führt weitere Ämter ein, als Leon und Jelena einen Platz einfordern, an dem die Kinder in der blauen Gruppe immer frühstücken können, wenn sie Hunger haben.

„Kommt doch mal bitte an den Basteltisch", ruft Anja die Kinder. Dort hat sie schon ein großes Papier hingelegt. „Wenn ihr den ganzen Morgen frühstücken wollt, können wir Erwachsene uns nicht ständig darum kümmern", erklärt sie. „Ihr müsst euch selbst den Teewagen holen, den Tisch decken, ihn sauber machen und den Teewagen wieder in die Küche bringen, wenn alle fertig sind." – „Super, wir machen jetzt immer den Tisch schön!", ruft Jelena begeistert. „Wollen wir einen Plan machen, damit jeder weiß, was zu tun ist?", fragt Anja. „Au ja!", sagt Leon.

Eifrig basteln die Kinder mit Anja an dem Plan. Leon schneidet von jedem Kind ein Foto aus. Jelena malt einen Eimer und einen kleinen Schwamm. Und Badu klebt seinem Teewagen noch große Rollen an.

Schon bald ist der Plan fertig. „Den hängen wir in der Frühstücksecke auf", schlägt Badu vor. „Jelena, wenn dein Foto neben dem Wassereimer hängt, musst du dafür sorgen, dass der Tisch immer sauber ist", erklärt Anja ihr. „Ich hole mit Leon morgen aber lieber den Teewagen", meint Jelena. Da hängt Leon ihre Fotos neben den kleinen Wagen.

(vgl. Hansen und Knauer 2014: Ein Platz zum Frühstücken)

Anja lässt sich auf die Forderung der Kinder ein, ein „gleitendes“ Frühstück einzuführen. Sie macht den Kindern aber auch deutlich, dass dies nur gelingen kann, wenn sie etwas zur Umsetzung beitragen. Unter anderem mutet sie ihnen zu, verschiedene Dienste rund um die Organisation des „gleitenden“ Frühstücks zu übernehmen: den Teewagendienst, den Tischdienst und den Putzdienst. Sie visualisiert die zu erledigenden Aufgaben – diesmal gemeinsam mit den Kindern – wiederum in einem Ämterplan und lässt dabei gänzlich offen, welche Kinder die Aufgaben jeweils erledigen. Dadurch ermöglicht sie ihnen, freiwillig Verantwortung für die Gemeinschaft zu übernehmen. Die Kinder können sich für einen Dienst eintragen, indem sie ihr Porträtfoto unter dem jeweiligen Wochentag neben das Symbol für den jeweiligen Dienst hängen. So muss sich nicht jedes Kind zwangsläufig um das Frühstück kümmern; und zugleich besteht die Chance, dass ein Kind einen Dienst mehrfach in einer Woche antreten kann.

Anja ist überzeugt, dass sich – wenn sie denn frühstücken wollen – auch stets Kinder finden werden, die sich dafür engagieren, dass dies möglich ist. Findet sich einmal kein Kind, um einen Dienst zu übernehmen, oder versäumt ein Kind, einen übernommenen Dienst abzuleisten, sind die Folgen für alle unübersehbar: Wenn niemand morgens den Teewagen holt, kann auch niemand frühstücken. Anja vertraut darauf, dass die Kinder in solch einem Fall mit ihrer Unterstützung rasch eine Lösung für das Problem finden – ohne dass sie selbst die Aufgabe übernehmen muss.

Bei der Umsetzung dieses Ämterplans fehlt es denn auch nicht an der Engagementbereitschaft der Kinder. Die nachfolgend beschriebenen Probleme ergeben sich vielmehr dadurch, dass Anja offensichtlich nicht transparent genug dargestellt hat, wie sie sich die Ausführung der einzelnen Dienste vorstellt.

Will man Kindern verdeutlichen, wie eine Aufgabe im Kita-Alltag erledigt werden soll, sollte man zunächst – wie Anja das bei den Anleitungen zum Papierfliegerbauen und Schleifebinden gemacht hat – die einzelnen kleinen Schritte identifizieren und ordnen, die nötig sind, um die Aufgabe zu erfüllen. Erwachsene rufen sich selbst die Details solch einer Tätigkeit nur selten ins Bewusstsein. Das müssen sie auch nicht, weil sie in der Regel über jahrelange Erfahrungen mit diesen Handlungsabläufen verfügen. Für Kinder ist jedoch vieles, was beispielsweise rund um das Frühstück getan werden muss, neu. Sollen sie in diese Tätigkeiten eingebunden werden, sollten die Abläufe und Verfahrensweisen für sie detailliert veranschaulicht werden.

Anja hat jedoch lediglich erläutert, dass der Teewagendienst den Teewagen morgens aus der Küche holen und ihn nach dem Frühstück wieder zurückbringen soll, der Tischdienst den Tisch morgens eindecken soll (und ihn dabei auch schön machen kann) und der Putzdienst dafür sorgen soll, dass der Tisch immer sauber ist. Als Leon dann beginnt, das schmutzige Geschirr einzeln mit dem Teewagen in die Küche zu transportieren, ist sie gezwungen, einzugreifen und die Anforderungen konkreter zu formulieren, damit der Zeitplan der Hauswirtschafterin durch Leons langwierige Prozedur nicht durcheinandergerät.

Besonders unklar scheint für die Kinder geblieben zu sein, wofür der Putzdienst zuständig ist. Bereits nach wenigen Tagen geraten Badu und Jelena darüber in Streit. Badu, der gerade frühstücken will und einen arg verschmutzten Tisch vorfindet, verlangt von Jelena, die an diesem Tag den Putzdienst hat, ihr Spiel zu unterbrechen und den Tisch für ihn zu reinigen. Jelena hingegen beharrt darauf, dass sie den Tisch nur am Ende der Frühstückszeit reinigen müsse, wenn alle fertig seien; zwischendurch müssten das alle selbst machen. Als die Kinder ihre Erzieherin Anja zur Klärung der Situation hinzuziehen, entscheidet diese nicht, wie der Putzdienst genau zu erfüllen ist. Anja wird durch den Streit der Kinder bewusst, dass sie selbst diese Frage nicht ausreichend durchdacht hatte, als sie den Ämterplan aufstellte. Anstatt nun erneut vorschnell eine unausgereifte Lösung anzubieten, schlägt sie den Kindern vor, darüber gemeinsam in einer Kinderkonferenz zu beratschlagen – und überschreitet damit die Schwelle vom transparent geregelten Engagement zum demokratisch geregelten Engagement: Denn sie ermöglicht den Kindern nun mitzuentscheiden, wie das Engagement erbracht werden soll.

4.4 Aufgaben und Herausforderungen demokratisch gestalten

Kinder sind in der Regel äußerst motiviert, etwas für sich selbst und für andere zu tun. Erwachsene können diese Engagementbereitschaft unterstützen, indem sie den Eigensinn und die Hilfsbereitschaft der Kinder zulassen oder herausfordern und ihnen transparent machen, welche weiteren Möglichkeiten es gibt und wie ihr Engagement erfolgen kann oder soll. Wenn in den vorigen Kapiteln solche Prozesse der Engagementförderung beschrieben wurden, klang immer wieder an, wie förderlich es für das Engagement der Kinder sein kann, ihnen Einfluss darauf zu gewähren, wie sie ihren Einsatz gestalten. In demokratischen Gesellschaften sollten ohnehin auch schon Kindern in Kindertageseinrichtungen Rechte eingeräumt werden, selbst oder mit zu bestimmen, ob, wofür und wie sie sich engagieren (siehe Kapitel 3.2). Der vierte Schritt zur Förderung gesellschaftlichen Engagements von Kindern im Konzept „Mitentscheiden und Mithandeln in der Kita“ – und dessen vornehmliches Ziel – ist somit, das Engagement der Kinder gemeinsam mit ihnen demokratisch(er) zu gestalten.

In demokratisch geregelten Engagementprozessen verschmelzen die Förderung von gesellschaftlichem Engagement und von Partizipation. Auch hier entscheiden die Kinder selbst, ob und wofür sie sich in der Gemeinschaft für die Gemeinschaft einsetzen. Darüber hinaus wird ihnen aber – zumindest teilweise – ermöglicht, selbst oder mit zu entscheiden, was alles getan werden soll, um eine Aufgabe zu bewältigen, wie dabei im Einzelnen vorgegangen werden soll und was am Ende genau dabei herauskommen soll. Demokratisch geregeltes Engagement verlangt also zu klären, wer jeweils welches Recht und welche Macht haben soll, diese Entscheidungen zu fällen.

Wie in Kindertageseinrichtungen die Verteilung der Entscheidungsmacht zwischen pädagogischen Fachkräften und Kindern verantwortungsbewusst und detailliert geklärt werden kann, wird im Konzept „Die Kinderstube der Demokratie“ ausführlich beschrieben. Um demokratisch geregelte Engagementprozesse zu gestalten, greifen wir auf die dort entwickelten Verfahren zurück. Wie Beteiligungs- und Engagementprojekte geplant, Partizipation und gesellschaftliches Engagement in Kita-Verfassungen strukturell verankert und Regeln und Beschwerden demokratisch bearbeitet werden können, wird anhand der Bilderbuchgeschichten aus dem Kindergarten von Leon und Jelena (vgl. Hansen und

Knauer 2014) illustriert. Dabei wird auch ersichtlich, dass die realen Prozesse in den Bilderbüchern bisweilen zugunsten des Spannungsbogens der Geschichten etwas verkürzt wiedergegeben werden.

Beteiligungs- und Engagementprojekte planen

Beteiligungs- und Engagementprojekte wie das zum Bau eines neuen Klettergeräts in der Kita von Leon und Jelena eignen sich aufgrund ihrer zeitlichen und thematischen Begrenztheit sehr gut, um erste Erfahrungen mit Partizipation und gesellschaftlichem Engagement in Kitas zu sammeln. Sie stellen aber vor allem ein geeignetes Verfahren dar, um Kinder an komplexen Entscheidungs- und Planungsprozessen zu beteiligen.

Projektarbeit ist vielen pädagogischen Fachkräften vertraut. Doch die Planung und Durchführung von Beteiligungs- und Engagementprojekten, wie sie hier vorgestellt werden, unterscheiden sich deutlich von der üblichen Projektpraxis in Kitas. In einem Positionspapier der AG Projektarbeit im Ko-Kita-Netzwerk Bayern wird ein Projekt beispielsweise als „eine offen geplante Bildungsaktivität einer lernenden Gemeinschaft von Kindern und Erwachsenen" (Staatsinstitut für Frühpädagogik 2012: 6) bezeichnet. In solchen „Bildungsprojekten" bleibt es weitgehend offen, wie sich das Projekt entwickelt und welcher Art ein potenzielles Ergebnis sein wird. Den Kindern kann und soll in diesen Projekten ein erheblicher Einfluss auf den Prozess gewährt werden, denn: „In Projekten findet über einen längeren Zeitraum eine Auseinandersetzung mit einem Thema statt, an der verschiedene Gruppen [gemeint sind Erziehende, Kinder, Eltern, Experten; d. A.] gleichberechtigt beteiligt sind. Dabei ist nicht in erster Linie das Produkt, also das Handlungsergebnis, das angestrebt wird, von Bedeutung, sondern der Weg, wie man dahin gelangt" (Stamer-Brandt 2010: 5).

In derart offen gestalteten Bildungsprojekten können sich für die Kinder durchaus Gelegenheiten ergeben, sich für ein Anliegen in der Gemeinschaft zu engagieren. Dazu binden die Fachkräfte die Kinder in die Lösung von Aufgaben, Herausforderungen, Problemen, die ihnen innerhalb oder außerhalb der Kita begegnen, von Beginn an ein. Anja und ihre Kolleginnen machen das in den Bilderbuchgeschichten vom Mitbestimmen und Mitmachen immer wieder, indem sie die Frage stellen: „Was können wir denn da machen?" Mit dieser Frage lösen sie offene Engagement- und Bildungsprozesse aus. Auch sie selbst wissen dann zunächst nicht, wie sich der Prozess entwickeln und was dabei herauskommen wird. Daher sind sie gezwungen, im Laufe solcher Projekte immer wieder aufs Neue einfühlsam zu klären, wobei die Kinder mitentscheiden und mithandeln dürfen, welche Vorgaben sie ihnen machen und welche Unterstützung sie ihnen zukommen lassen. Dabei nicht in eine willkürliche Beliebigkeit zu verfallen, kann allerdings für pädagogische Fachkräfte eine große Herausforderung darstellen.

Explizite Beteiligungs- und Engagementprojekte dagegen erleichtern es den Fachkräften durch ein klar strukturiertes Planungsverfahren, solche Prozesse transparent und demokratisch zu gestalten. Außerdem können die Fachkräfte den Kindern mittels solcher Projekte ermöglichen, sich in komplexe Prozesse in der Kita einzumischen, die keinen gänzlich offenen Verlauf gestatten. Wenn ein „gleitendes" Frühstück eingeführt, ein neues Klettergerät gebaut oder die Nutzung der Fahrzeuge fair geregelt werden sollen, geht es immer darum, ein bestimmtes Ziel zu erreichen

– nämlich, dass das „gleitende" Frühstück eingeführt, das Klettergerät fertig aufgebaut oder eine Regel zur Nutzung der Fahrzeuge verabschiedet wird (wobei offen bleibt, wie das Ergebnis im Einzelnen aussehen wird). Beteiligungs- und Engagementprojekte sind daher immer zielorientiert ausgerichtet. Kinder in Kindertageseinrichtungen sind zu einem zielorientierten Planen, wie es solche komplexen Aufgaben erfordern, aber nur sehr begrenzt in der Lage (vgl. Schneider und Lindenberger 2012: 397 f.). Daher obliegt es in diesen Projekten zunächst den Fachkräften, den Verlauf und die methodische Gestaltung der Prozesse zu planen und dabei vorab zu klären, wobei und in welchem Umfang sie den Kindern zugestehen können und wollen, mitzubestimmen und mitzumachen.

Die Planung von Beteiligungs- und Engagementprojekten für Kinder in Kitas umfasst sechs Phasen (vgl. Hansen, Knauer und Sturzenhecker 2011: 293 ff.):

1. Themen finden
2. Ziele formulieren
3. Projektschritte identifizieren und ordnen
4. Klären, wer jeweils entscheidet und handelt
5. Die Meinungsbildung methodisch gestalten
6. Das Entscheiden und Handeln methodisch gestalten

Diese sechs Phasen werden im Folgenden am Beispiel der Bilderbuchgeschichte „Der neue Kletterturm" konkretisiert. In der Geschichte selbst wird nicht ersichtlich, wie detailliert die pädagogischen Fachkräfte dieses Projekt geplant haben. Dass es so gut gelingt, ist aber gerade der detaillierten Planung der Fachkräfte zu verdanken.

Die Kinder haben von Hausmeister Frickel erfahren, dass das alte Klettergerüst abgerissen werden muss. Aufgeregt rennen Jelena und Badu ins Büro der Kindergartenleiterin.

„Willkommen im Kinderparlament", sagt Frau Schneider. „Worüber wollen wir heute sprechen?" – „Übers Klettergerüst", meint Badu. „Ja, das wird abgebaut, weil es sich nicht mehr reparieren lässt", berichtet Frau Schneider. „Wir bauen aber ein neues und ihr könnt mit entscheiden, wie das aussehen soll."

(vgl. Hansen und Knauer 2014: Der neue Kletterturm)

Was Frau Schneider den Kindern in der Geschichte scheinbar spontan mitteilt, beruht auf einem vorausgegangenen Beschluss des Fachkräfteteams. Dass das Klettergerüst in absehbarer Zeit abgerissen werden muss, hat sich bereits bei der letzten routinemäßigen Sicherheitsprüfung angedeutet. Und so hat sich das Team um Anja und Jochen entschieden, das alte Gerät durch ein neues zu ersetzen (das Herr Frickel bereit ist zu bauen) und die Kinder an diesem Prozess zu beteiligen. Damit haben die Fachkräfte ein **Thema für ein Beteiligungs- und En-**

gagementprojekt bestimmt, das sie den Kindern *top down* zumuten wollen. Auf welch unterschiedliche Weisen Themen für Beteiligungs- und Engagementprojekte gefunden werden können, wird in Kapitel 1 dargelegt.

Nachdem das Thema benannt ist, gilt es, das **Ziel des Projekts** zu **formulieren**. Dabei geht es um die Frage:

- Was soll konkret erreicht werden? Welches Produkt oder Ergebnis soll am Ende des Projekts erzielt worden sein?

Die Antwort ist in diesem Fall rasch gefunden. Das Projektziel soll lauten: „Das neue Klettergerät ist fertig." Nur wenn ein Ziel, wie in diesem Fall, für die Kinder nennenswerte Möglichkeiten mitzuentscheiden und mitzuhandeln offen lässt, ist es für ein Beteiligungs- und Engagementprojekt geeignet. Hätten die Fachkräfte – wie eine Kollegin aus der roten Gruppe vorschlug – sich vorgenommen, das alte Klettergerät durch ein identisches neues zu ersetzen, wären kaum bedeutsame Entscheidungen vorstellbar, bei denen die Kinder partizipieren könnten. Die Fachkräfte hätten ihnen in diesem Fall vermutlich nur transparent geregelte Engagementangebote machen können.

In der dritten Planungsphase werden – ähnlich wie bei der Gestaltung transparent geregelten Engagements – die einzelnen **Projektschritte identifiziert und geordnet:**

- Was muss alles entschieden und gemacht werden, damit das Projektziel erreicht wird?
- In welcher Reihenfolge wird das am besten abgearbeitet?

Dabei ist es hilfreich, zunächst so zu tun, als würden die Fachkräfte das Projekt allein – ohne Kinder – durchführen wollen. Das ist möglich, weil es gleich bleibt, was entschieden oder getan werden muss, damit das neue Klettergerät fertig wird – ob es nun mit oder ohne Kinderbeteiligung erledigt wird. So geht es in dieser Projektphase nur um eine inhaltliche Planung des Projektverlaufs, die noch nicht von pädagogischen Überlegungen über die Kinderbeteiligung beeinflusst wird.

Anja, Jochen und ihre Kolleginnen tragen acht Projektschritte zusammen. Der finanzielle Rahmen muss geklärt werden. Sicherheitsvorschriften müssen beachtet werden. Das alte Gerät muss abgerissen und entsorgt werden. Es müssen Ideen für die Gestaltung des neuen Klettergeräts gesammelt werden. Es müssen die Ideen ausgewählt werden, die bei dem neuen Gerät verwirklicht werden sollen. Es muss geplant werden, wie das Gerät insgesamt aussehen soll. Es muss Material besorgt werden. Und das neue Gerät muss aufgebaut werden.

Beim Ordnen der Projektschritte in eine sinnvolle zeitliche Abfolge gibt es in der Regel trotz mancher Sachzwänge verschiedene Möglichkeiten. So entsteht zwischen Jochen und Anja eine lebhafte Diskussion über die Frage, an welcher Stelle die Finanzierung des neuen Geräts geklärt und wann geprüft werden soll, welche (Sicherheits-)Vorschriften zu beachten sind: Müssen diese Rahmenbedingungen nicht vorab genau geklärt werden? Oder wirken sie dann wie eine Schere im Kopf, die den Ideenfluss beschneidet, weil vieles von vornherein nicht realisierbar erscheint? Da ohnehin allen bewusst ist, dass die Mittel begrenzt und Vorschriften einzuhalten sind, entscheidet sich das Team, zunächst ohne Beschränkungen Ideen für vielerlei Kletterelemente jeder Art zu sammeln und diese dann in einer Rangliste zu ordnen. Danach soll anhand der finanziellen Möglichkeiten festgestellt werden, welche und wie viele der beliebtesten Ideen bei dem neuen Gerät umgesetzt werden können. Die ausgewählten Einzelideen sollen in einem Gesamtentwurf des neuen Klettergeräts integriert werden, der dann anhand der Sicherheitsvorschriften überprüft wird. Anschließend kann das alte Gerät entfernt, Material besorgt und das neue Gerät aufgebaut werden (siehe Abbildungen auf den folgenden Seiten).

An dieser Stelle wird deutlich, warum es sich empfiehlt, die Planung des Projektverlaufs zunächst von der Frage abzukoppeln, wie die Kinder hier einbezogen werden können. Der Projektverlauf ist jetzt klar geordnet. Auf dieser Grundlage fällt es anschließend leichter, die Beteiligung der Kinder zu diskutieren. Daher kommen in der Projektplanung die Kinder erst dann ins Spiel, wenn der Projektverlauf festgelegt ist. Die Fachkräfte **klären** nun, **wer bei jedem einzelnen Projektschritt entscheiden und handeln soll:**

- nur die Fachkräfte (F)
- die Fachkräfte und die Kinder gemeinsam (F+K)
- die Kinder allein (K)

Dabei steigt die Partizipationsqualität keineswegs zwangsläufig dadurch, dass den Kindern zugestanden wird, möglichst viel allein zu bestimmen und zu machen. Es geht vielmehr darum, die Entscheidungs- und Handlungsmacht angemessen und verbindlich zu verteilen. So kann es durchaus sinnvoll sein, dass die Fachkräfte festlegen, den einen oder anderen Projektschritt ohne die Beteiligung der Kinder zurückzulegen. Um das Engagement demokratisch zu gestalten, ist es allerdings erforderlich, dass die Kinder zumindest bei einigen bedeutsamen Projektschritten mit oder selbst entscheiden dürfen.

Die Ideen für das neue Gerät wollen Anja, Jochen und ihre Kolleginnen mit den Kindern gemeinsam sammeln; so können sie unter Umständen ihren Einfluss geltend machen, um gar zu gefährliche Elemente auszuschließen. Dann sollen die Kinder aber allein entscheiden, welche Ideen ihnen am besten gefallen. Hausmeister Frickel soll anschließend die Kosten für den Bau der beliebtesten Elemente ermitteln, und Frau Schneider soll errechnen, was mit dem vorhandenen Budget umgesetzt werden kann. Gemeinsam mit den Kindern soll ein Gesamtentwurf erstellt werden, den Frau Schneider und Herr Frickel dahingehend überprüfen, ob er den Vorschriften entspricht. Herr Frickel wird ohne die Kinder das alte Gerät abreißen und das Material bestellen, da den Fachkräften hier eine Beteiligung der Kinder einerseits zu gefährlich, andererseits zu aufwendig erscheint. Beim Aufbau des neuen Geräts sollen die Kinder prinzipiell mithelfen dürfen, jedoch nur wenn Herr Frickel dies jeweils erlaubt und sie sich an seine Vorgaben halten. Dieser letzte Projektschritt wird also als transparent gestaltetes Engagement geplant.

Solch eine differenzierte Planung eines Projektverlaufs ist vielen pädagogischen Fachkräften eher fremd. Frau Schneider und ihrem Team rauchen denn auch die Köpfe. Ein Blick auf die Pinnwand mit den bisherigen Planungsergebnissen zeigt ihnen aber, dass auf diese Weise sicher nicht nur den Kindern, sondern auch den Fachkräften selbst der komplexe Entscheidungs- und Planungsprozess transparenter und ein zielorientiertes Vorgehen erleichtert wird.

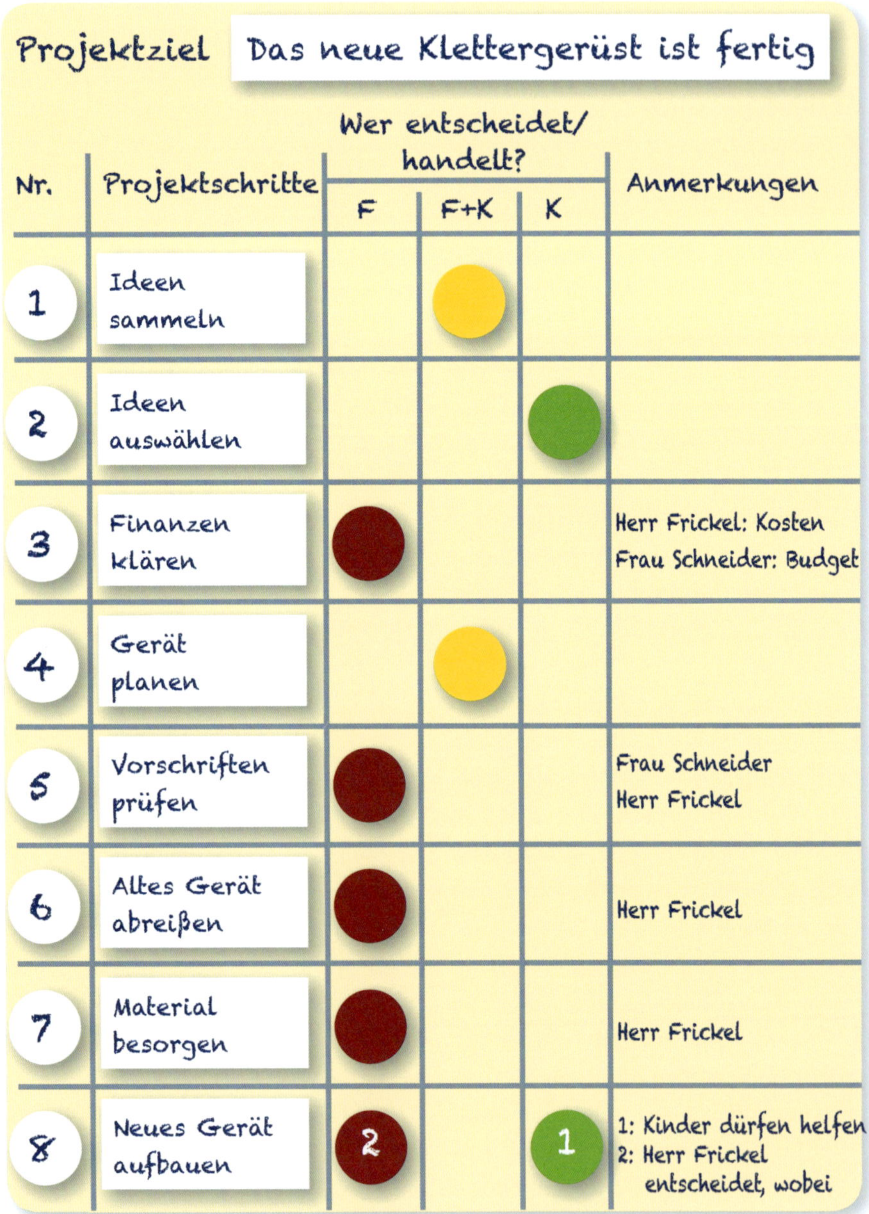
Projektziel
Das neue Klettergerüst ist fertig
Nr.
Projektschritte
Wer entscheidet/handelt?
F
F+K
K
Anmerkungen
1
Ideen sammeln
2
Ideen auswählen
3
Finanzen klären
Herr Frickel: Kosten
Frau Schneider: Budget
4
Gerät planen
5
Vorschriften prüfen
Frau Schneider
Herr Frickel
6
Altes Gerät abreißen
Herr Frickel
7
Material besorgen
Herr Frickel
8
Neues Gerät aufbauen
2
1
1: Kinder dürfen helfen
2: Herr Frickel entscheidet, wobei

Nachdem die Projektstruktur erstellt wurde, wird nun die Beteiligung der Kinder methodisch vorbereitet. Da Kinder in Kindertageseinrichtungen mit den meisten Themen von Beteiligungs- und Engagementprojekten zum ersten Mal konfrontiert sind, muss man ihnen ermöglichen, sich mit der Thematik hinreichend vertraut zu machen, bevor sie entscheiden und handeln können. Sie müssen wissen, worum es konkret geht, welche Alternativen sich bieten und wie sie selbst diese Alternativen einschätzen. Dieser Aneignungsprozess muss pädagogisch einfühlsam begleitet werden. Daher wird zunächst ein **Meinungsbildungsprozess** und erst im Anschluss daran der **Entscheidungs- und Handlungsprozess geplant**. Dazu wird für jeden Projektschritt herausgearbeitet:

- Was brauchen die Kinder, um den Projektschritt zu verstehen und gegebenenfalls entscheiden und handeln zu können? Und wie wird ihnen das methodisch vermittelt? (Meinungsbildung)
- Wer muss jeweils mitwirken bzw. welche (Entscheidungs-)Gremien werden benötigt? Und welches (Entscheidungs-)Verfahren soll gegebenenfalls angewendet bzw. welches Zwischenergebnis soll am Ende dieses Projektschritts erreicht sein? (Entscheiden und Handeln)

Meinungsbildungsprozess

Nr.	Was brauchen die Kinder?	Wie wird ihnen das vermittelt?		
0	Infos über Thema, Ziel, Projektschritte und Rahmenbedingungen	Ortstermin am Klettergerüst (mit Herrn Frickel)	Symbole für die einzelnen Projektschritte	Projektwand im Flur
1	Auftrag zur Ideensammlung	Mündliche Mitteilung		
	Anregungen	Ausflüge zu Spielplätzen mit Klettergeräten	Bücher übers Klettern	Kataloge von Spielgeräten
2	Überblick über die Einzelideen	Besuche der Ausstellung	Gruppensprecher als Ausstellungsführer	Nachfragen der Erzieherinnen
	Infos über das Verfahren	Mündliche Mitteilung	Zeigen der 3 Klebepunkte	
3	Infos, was umgesetzt werden kann	Mündliche Mitteilung		
4	Bilder der Ideen, die umgesetzt werden	Bau eines Modells		
5–7	Infos über Prüfergebnisse, Abriss, Materiallieferung	Mündliche Mitteilung		
8	Arbeitsaufträge	Mündliche Mitteilung	Praktische Einweisung	

Entscheidungsprozess

Nr.	Wer macht mit? Gremien?	(Entscheidungs-)Verfahren? Zwischenergebnis?	(Bis) Wann?	Verantwortliche Fachkraft
0	Kinderparlament -> Gruppen	Projektwand ist eingerichtet		
1	Kinderparlament -> Gruppen	Ausstellung von Einzelideen alle Fachkräfte gemeinsam haben Vetorecht		
2	Gruppen	Abstimmung mit je 3 Punkten		
	Kinderparlament	Auszählung der Ideen mit den meisten Punkten Liste nach Anzahl der Stimmen sortiert an Projektwand		
3	Kinderparlament -> Gruppen	Bilder der Ideen, die umgesetzt werden können, an Projektwand		
4	Kinderparlament	Modell des neuen Klettergeräts		
5–7	Kinderparlament -> Gruppen			
8	Alle, die wollen	Fertiges Gerät		

Weil die Projektstruktur so entwickelt wird, als ob das Projekt ohne Beteiligung der Kinder durchgeführt wird, muss in der methodischen Planung der Kinderbeteiligung ein Projektschritt „Null" eingefügt werden: die Projekteinführung. Die Kinder benötigen ja zunächst Informationen darüber, was die Fachkräfte mit ihnen vorhaben: Worum geht es eigentlich (Projektthema)? Was soll dabei herauskommen (Projektziel)? Was muss dafür alles entschieden und gemacht werden (Projektschritte)? Und wobei können sie sich einbringen (Verteilung von Entscheidungs- und Handlungsmacht)?

Die pädagogischen Fachkräfte im Kindergarten von Leon und Jelena planen, den Kindern das Thema und das Ziel bei einem Ortstermin vor Augen zu führen, indem Hausmeister Frickel zeigt, wo das alte Klettergerüst so defekt ist, dass es gesperrt und abgerissen werden muss. Dann wollen sie den Kindern den geplanten Projektverlauf mittels Symbolen für die einzelnen Projektschritte transparent machen (siehe nebenstehende Abbildungen). Dabei erfahren auch die Kinder, dass die finanziellen Mittel begrenzt sind und bestimmte Vorschriften eingehalten werden müssen. Die symbolisierten Projektschritte sollen an einer Projektwand im Flur während des ganzen Projekts sichtbar sein. So können die Kinder immer wieder nachsehen oder darauf hingewiesen werden, was sie auf dem Weg zum Ziel – dem neuen Klettergerät – bereits erledigt haben und was noch vor ihnen liegt. Die Projekteinführung soll in einem ersten Schritt mit den Gruppensprechern im Kinderparlament erfolgen, die dann den Auftrag erhalten, die anderen Kinder in ihren Gruppen – mit Unterstützung der Erzieherinnen und Erzieher – genauso zu informieren.

Visualisierung der Projektschritte für die Kinder

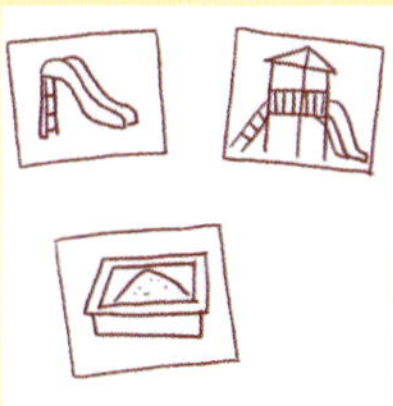

1: Ideen sammeln

2: Ideen auswählen

3: Finanzen klären

4: Gerät planen

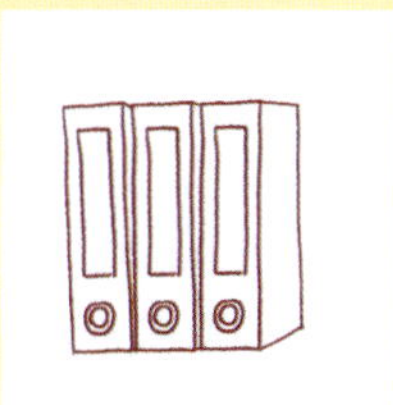

5: Vorschriften prüfen

6: Altes Gerät abreißen

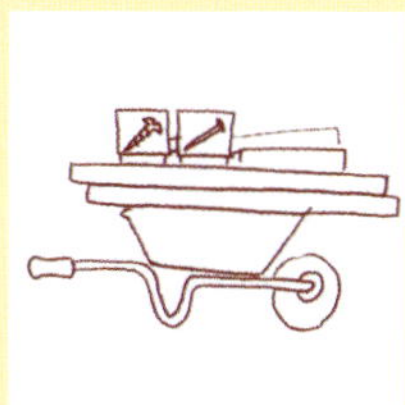

7: Material besorgen

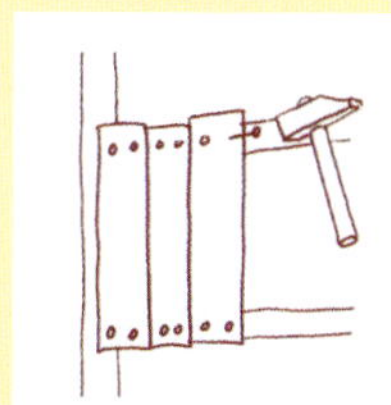

8: Neues Gerät aufbauen

In der Bilderbuchgeschichte geht es etwas schneller. Die Kinder nehmen das Absperrband, das Hausmeister Frickel um das Klettergerüst spannt, als Zeichen dafür, dass mit dem Klettergerüst etwas nicht in Ordnung ist. Das bringen sie ins Kinderparlament ein und so erfolgt unmittelbar der Einstieg in den ersten Projektschritt. In der Realität können und sollten sich pädagogische Fachkräfte aber besser die Zeit nehmen, mit den Kindern einen Projektschritt nach dem anderen zu gehen, sodass diese stets nachvollziehen können, worum es gerade geht (siehe Kapitel 4.3). Das gilt ganz besonders zu Beginn eines Projekts.

„Überlegt ihr doch mal in den Gruppen, was ihr mit dem neuen Spielgerät alles machen wollt. Dann malt ihr die Ideen auf und hängt eure Zettel in den Flur, damit alle sie sehen können." Die Kinder sind begeistert. Sie laufen in ihre Gruppen und erzählen den anderen von der Aufgabe.
(vgl. Hansen und Knauer 2014: Der neue Kletterturm)

Im ersten Projektschritt, der zu einem neuen Klettergerät führen soll, sollen möglichst viele Ideen gesammelt werden, was die Kinder mit dem neuen Gerät alles machen könnten.

Oft brauchen Kinder konkrete Anregungen, um zu verstehen, worauf solch eine Fragestellung der Erwachsenen zielt. Wird die Aufgabe nur verbal erläutert, werden manche Kinder die Intention vielleicht gar nicht erfassen. Zeigt man ihnen nun Bilder von Kletterwänden, schrägen Rampen usw., läuft man wiederum Gefahr, die Gedanken der Kinder zu eng in eine bestimmte Richtung zu lenken. Daher ist es hilfreich, die Auswahl visueller Anregungen so breit zu streuen, wie es die Fragestellung erlaubt.

Solche Bilder sind Abstraktionen der abgebildeten Gegenstände. Wie sich diese Gegenstände real anfühlen, wie sie riechen oder was man gar damit machen könnte, erschließt sich Kindern nur, wenn sie bereits reale Erfahrungen mit diesen oder ähnlichen Dingen gemacht haben. Im Kapitel 3.2 wird darauf verwiesen, dass es für einige Kinder notwendig sein kann, ihnen zunächst zu ermöglichen, die Dinge, um die es geht, auszuprobieren und konkret zu erleben, bevor sie ihr Urteil darüber abgeben können. Wann und für wen solche Konkretisierungen abstrakter Inhalte im Prozess erforderlich sind, wägen die pädagogischen Fachkräfte in der methodischen Planung des Projekts immer wieder ab, indem sie sich fragen, welche Unterstützung jüngere oder ältere Mädchen und Jungen mit unterschiedlichen kulturellen und sozialen Hintergründen und individuellen Begabungen und Beeinträchtigungen jeweils benötigen (vgl. ausführlich zum Konkretisieren abstrakter Inhalte: Hansen, Knauer und Sturzenhecker 2011: 270 ff.).

Trotz aller Bemühungen kann es aber passieren, dass einzelne Kinder durch ihr Handeln zeigen, dass ihnen bestimmte Inhalte nicht transparent geworden sind. Semras Erschrecken, als das alte Spielgerät schließlich abgerissen wird („Das wird nie wieder heile"), weist darauf hin, dass ihr dieser Projektschritt erst in dem Moment ins Bewusstsein tritt, in dem sie ihn erlebt.

Am Ende des ersten Projektschritts sollen Jelena, Leon und die anderen Kinder alle gesammelten Ideen in einer gemeinsamen Ausstellung im Flur zusammentragen. Ihre Erzieherinnen und Erzieher wollen ebenfalls noch eigene Ideen beisteuern. Die Fachkräfte haben sich bei diesem Schritt aber auch ein Vetorecht gegen einzelne Ideen vorbehalten, von dem sie jedoch nur Gebrauch machen wollen, wenn sie sich alle darüber einigen. Mit diesem Entscheidungsverfahren wollen sie verhindern, dass Ideen, von denen sie von vornherein wissen, dass sie sie nicht verantworten können, weiterverfolgt werden.

Bald hängen viele Bilder von den Gruppen im Flur. Staunend entdecken die Kinder die tollen Ideen, die rund um das neue Klettergerüst entstanden sind. „Jetzt bekommt jeder von euch drei von diesen Klebepunkten", sagt Frau Schneider.

„Die Bilder mit den Sachen, die euch am besten gefallen, beklebt ihr auf der Rückseite mit einem Punkt", erklärt Anja. „Was die meisten Punkte bekommt, wollen wir dann auch bauen." Leon hat blitzschnell seine drei Punkte verteilt. Aber Jelena muss noch ein bisschen überlegen.

(vgl. Hansen und Knauer 2014: Der neue Kletterturm)

Im zweiten Projektschritt sollen die Kinder mithilfe von drei Klebepunkten ihre Favoriten unter den vielen Ideen markieren. Bevor sie dazu in der Lage sind, brauchen sie jedoch genügend Zeit und Unterstützung, sich die verschiedenen Vorschläge zu vergegenwärtigen und ihre jeweiligen Vor- und Nachteile abzuwägen. Insbesondere die Ideen, die Kinder aus anderen Gruppen zu der großen Sammlung beigesteuert haben, erschließen sich ihnen häufig nicht ohne Weiteres. Anja und ihre Kolleginnen haben daher vorgesehen, dass die einzelnen Gruppen die Ausstellung unter Führung aller Gruppensprecher und unterstützt durch Nachfragen der Erzieherinnen gründlich kennenlernen. Vielleicht will eine Gruppe auch noch einen Ausflug, den eine andere gemacht hat, nachholen, um die Begeisterung für eine bestimmte Idee nachvollziehen zu können. Erst danach darf jedes Kind seine Stimmen verteilen.

Beim nächsten Kinderparlament zählt Frau Schneider mit den Kindern die Punkte auf den Bildern. „Die Sieger sind das Baumhaus und das Kletterseil", freut sich Badu. „Aber die Rutsche und die Kletterwand haben auch ganz viele Punkte", wendet Jelena ein. „Wie wäre es, wenn wir ein Klettergerüst bauen, das alle vier Sachen hat", schlägt Jochen vor.

(vgl. Hansen und Knauer 2014: Der neue Kletterturm)

Das Abstimmungsergebnis wird im Kinderparlament ausgezählt. An dieser Stelle wird der Projektverlauf im Bilderbuch wieder etwas verkürzt wiedergegeben. Anschließend werden nämlich zunächst alle Ideen, die Stimmen erhalten haben, nach deren Anzahl geordnet an der Projektwand im Flur präsentiert, sodass sich alle Kinder vom Ergebnis dieses Entscheidungsverfahrens ein Bild machen können. Da die pädagogischen Fachkräfte den Kindern den Projektverlauf mittels der Symbole immer wieder ins Gedächtnis gerufen haben, wissen alle, dass jetzt Frau Schneider und Herr Frickel im dritten Schritt klären, welche von den Ideen mit den meisten Punkten tatsächlich gebaut werden können. Im Kinderparlament werden die Gruppensprecher informiert, dass das Geld für die vier beliebtesten Ideen reicht: das Baumhaus, das Kletterseil, die Rutsche und die Kletterwand. Dieses Ergebnis wird wiederum an der Projektwand für alle deutlich nachvollziehbar visualisiert. Außerdem informieren die Gruppensprecher ihre Gruppen über das Resultat.

Im vierten Projektschritt soll dann aus den ausgewählten Einzelideen ein Gesamtentwurf entstehen, indem ein Modell des Klettergeräts gebastelt wird. Der Modellbau ist eine methodische Variante, der oft auch Kindern, die in anderen Projektschritten nicht so zu Wort kommen, ermöglicht, ihre Vorstellungen einzubringen. Jochen schlägt daher vor, einen Modellbau-Ausschuss zu gründen, zu dem sich Kinder freiwillig melden können. Seine Kolleginnen bevorzugen es jedoch, diese Aufgabe dem Kinderparlament zu übertragen, da dieses ansonsten im gesamten Projekt keinerlei Entscheidungsbefugnisse hätte. Auch wenn ihn dieses Argument wenig überzeugt, fügt sich Jochen der klaren Mehrheit.

In der Werkstatt bauen die Kinder mit Jochen ein Baumhaus ohne Baum. „Das sieht wie ein Turmhaus aus", meint Badu. An die eine Seite des Hauses basteln sie eine Kletterwand. An die andere Seite kommt eine Rampe, auf der sich die Kinder mit dem Seil hochziehen können. „Und jetzt noch die Rutsche!", fordert Jelena und klebt ein Stück Pappe an.

„So, jetzt könnt ihr Herrn Frickel das neue Klettergerüst zeigen", meint Jochen. Die Kinder holen schnell den Hausmeister herbei. „Sieht gut aus", sagt Herr Frickel. „Dann können wir ja loslegen."

(vgl. Hansen und Knauer 2014: Der neue Kletterturm)

Ein weiteres Mal wird die Bilderbuchgeschichte hier ein bisschen schneller erzählt, denn bevor Herr Frickel das Startsignal zur Umsetzung geben kann, müssen er und Frau Schneider zunächst prüfen, ob der Entwurf den Rechtsvorschriften standhält.

In diesem fünften und den beiden folgenden Projektschritten haben die Kinder keine Entscheidungs- und Handlungsoptionen. Sie werden jedoch darüber informiert, dass „wir dann ja loslegen können" (es also keinerlei rechtliche Einschränkungen gibt), wann das alte Gerät abgerissen und das Material für das neue angeliefert wird.

> Kaum ist das alte Klettergerüst verschwunden, hält ein Lastwagen am Kindergarten. Herr Frickel schleppt mit einem Mann dicke Hölzer, Bretter, Sand und jede Menge Werkzeug herbei. „Können wir helfen?", fragt Leon. Herr Frickel nickt. „Ja, wir können jede Hand gebrauchen."
> *(vgl. Hansen und Knauer 2014: Der neue Kletterturm)*

Und so beginnt im achten Projektschritt die Umsetzung der gemeinsamen Planung – als transparent geregeltes Engagement.

> Wählen Sie ein kleines, überschaubares Thema aus, zu dem Sie ein Beteiligungsprojekt planen wollen. Formulieren Sie, was genau am Ende entschieden oder erledigt sein soll. Sammeln Sie, was alles – ohne die Kinder zu beteiligen (!) – geklärt oder erledigt werden muss, um das Ziel zu erreichen. Ordnen Sie die Projektschritte in eine sinnvolle Reihenfolge, in der Sie sie abarbeiten würden. Entscheiden Sie für jeden Projektschritt, wer darüber entscheiden soll: die Fachkräfte allein, Fachkräfte und Kinder gemeinsam oder die Kinder allein. Planen Sie für jeden Projektschritt den Meinungsbildungs- und Entscheidungsprozess der Kinder. Sie wissen am besten, was „Ihre" Kinder jeweils benötigen, um sich zu den konkreten Fragen eine Meinung bilden zu können.

Mithilfe des hier illustrierten Verfahrens zur Planung von Beteiligungs- und Engagementprojekten können pädagogische Fachkräfte Kindern in Kindertageseinrichtungen ermöglichen, bei kleinen, übersichtlichen und bei großen, komplexen Themen mitzuentscheiden und mitzuhandeln. Die Geschichte von der Gestaltung des neuen Kletterturms im Kindergarten von Leon und Jelena weist darauf hin, dass es in der Regel leichter fällt, Kinder in Beteiligungs- und Engagementprojekten mitwirken zu lassen, wenn es in der Einrichtung bereits strukturell verankerte Beteiligungsgremien wie Gruppenkonferenzen und Kinderparlamente gibt. Beteiligungs- und Engagementprojekte können aber auch ein Einstieg in die institutionalisierte Beteiligung der Kinder sein, da unter Umständen auch in einem Projekt entscheidungsbefugte Gremien benötigt und daher eingeführt werden müssen.

Partizipation und Engagement in einer Kita-Verfassung strukturell verankern

Gremien wie Gruppenkonferenzen oder Kita-Parlamente, die im Alltag einer Kita regelmäßig tagen, sind nicht nur hilfreiche Instrumente in Beteiligungs- und Engagementprojekten: Sie bieten den Kindern auch die besondere Möglichkeit, sich in der „kleinen Gesellschaft" der Kindertageseinrichtung „politisch" zu engagieren. In diesen Gremien sind sie nicht nur hin und wieder als Betroffene an der Bearbeitung einzelner begrenzter Themen beteiligt, sondern bestimmen allgemein bei Entscheidungen mit, die die Gemeinschaft betreffen. Sie haben grundsätzlich einen Anteil an der Macht. Damit solche Gremien aber keine scheindemokratischen, tatsächlich machtlosen und leicht instrumentalisierbaren Institutionen bleiben, sollten die Mitentscheidungsrechte und die Macht, über die die Kinder verfügen – wie schon bei der Gestaltung von Beteiligungs- und Engagementprojekten –, eindeutig, transparent und verbindlich geklärt sein. In diesem besonderen Fall ist die Klärung allerdings nicht auf ein spezifisches Thema beschränkt, sondern muss potenziell für alle Entscheidungen erfolgen, die im Kita-Alltag getroffen werden.

Solch eine grundsätzliche Klärung der Mitentscheidungsrechte der Kinder kann im Rahmen einer „Verfassunggebenden Versammlung" in der Kita erfolgen (vgl. Hansen, Knauer und Sturzenhecker 2011: 150 ff.). Diese Versammlung hat das Ziel, eine „Kita-Verfassung" zu erarbeiten. Das Verfahren ist überaus anspruchsvoll und keineswegs als Einstieg in die Partizipations- und Engagementförderung geeignet. In aller Regel ist es ratsam, dass ein Kita-Team sich diesem Prozess erst stellt, wenn es bereits einschlägige Partizipationserfahrungen gesammelt hat und im Prozess von einer qualifizierten externen Multiplikatorin oder einem Multiplikator (siehe Anhang) begleitet wird. Wollen die pädagogischen Fachkräfte aber ihre Kita zu einem demokratischen Ort der Engagementförderung entwickeln, werden sie kaum umhinkommen, die Rechte und die Macht, die sie den Kindern zugestehen wollen, sowie die Gremien und Verfahren, mittels derer die Kinder ihre Rechte wahrnehmen können, grundsätzlich zu klären und strukturell zu verankern.

Eine Kita-Verfassung ist ein schriftliches Dokument, das als wesentlicher Bestandteil der pädagogischen Konzeption die Selbst- und Mitbestimmungsrechte der Kinder in der Kita für alle Beteiligten verbindlich regelt. Die Erarbeitung einer solchen Verfassung erfolgt zunächst durch die Mitarbeiterinnen und Mitarbeiter der Kita im Rahmen einer Verfassunggebenden Versammlung, also als gemeinsamer Prozess des gesamten Teams.

Die Verfassunggebende Versammlung verläuft in zwei Phasen:

1. Klären, worüber die Kinder selbst oder mit bestimmen dürfen und worüber nicht
2. Gremien und Verfahren entwickeln, mittels derer die Kinder ihre Rechte wahrnehmen können

In der ersten Phase, in der die **Selbst- und Mitentscheidungsrechte der Kinder geklärt** werden, stehen im Prinzip alle Entscheidungen, die das Leben jedes Kindes oder das Leben der Gemeinschaft betreffen, zur Disposition. Hier geht es also nicht – wie bei der Gestaltung von Beteiligungs- und Engagementprojekten – darum, einzelne Themen auszuwählen, bei denen die Fachkräfte die Kinder beteiligen wollen. Das Verfahren basiert vielmehr auf dem demokratischen Grundsatz, dass zunächst alle Menschen in der Kita – also auch die Kinder – die gleichen Rechte haben und dass diejenigen, die für sich Vorrechte beanspruchen oder anderen Beschränkungen auferlegen wollen – also auch die pädagogischen Fachkräfte –, dies in einem öffentlichen Diskurs rechtfertigen müssen. Das nennt der Politikwissenschaftler und Philosoph Rainer Forst das „Recht auf Rechtfertigung" (Forst 2007). Damit dreht sich die Ausgangsfrage um: Statt zu überlegen, woran sie die Kinder beteiligen könnten, stehen die Fachkräfte bei der Erarbeitung einer Kita-Verfassung eher vor der Herausforderung, in einem gemeinsamen Diskurs zu klären, bei welchen Entscheidungen sie die Kinder gerechtfertigterweise nicht beteiligen wollen. Das bedeutet nun keineswegs, dass die Kinder anschließend an allen Entscheidungen beteiligt werden. Aber in der Regel führt dieser Perspektivenwechsel im Kita-Team dazu, dass so manche Entscheidung, die zuvor eher willkürlich über die Köpfe der Kinder hinweg getroffen wurde, künftig gemeinsam mit den Kindern gefällt wird. Auf jeden Fall entsteht im Laufe dieses Prozesses zunehmend Klarheit über die grundlegenden Rechte und Handlungsmöglichkeiten der Kinder in der Kita.

Zur Disposition stehen also alle Entscheidungen, die das Leben jedes Kindes und das Leben der Gemeinschaft betreffen. Das eigene Leben betreffen Entscheidungen wie die folgenden:

- Dürfen die Kinder selbst entscheiden, ob, was und wie viel sie essen? Oder müssen sie alles einmal probieren, auch wenn sie behaupten, es nicht zu mögen? Müssen sie erst etwas „Richtiges“ essen, bevor sie Nachtisch bekommen? Bekommen sie auch dann Nachtisch, wenn sie ihren Teller nicht leer essen und behaupten, satt zu sein?
- Dürfen die Kinder selbst entscheiden, wie sie sich kleiden? Müssen sie in den Innenräumen Hausschuhe tragen oder dürfen sie auch barfuß oder strumpfsockig laufen? Müssen sie in der kalten Jahreszeit im Außengelände eine Jacke, eine Mütze, einen Schal tragen, auch wenn sie behaupten, dass ihnen warm sei? Müssen sie eine Matschhose anziehen, wenn es draußen feucht ist?
- Dürfen die Kinder selbst entscheiden, was sie wann und wo spielen? Oder müssen Kinder, die immer nur draußen herumtoben, auch einmal am Basteltisch eine Schere in die Hand nehmen?

Entscheidungen, die die Gemeinschaft betreffen, sind beispielsweise die folgenden:

- Dürfen die Kinder mitentscheiden über die Themen und Inhalte von Projekten und Angeboten? Auch wenn sie sich für Themen wie Pistolen und Gewehre, Star Wars, Pokemon, Barbie oder Ballett aussprechen?
- Dürfen die Kinder mitentscheiden über die Gestaltung der Räume? Auch über die Auswahl der Wandfarben und der Bodenbeläge? Über die Anordnung der Möbel? Über die Ordnung der Materialien?
- Dürfen die Kinder mitentscheiden, wofür das Geld der Einrichtung ausgegeben wird?

- Dürfen die Kinder mitentscheiden, wer die neue Erzieherin wird?

Vielfältige Erfahrungen (nicht nur) aus den Modellkitas im Projekt „jungbewegt – Für Engagement und Demokratie." belegen, dass die Kinder im Prinzip in der Lage sind, sich kompetent an all diesen Entscheidungen zu beteiligen. Wenn sie darüber im Alltag vieler Kitas nicht mitbestimmen, liegt das in der Regel nicht an ihren mangelnden Kompetenzen, sondern an den pädagogischen Fachkräften, die entweder nicht wollen, dass die Kinder sich beteiligen, oder die nicht wissen, wie sie die Beteiligung der Kinder angemessen gestalten können.

Schon die wenigen hier genannten Themenbereiche dürften veranschaulichen, welch lebhafte, oft emotional geführte Debatten in einer Verfassunggebenden Versammlung unter den Fachkräften entstehen können. Im Team von Anja und Jochen wurden in diesem Prozess immer wieder pädagogische Grundsatzfragen aufgeworfen.

Das Team diskutiert die Selbst- und Mitbestimmungsrechte der Kinder im Themenbereich „Mahlzeiten":

„Ernähren sich Kinder denn richtig, wenn sie selbst entscheiden dürfen, ob, was und wie viel sie essen? Essen sie dann nicht zu viel oder zu wenig oder nur noch Süßes? Müssen wir nicht dafür sorgen, dass sie sich ausreichend und ausgewogen ernähren?"

„Aber wir können die Kinder doch nicht zwingen, etwas zu essen, wenn sie es nicht wollen. Letztlich könnten wir sie ja nur mit körperlicher Gewalt dazu bringen. Und viele Essstörungen entstehen doch gerade, weil die Erwachsenen Machtkämpfe übers Essen führen."

... im Themenbereich „Kleidung":

„Sind Kinder denn schon in der Lage zu beurteilen, ob sie eine Jacke brauchen, wenn sie rausgehen? Steht nicht zu befürchten, dass sie dann dauernd krank werden?"

„Aber das Kälte- und Wärmeempfinden ist doch von Person zu Person sehr unterschiedlich. Das merken wir doch schon zwischen den Kolleginnen. Anja läuft ja auch immer ohne Jacke draußen rum, obwohl mir das viel zu kalt wäre. Und sie erlaubt das den Kindern auch viel eher als ich. Wie soll ein Kind denn auch lernen zu entscheiden, ob ihm warm oder kalt ist, wenn es das nicht selbst ausprobieren kann?"

Bei solchen Themenbereichen geraten die pädagogischen Fachkräfte oft in einen Konflikt zwischen ihrem Auftrag und ihrer Überzeugung, sich fürsorglich um das Wohl der Kinder zu kümmern, und dem Anspruch, deren Selbstbestimmung und Autonomie zu fördern. Inwieweit müssen sie dafür sorgen, dass jedes Kind bekommt, was es braucht? Und inwieweit können sie den Kindern das Vertrauen entgegenbringen, dass sie angemessen für ihr eigenes Wohl sorgen, wenn sie die Möglichkeit dazu bekommen? Außerdem haben die meisten Fachkräfte gerade bei diesen Themen die berechtigte Sorge, dass manche Eltern gar nicht einverstanden wären, wenn ihre Kinder darüber selbst entscheiden dürften. Dieser Aspekt wird in Kapitel 6 aufgegriffen.

... im Themenbereich „Spielen":

„Können wir es zulassen, wenn Kinder immer nur ‚einseitige' Spielinteressen verfolgen? Müssen wir ihnen nicht zumuten, sich auch einmal anderen Dingen zuzuwenden?"

„Aber entdeckt nicht jedes Kind die Welt auf seine Weise? Warum sollten wir ein Kind nicht seinen eigenen Weg gehen lassen und es dabei unterstützen?"

... im Themenbereich „Themen und Inhalte":
„Ist es nicht unsere Aufgabe, den Kindern Werte zu vermitteln? Können wir uns dann in der Kita mit Pistolen und anderem Gewaltspielzeug oder mit so klischeehaften Frauenfiguren in Rosa und Pink abgeben?"

„Aber es ist doch auch sinnvoll, sich auf die Themen einzulassen, die die Kinder interessieren. Und wenn wir das nicht tun, beschäftigen sie sich doch sowieso damit – nur ohne uns. Verspielen wir damit nicht pädagogische Chancen?"

Bei derartigen Themenbereichen gerät das Bildungs- und Erziehungsverständnis der pädagogischen Fachkräfte in den Fokus. Haben sie eine gemeinsame Vorstellung von Bildung als Aneignungsprozess, wie er in Kapitel 3.1 beschrieben wird? Und inwieweit sind sie sich über den Beitrag einig, den sie zur Selbstbildung der Kinder leisten können und wollen?

... im Themenbereich „Raumgestaltung":
„Wir haben gerade mit viel Mühe Funktionsbereiche geschaffen und unser Sachwissen in diesen Bereichen erweitert. Sollen wir den Kindern jetzt wirklich gestatten, alles wieder umzuräumen und die ganze Ordnung durcheinanderzubringen? Außerdem könnte ich nicht den ganzen Tag in einem schwarz oder pink gestrichenen Raum arbeiten."

„Aber die Kinder bringen hier genauso viel Zeit zu wie wir; und sie erleben die Räume sicher anders als wir Erwachsenen. Wenn wir gemeinsam aushandeln, wie die Räume aussehen und was wo stehen soll, würden es doch auch mehr ‚ihre' Räume sein. Vielleicht würden sie dann ja auch mehr Verantwortung fürs Aufräumen übernehmen. Und mit den Wandfarben müssten sich dann ja alle einverstanden erklären."

Bei diesem Themenbereich treten unter anderem eigene Interessen der Fachkräfte zum Vorschein, die sich nicht zwangsläufig mit den Interessen der Kinder decken. Die Kita ist nicht nur eine Einrichtung für die Kinder, sondern auch der Arbeitsplatz für die Fachkräfte. Sie haben ebenfalls ein Recht, sich hier wohlzufühlen; und die Raumgestaltung ist ein bedeutender Aspekt ihrer pädagogischen Arbeit. Inwieweit können oder sollten sie den Kindern Einfluss auf die Gestaltung der Räume gewähren, wenn sich Kinder und Fachkräfte dort wohlfühlen sollen und wenn der Raum – wie es in Reggio Emilia heißt – der „dritte Erzieher" (Dreier 1999: 37) ist?

… im Themenbereich „Finanzen":

„Sind die Kinder damit nicht völlig überfordert? Sie können doch noch gar nicht rechnen und die symbolische Bedeutung von Geld einschätzen."

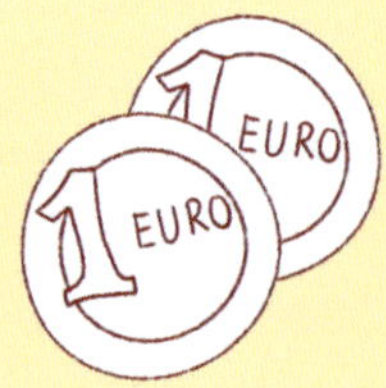

„Aber sie sind von vielen Finanzentscheidungen direkt betroffen, zum Beispiel, wenn Spielmaterialien eingekauft werden. Könnten wir nicht konkret festlegen, über welche finanziellen Fragen die Kinder mit entscheiden dürfen? Wie viel Geld jeweils zur Verfügung steht und wie viel etwas kostet, könnten wir ihnen doch bestimmt anschaulich machen."

… im Themenbereich „Personal":

„Personalentscheidungen haben so weitreichende Folgen, die die Kinder doch gar nicht überblicken können. Sie könnten ja nicht einmal die Bewerbungsunterlagen lesen; und in Vorstellungsgesprächen würden sie sich bestimmt leicht blenden lassen. Außerdem würde sie so ein Prozedere garantiert langweilen."

„Aber für die Kinder sind die pädagogischen Fachkräfte und die Beziehungen zu ihnen ganz besonders wichtig. Wenn Kolleginnen im Bewerbungsverfahren hospitieren, achten wir doch sehr darauf, wie die Kinder auf sie reagieren. Warum sollten wir die Kinder nicht auch direkt nach ihren Eindrücken fragen?"

Bei diesen und manchen anderen Themenbereichen äußern viele Fachkräfte zunächst wenig Zutrauen in die Kompetenz der Kinder, sich angemessen zu beteiligen. Gelingt es ihnen allerdings, sich pädagogisch gestaltete Szenarien auszumalen, in denen derartige Beteiligungsprozesse gelingen, steigt meist auch ihre Bereitschaft, den Kindern hier Rechte einzuräumen. Beispiele für gelungene Partizipation bei derartigen Themen erleben pädagogische Fachkräfte insbesondere, wenn sie selbst Beteiligungs- und Engagementprojekte dazu planen und durchführen. Daher ist es empfehlenswert, vor der Erarbeitung einer Kita-Verfassung Erfahrungen mit solchen Projekten zu sammeln.

Um eine Kita-Verfassung zu erarbeiten, sind die pädagogischen Fachkräfte gehalten, sich über diese und viele weitere Fragen zu verständigen und gemeinsam einen Konsens darüber zu erzielen, welche Rechte sie den Kindern zugestehen wollen. Indem sie dabei ihre Bedenken offenlegen und zur Diskussion stellen, berücksichtigen sie – zumindest annähernd – das Recht auf Rechtfertigung.

Natürlich können in einer Kita-Verfassung die Selbst- und Mitbestimmungsrechte der Kinder nicht für alle Entscheidungen, die sie betreffen, geklärt werden. In der Verfassung eines demokratischen Staates sind jedoch auch nur die Grundrechte festgeschrieben. Darüber hinaus werden dort vor allem die Gremien und Verfahren beschrieben, mittels derer im Staat weitere Rechte geklärt werden – wie also Gesetze entstehen und wie Recht gesprochen wird.

Ähnlich werden auch in einer Kita-Verfassung nur grundlegende Selbst- und Mitbestimmungsrechte der Kinder herausgearbeitet. Welche Themenbereiche dabei behandelt werden, legen zunächst die Fachkräfte fest, die sich ja über ihre Machtabgabe verständigen müssen. In der Regel kommen dabei nicht mehr als zwanzig Bereiche zusammen. Damit der intensive Diskurs über die Entscheidungsrechte, die die Fachkräfte sich vorbehalten oder die sie den Kindern zugestehen, in einer angemessenen Zeitspanne zu einem Ergebnis führt, sind folgende Verfahrensweisen hilfreich:

- Für einen Themenbereich können einzelne Entscheidungskomplexe differenziert werden, für die anschließend im Einzelnen geklärt wird, wer darüber entscheiden soll: nur die Fachkräfte, die Fachkräfte und die Kinder gemeinsam oder nur die Kinder. Wie Anja und ihre Kolleginnen das zum Beispiel für den Themenbereich „Mahlzeiten" getan haben, zeigt die nebenstehende Grafik.
- Der Entscheidungsspielraum der Kinder kann inhaltlich genauer eingegrenzt werden. Anjas Team hat den Kindern beispielsweise zugestanden, selbst zu entscheiden, was sie essen – also gegebenenfalls auch nur den Nachtisch –, außer wenn medizinische Indikationen oder religiös oder ethisch begründete, familiäre Einschränkungen vorliegen.
- Der Entscheidungsspielraum der Kinder kann formal genauer eingegrenzt werden. So wird Jelena, Leon und den anderen Kindern bei Personalentscheidungen ein Anhörungsrecht eingeräumt, weil ihre Erzieherinnen und Erzieher sich nicht dazu entschließen konnten, sie mitentscheiden zu lassen. Die Fachkräfte werden die Kinder daher künftig auf die Hospitationen von Bewerberinnen und Bewerbern vorbereiten, sie anschließend befragen und ihr Votum zur Kenntnis nehmen, dann aber ohne sie entscheiden und ihnen anschließend das Ergebnis begründet mitteilen.
- Sind die Fachkräfte trotz dieser Einschränkungen immer noch unentschlossen, kann eine Entscheidung über ein Kinderrecht auch vertagt werden. Gegebenenfalls kann bis zum vereinbarten Termin, an dem die Frage erneut diskutiert wird, eine Probephase durchgeführt werden.

Themenbereich: Mahlzeiten

Entscheidungs-komplexe	Wer entscheidet? F	F+K	K	Anmerkungen
ob sie essen			●	gilt auch für Probierhappen
was sie essen			●	außer mediz. Indikation + familiäre / religiöse / ethische Gründe
wie viel sie essen			●	so lange für alle genug da ist
wann sie essen	● 2		● 1	1 Frühstück: in vorgegebenem Zeitrahmen 2 Mittag
wo sie essen	●			
wie sie essen		●		
was es gibt	● 1	● 2		1 Frühstück: Vorgaben für Brotbeutel 2 Mittag: zusammen mit Küche
welche Dienste es gibt		●		
wie Dienste erledigt werden		●		
wer welche Dienste übernimmt			●	

Wählen Sie im Team einen Themenbereich aus, für den Sie die Mitentscheidungsrechte der Kinder klären wollen. Differenzieren Sie verschiedene Entscheidungskomplexe dieses Bereichs. Diskutieren Sie für jeden Komplex, was dafür oder dagegen spricht, die Kinder hier selbst oder mit entscheiden zu lassen. Grenzen Sie die Mitentscheidungsrechte der Kinder inhaltlich oder formal so weit ein, bis jede bzw. jeder von Ihnen mit der Lösung einverstanden ist.

Letztlich wird in der Kita-Verfassung nur dann ein einklagbares Recht der Kinder auf Selbst- oder Mitbestimmung bei einer bestimmten Entscheidung verankert, wenn jede Mitarbeiterin und jeder Mitarbeiter nach intensiver Auseinandersetzung damit einverstanden ist. Denn nur dann ist gewährleistet, dass jede Fachkraft auch bereit ist, die Kinder bei der Wahrnehmung ihrer Rechte zu unterstützen und die Kinderrechte nicht zu ignorieren oder zu umgehen. Die Fachkräfte müssen also freiwillig einen Teil ihrer Macht an die Kinder abtreten.

Besteht nur eine Fachkraft darauf, den Kindern bei einem Entscheidungskomplex keine Rechte einzuräumen, bleibt die Entscheidungshoheit bei den Erwachsenen. Im Zweifel ist es sogar empfehlenswert, vorerst weniger Rechte einzuräumen. Die Rechte der Kinder aufgrund zunehmender Erfahrung und mehr Zutrauen der Fachkräfte nach und nach zu erweitern, ist nämlich für alle Beteiligten weit angenehmer, als vorschnell zugestandene Rechte wieder zurückzunehmen.

Wenn ein Fachkräfteteam in einer Verfassunggebenden Versammlung die Selbst- und Mitbestimmungsrechte der Kinder klärt, werden immerzu pädagogische Grundsatzfragen diskutiert – allerdings nicht auf einer abstrakten, theoretischen Ebene, sondern anhand konkret erfahrener Alltagssituationen. Dadurch gelingt es häufig, sich über wichtige Grundlagen des gemeinsamen pädagogischen Handelns zu verständigen – was durchaus als Prozess der Qualitäts- und Organisationsentwicklung angesehen werden kann.

In der zweiten Phase der Verfassunggebenden Versammlung werden **Gremien und Verfahren entwickelt**, die den Kindern ermöglichen, ihre neuen Mitentscheidungsrechte wahrzunehmen. Die pädagogischen Fachkräfte gestalten sorgfältig und detailliert die Beteiligungsformen und -verfahren, die aus ihrer Sicht zu „ihren“ Kindern und ihrer Kita passen.

Diese Phase beginnt mit der Frage, welche Gremien benötigt werden, damit die Kinder auf allen Ebenen – der Gruppe, des Kindergarten- oder Hortbereichs, der ganzen Einrichtung – mitentscheiden können und wie sich die jeweiligen Gremien zusammensetzen sollen. Dabei können zwei grundsätzliche Beteiligungsformen und eine Sonderform unterschieden werden:

- offene Formen, bei denen alle Betroffenen oder Interessierten freiwillig zusammenkommen und entscheiden: Vollversammlungen, Gruppenversammlungen oder Kinderkonferenzen
- repräsentative Formen, in denen einige Gewählte oder Ausgewählte stellvertretend für andere entscheiden: ein Kinderrat oder Kita-Parlament oder auch ein Ältestenrat aller Kinder, die im folgenden Schuljahr eingeschult werden
- die Sonderform des Ausschusses, der nur zur Bearbeitung eines Themas dauerhaft oder zeitlich begrenzt zusammentritt und sowohl offen als auch repräsentativ besetzt sein kann

Außer bei sehr kleinen Einrichtungen, in denen alle alles gemeinsam besprechen können, sollte es mindestens auf zwei Ebenen Gremien geben. Immer wird ein Gremium benötigt, das legitimiert ist, Entscheidungen für die gesamte Einrichtung zu treffen. Das kann eine Vollversammlung aller Kinder und pädagogischen Fachkräfte sein, ist aber vor allem in größeren Einrichtungen meist ein repräsentatives Gremium. Zudem sollte es stets eine Gremienform geben, an der potenziell alle Kinder mitwirken können und in denen die zu verhandelnden Themen so aufgearbeitet werden können, dass jedes Kind nachvollziehen kann, worum es jeweils geht. Das sind in der Regel Stamm-, Kern-, Kleingruppenversammlungen oder -konferenzen. Weitere Formen können nach Bedarf ergänzt werden.

Neben dieser Grundstruktur ist es ratsam, die folgenden Fragen zu bedenken: Welche Befugnisse erhalten die Gremien? Wann und wo, wie lange und wie oft tagen sie? Wer leitet die Sitzungen? Wer unterstützt die Kinder? Wie entsteht eine Tagesordnung? Wie werden Entscheidungen gefällt? Wie werden die Ergebnisse festgehalten? Wie erfahren andere, die nicht an der Sitzung teilgenommen haben, von den Ergebnissen?

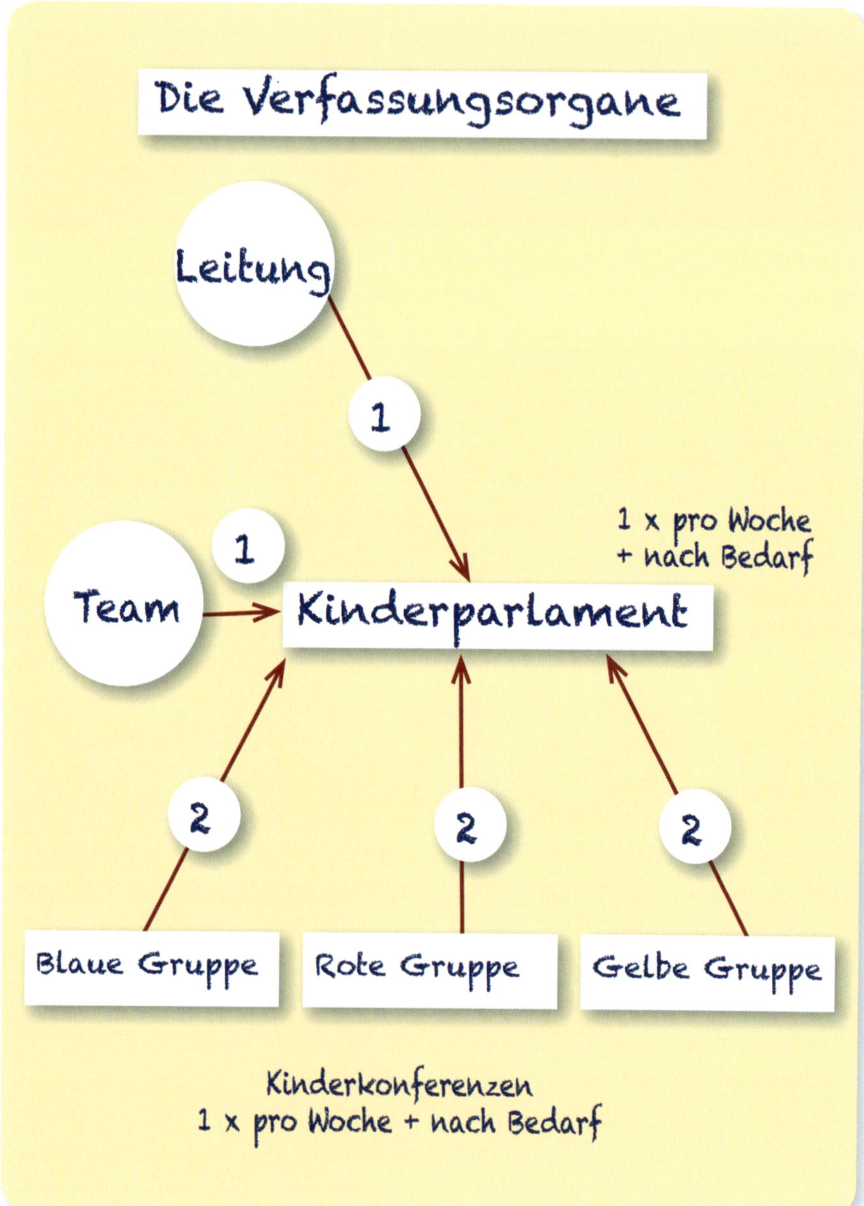
Die Verfassungsorgane
Leitung
1
1 x pro Woche
+ nach Bedarf
1
Team
Kinderparlament
2
2
2
Blaue Gruppe
Rote Gruppe
Gelbe Gruppe
Kinderkonferenzen
1 x pro Woche + nach Bedarf

In Leons und Jelenas Kindergarten finden mindestens einmal in der Woche, meistens aber öfter, Kinderkonferenzen in der blauen, der roten und der gelben Gruppe statt. Daran nehmen alle Kinder und pädagogischen Fachkräfte der jeweiligen Gruppe teil. Die Gruppenkonferenzen entscheiden im Rahmen der Mitentscheidungsrechte der Kinder über alle Angelegenheiten, die nur ihre Gruppe betreffen. Die Kinder aus der Gruppe wählen zweimal im Kindergartenjahr zwei Gruppensprecherinnen oder -sprecher, die ihre Gruppe im Kinderparlament vertreten. Am Kinderparlament nehmen außer ihnen eine Erzieherin oder ein Erzieher sowie die Einrichtungsleiterin teil. Dort werden die Themen besprochen, die alle Kinder und Fachkräfte in der Einrichtung betreffen. Die Ergebnisse werden in einem Protokoll aufgemalt und aufgeschrieben, damit die Gruppensprecherinnen und -sprecher ihren Gruppen besser davon berichten können.

In Kindertageseinrichtungen müssen Beteiligungsgremien und -verfahren zunächst von den Erwachsenen geschaffen werden, da den Kindern solche Strukturen in der Regel noch fremd sind. Sie wissen nicht, was eine Kinderkonferenz oder ein Kinderparlament ist, was dort geschieht oder wie sie sich dort engagieren können. Sie wissen nicht, was eine Gruppensprecherin ist, welche Aufgaben sie hat, was sie dafür können muss oder wie man Gruppensprecherin werden kann. All diese Strukturen und Verfahren sind den Kindern anfänglich neu und müssen von den Fachkräften eingeführt und pädagogisch begleitet werden. Wenn die Kinder dann nach und nach Routine in der Gremienarbeit erhalten, kann es durchaus passieren, dass sie weitere Rechte einfordern oder neue Verfahrensweisen entwerfen.

In der Bilderbuchgeschichte „Jelena im Kinderparlament“ wird geschildert, wie die pädagogischen Fachkräfte Kinder, die neu im Kindergarten sind, an die Gremienarbeit heranführen und die Wahlen der Gruppensprecher und -sprecherinnen durchführen.

In punktuellen und projektorientierten Engagementprozessen bleibt der Einsatz der Kinder thematisch und zeitlich begrenzt. Wenn grundsätzlich geklärt ist, wobei die Kinder mitentscheiden und mithandeln dürfen, und Beteiligungsgremien verlässlich tagen, werden diese Begrenzungen von Partizipation und gesellschaftlichem Engagement aufgehoben. Mitbestimmen und Mitmachen werden dann selbstverständlich und alltäglich; die Kita wird zu einem demokratischen Ort der Engagementförderung. Die Erarbeitung einer Kita-Verfassung kann diesen Weg ebnen.

Mit Regeln und Beschwerden demokratisch umgehen

Die Verabschiedung einer Kita-Verfassung verhindert nicht, dass es im Alltag zu Meinungsverschiedenheiten und Auseinandersetzungen kommt, die einer Regelung bedürfen. Doch sie kann den Umgang damit erleichtern, weil grundlegende Rechte und vor allem Verfahrensfragen geklärt sind. Schauen wir uns diesbezüglich noch einmal die folgende Szene an.

Leon wartet mit seinem neuen Motorradhelm darauf, dass ein Dreirad frei wird. Plötzlich steigt Badu ab und läuft ins Haus. Leon rennt los und schnappt Semra das Dreirad vor der Nase weg. „Entschuldigung!", ruft er und braust davon.

Leon ist glücklich. Endlich kann er Motorrad fahren! Doch kurz darauf stellt sich ihm Badu in den Weg. „Steig ab, das Dreirad hatte ich", schimpft er. „Nee, jetzt hab ich das!", antwortet Leon und tritt in die Pedale. Aber nur eine Runde weiter hält ihn seine Erzieherin Anja an. „Leon, Semra will auch Dreirad fahren – lässt du sie mal?", fragt sie. „Nein", sagt Leon bestimmt. „Ich bin gerade erst gestartet. Frag doch die anderen."
(vgl. Hansen und Knauer 2014: Die Haltestelle für Dreiräder)

Anja und ihre Kolleginnen haben in ihrer Kita-Verfassung festgelegt, in welchen Situationen sie Regeln *top down* als Verordnungen erlassen und diese auch durchsetzen wollen. So haben die Kinder kein Mitspracherecht, wenn aus Sicht der Fachkräfte physische oder psychische Gefahren drohen, die sie noch nicht genügend einschätzen können. Die Fachkräfte behalten sich auch das Recht vor zu bestimmen, ob und wann die Kinder das Kita-Gelände verlassen dürfen, dass niemand verletzt und beleidigt und die Ausstattung und Materialien nicht mutwillig zerstört werden dürfen und einiges mehr. Weitere Regelungen wollen sie dann aber gemeinsam mit den Kindern treffen.

Das bedeutet für Anja, dass sie in Konflikten wie dem zwischen Leon und Semra die Rolle der Richterin weder einnehmen muss noch darf, da die Fachkräfte sich für derlei Situationen in der Kita-Verfassung kein Entscheidungsrecht vorbehalten haben. Eine Regelung muss dann gegebenenfalls gemeinsam mit den Kindern in den Beteiligungsgremien gefunden werden. Anja kann zwar versuchen, streitschlichtend zu wirken; aber wenn Leon auf seinem Vorrecht beharrt, bleibt auch ihr nur der Weg, Semra zu unterstützen, den Konflikt in der nächsten Kinderkonferenz anzusprechen.

In den Beteiligungsgremien können sowohl Kinder als auch Fachkräfte einen Regelungsbedarf anmelden. Das heißt, sie können dort alles vorbringen, was sie ärgert oder traurig macht, was sie als ungerecht empfinden und Ähnliches mehr. In den jeweiligen Gremien wird dann besprochen, wie mit diesen Beschwerden im Einzelnen umgegangen werden soll. Vielleicht muss eine neue Regel eingeführt werden. Vielleicht muss eine bestehende Regel durchgesetzt und jemand wegen eines Regelbruchs zur Verantwortung gezogen werden. Vielleicht stellt sich aber auch heraus, dass eine bestehende Regel nicht praktikabel oder ungerecht ist und geändert oder gestrichen werden muss.

Die Beschwerde der Kinder über den Streit um die Dreiräder landet in Leons und Jelenas Kita im Kinderparlament, wo alle Gruppen durch ihre Gruppensprecher vertreten sind, weil die Dreiräder von Kindern aus allen Gruppen genutzt werden und eine tragfähige Lösung nur gemeinsam erzielt werden kann.

„Willkommen zum Kinderparlament!“, sagt Frau Schneider. „Worüber möchtet ihr reden?“ – „Es muss eine Dreiradregel geben“, sagt Jelena. „Damit es gerechter ist, wer fahren darf und wann“, ergänzt Badu. „Manche geben die Dreiräder nämlich gar nicht ab“, erklärt Tobi, ein Junge aus der roten Gruppe. Gemeinsam überlegen sie, wie die Dreiräder besser geteilt werden können. Die Lösung ist schnell gefunden: „Wenn alle Dreiräder besetzt sind und du fahren willst, fragst du einfach einen Fahrer. Der muss das Dreirad dann abgeben“, erklärt Jelena. „Genau!“, sagt Badu. „Wenn einer fragt, wechseln die Fahrer, so kommt jeder mal dran.“ *(vgl. Hansen und Knauer 2014: Die Haltestelle für Dreiräder)*

In diesem Beispiel passiert im Kinderparlament im Prinzip genau das Gleiche wie in den Parlamenten demokratischer Staaten: Ein Problem wird diskutiert, wodurch die verschiedenen Sichtweisen deutlich werden. Dann werden Lösungsvorschläge erarbeitet und letztlich wird eine Lösung verabschiedet.

Die Lösung ist schnell gefunden und Jochen malt die neue Dreirad-Regel in das Protokoll. Jelena und Tobi hängen den großen Zettel in den Flur. Da können ihn alle Kinder sehen. „Was steht da?", fragt Semra. Und Jelena und Badu erläutern den anderen, was sie beschlossen haben.
(vgl. Hansen und Knauer 2014: Die Haltestelle für Dreiräder)

Die neue Regel muss natürlich veröffentlicht werden, damit alle wissen, woran sie sich zu halten haben.

Am nächsten Tag probieren die Kinder die Regel aus. Doch als Leon gerade mit dem Dreirad losgefahren ist, sagt Badu: „Jetzt bin ich dran." – „He, ich fahre erst eine Runde", mault Leon. Badu aber saust zufrieden los – bis kurz darauf Tobi ruft: „Abwechseln, bitte!" Leon hat inzwischen ein anderes Dreirad bekommen. Da kommen Jelena und Semra auf ihn zu. „Kann ich mal?", fragt Semra. Leon steigt stöhnend vom Sitz. Aber kaum ist Semra aufgestiegen, ruft er wieder: „Abwechseln!" Und dann fährt Leon einfach davon.

Semra weint. „Du bist gemein!", ruft Jelena Leon hinterher. „Wieso, das ist doch die Regel!", ruft Leon zurück. Aber dann wird er wieder ausgebremst: „Ich will fahren", sagt Tobi. Leon schimpft: „Das ist eine blöde Regel. Ich kann überhaupt nicht richtig Motorrad fahren. Immer soll ich abwechseln." Badu stimmt ihm zu: „Ja, so geht's nicht."

(vgl. Hansen und Knauer 2014: Die Haltestelle für Dreiräder)

Eine von den Beteiligungsgremien verabschiedete Regel gilt solange im Alltag, bis dagegen wieder jemand eine Beschwerde erhebt und das Verfahren erneut in Gang setzt. Für pädagogische Fachkräfte ist es oft schwer auszuhalten, wenn die Kinder Regelungen beschließen, von denen sie von vornherein erwarten, dass sie nicht gut funktionieren werden. Die Kinder können das jedoch meist nicht voraussehen, da ihnen die entsprechenden Erfahrungen fehlen. Daher sollten die Fachkräfte ihnen gestatten, immer wieder in praktischen Erprobungen der Regelungen die nötigen Erfahrungen zu machen, um letztlich zu einer erfolgreichen Lösung zu gelangen.

Natürlich können sich auch die Fachkräfte in den Gremien äußern und ihre Bedenken gegebenenfalls zur Diskussion stellen. Sie sind allerdings gut beraten, wenn sie dabei ihren persönlichen Einfluss, den sie fraglos auf die Kinder haben, äußerst behutsam geltend machen. Denn einerseits geht es ja in diesen Verfahren gerade darum, den Kindern zu ermöglichen, sich eigenverantwortlich für die Gemeinschaft einzusetzen und all die Bildungsprozesse zu durchlaufen, die damit verbunden sind; und zum anderen funktionieren Lösungen, die die Kinder selbst finden, oft viel besser, als die Erwachsenen es vermuten. Oder hätten Sie gedacht, dass eine Haltestelle für Dreiräder das Problem des Fahrzeugwechsels langfristig lösen könnte?

Als Leon am nächsten Morgen in den Kindergarten kommt, sind wieder alle Dreiräder besetzt. „Komm zu uns auf die Bank", ruft ihm Jelena zu. „Hier ist die Haltestelle."

Kaum hat sich Leon hingesetzt, hält Badu an. „Jetzt kannst du fahren", meint er zu Semra. Immer wieder kommen Dreiräder zur Haltestelle und die Kinder wechseln sich ab. Auch Leon muss gar nicht lange warten, bis er als Motorradfahrer durchstarten kann. Diesmal aber richtig!
(vgl. Hansen und Knauer 2014: Die Haltestelle für Dreiräder)

Wie die Geschichte über die Haltestelle für Dreiräder beginnen auch alle anderen Geschichten vom Mitbestimmen und Mitmachen in der Kita mit einer Beschwerde von Kindern. Diese Beschwerden werden in transparenten, verlässlich tagenden und den Kindern leicht zugängigen Gremien in ebenso transparenten und verlässlichen Verfahren öffentlich bearbeitet. Eine strukturelle Verankerung von Partizipation und gesellschaftlichem Engagement in einer Kita-Verfassung kann insofern ein elementarer Bestandteil eines Beschwerdeverfahrens für Kinder sein, das Kindertageseinrichtungen nach § 45 SGB VIII konzeptionell zu verankern, verpflichtet sind.

Beschwerdeverfahren nach § 45 SGB VIII zielen auf die Prävention von Gewalt und sexuellem Missbrauch gegenüber Kindern in pädagogischen Institutionen. Kinder in Kindertageseinrichtungen werden solche Verfahren im Ernstfall aber nur nutzen können, wenn sie es zuvor als selbstverständlich und Erfolg versprechend erleben konnten, in diesen Verfahren Beschwerden vorzubringen. Kinder brauchen also die Erfahrung, sich beschweren zu können, zunächst in kleinen, alltäglichen Situationen.

Die Beteiligungsgremien können auch dazu genutzt werden, Beschwerden der Kinder über das Handeln der pädagogischen Fachkräfte gezielt abzufragen, indem diese dort beispielsweise regelmäßig thematisieren, ob es etwas gäbe, das sie besonders gut gemacht hätten, oder etwas, wobei die Kinder sich vielleicht geärgert oder gefürchtet hätten. Die allgemeinen Beteiligungsgremien können zudem durch explizite Beschwerdegremien wie eine Kindersprechstunde bei der Leitung ergänzt werden und vieles mehr. Das Recht der Kinder, sich – auch über die pädagogischen Fachkräfte – zu beschweren, und die Verfahren, die sie dafür nutzen können, kann ein Fachkräfteteam in einer Verfassunggebenden Versammlung ausdifferenzieren und in einer Kita-Verfassung strukturell verankern. Beschwerdeverfahren sollten aber stets eingeführt werden, indem zunächst Beschwerden über alltägliche Situationen wie den Streit beim Fahrzeugwechsel oder die unbefriedigende Frühstückssituation verhandelt werden (vgl. Hansen und Knauer 2013).

Wenn Kinder in Kindertageseinrichtungen sich beschweren, indem sie sich über jemanden oder etwas beklagen oder Wünsche äußern, bringen sie damit *bottom up* mögliche Beteiligungsthemen ein. Das Ausmaß, in dem Kinder von ihrem Beschwerderecht im Kita-Alltag erfolgreich Gebrauch machen, könnte man durchaus als Gradmesser für die Partizipations- und Engagementkultur der Einrichtung betrachten.

Partizipation und gesellschaftliches Engagement von Kindern bieten vielfältige Chancen, die Qualität von Kindertageseinrichtungen nachhaltig zu verbessern. Sie müssen aber von den Fachkräften gewollt und pädagogisch gestaltet werden.

4.5 Engagement auch außerhalb der Kita ermöglichen

Damit Kinder sich selbst oder anderen helfen und sich in Engagementprojekten oder Beteiligungsgremien für etwas oder jemanden einsetzen können, müssen ihnen das jeweilige Umfeld, die darin handelnden Personen und die potenziellen Vorgehensweisen transparent und zugänglich sein. In der „kleinen Gesellschaft" der Kindertageseinrichtung haben die Fachkräfte gute Voraussetzungen, Engagementmöglichkeiten pädagogisch zu gestalten. Den Kindern Gelegenheiten zu schaffen, sich auch außerhalb der Kita zu engagieren, erscheint in vielerlei Hinsicht schwieriger: Das Umfeld einer Kita ist weitläufig und offen, es wird von vielen Faktoren geprägt, auf die die Fachkräfte kaum Einfluss haben. Die hier agierenden Menschen sind den Kindern und den Fachkräften vielfach fremd und ihrerseits nicht zwangsläufig an einer Begegnung mit den Kindern interessiert, zeigen sich vielleicht sogar abweisend. Und die üblichen Verfahren, sich in Geschehnisse in der Öffentlichkeit außerhalb der Kita einzumischen, sind in der Regel nicht auf Kindergartenkinder zugeschnitten.

Und doch können sich Kinder auch schon außerhalb der Kita gesellschaftlich engagieren – wenn sie Zugänge zu entsprechenden Themen finden und ihr Engagement von den Fachkräften angemessen pädagogisch begleitet wird. Der fünfte Schritt zur Förderung gesellschaftlichen Engagements von Kindern und sozusagen die Kür im Konzept „Mitentscheiden und Mithandeln in der Kita" ist, den Kindern Engagementmöglichkeiten in einer Öffentlichkeit jenseits der pädagogisch gestalteten Gemeinschaft der Kindertageseinrichtung zu eröffnen.

Engagement von Kindern außerhalb der Kita erfolgt überwiegend in Projekten

Das gesellschaftliche Engagement von Kindern kann außerhalb der Kita kaum in der gleichen Breite gefördert werden wie innerhalb der kleinen Gemeinschaft. In expliziten Beteiligungsgremien wie kommunalen Kinder- und Jugendparlamenten ist eine Mitwirkung von Kita-Kindern üblicherweise gar nicht vorgesehen. Diese dürfte sich für die übrigen Beteiligten auch eher problematisch darstellen – schon allein, weil die Beratungs- und Entscheidungsprozesse dann sehr verlangsamt werden müssten.

Auch ein punktuelles Engagement der Kinder bei Tätigkeiten von Erwachsenen ist im Umfeld der Kita nicht immer willkommen. Zwar gestatten pädagogische Fachkräfte Kindern zuweilen, sie beim Einkauf für die Kita zu begleiten; andere Erwachsene zeigen sich jedoch oft aus vielerlei Gründen (siehe Kapitel 4.2) weniger erfreut über etwaige Hilfsangebote. Als Leon und Jelena zum Beispiel einen Nachbarn der Kita fragen, ob sie ihm helfen könnten, das Laub auf dem Gehweg zusammenzufegen, weist dieser sie freundlich, aber bestimmt zurück: „Ach, lasst mal, ich mach' das schnell alleine." Außerhalb der Kita eigenständig und selbstverantwortlich zu handeln, verwehren pädagogische Fachkräfte Kindern in der Regel ebenfalls, weil dort die potenziellen Gefahrenquellen vielfältiger und für Kinder zum Teil schwerer einzuschätzen sind als in der Kita. Zwar dürfen ältere Kindergartenkinder in Absprache mit ihren Eltern schon mal den Heimweg allein bewältigen; aber nur selten dürfen Kinder ohne Begleitung von Fachkräften die Brötchen vom Bäcker an der nächsten Straßenecke holen – auch wenn dies für einige durchaus eine geeignete Herausforderung sein könnte.

Damit derartige Beschränkungen der Engagementmöglichkeiten von Kita-Kindern außerhalb der pädagogischen Institution überwunden werden können, müssten die Kinder und ihre Aktivitäten im kommunalen öffentlichen Raum wieder sichtbarer werden, als das gegenwärtig zumeist der Fall ist. Je mehr Fachkräfte mit den Kindern im Gemeinwesen aktiv sind, desto alltäglicher und selbstverständlicher wird es dort allen Beteiligten erscheinen, dass sich auch junge Kinder einmischen, mitentscheiden und mithandeln.

Aktuell wird das Engagement von Kindern außerhalb der Kita überwiegend in Projekten gefördert. Beteiligungs- und Engagementprojekte bieten den pädagogischen Fachkräften den Vorteil, dass sie sie differenziert planen können: beispielsweise wenn sie mit den Kindern an der Vorbereitung und Durchführung eines Stadtteilfestes beteiligt sind, bei der Planung und Umgestaltung eines öffentlichen Spielplatzes mitwirken oder gemeinsame Aktionen mit Senioren aus dem Altenheim vorbereiten. Die Planung von Beteiligungs- und Engagementprojekten im Umfeld der Kita kann mithilfe desselben Verfahrens erfolgen, wie es in Kapitel 4.4 für solche Projekte im Binnenraum der Kita beschrieben wird. Aber auch im Rahmen von weniger vorstrukturierten Projekten können Kindern Engagementmöglichkeiten eröffnet werden (siehe auch hierzu Kapitel 4.4). Ein Beispiel dafür erzählt die Bilderbuchgeschichte „Die Hundehaufen im Park".

Sowohl bei differenziert geplanten als auch bei offener entwickelten Projekten außerhalb der Kita gilt es allerdings, einige Besonderheiten des Engagements in der Öffentlichkeit der „großen Gesellschaft" zu beachten. Im Folgenden wird anhand der Hundehaufen-Geschichte betrachtet, wie Fachkräfte und Kinder geeignete Engagementthemen außerhalb der Kita finden und wie die Kinder begleitet und unterstützt werden können, wenn sie bei ihrem Einsatz auf fremde Menschen treffen, wenn sie nicht mehr weiterwissen oder wenn sie nicht wissen, „wie man das hier so macht".

Engagementthemen außerhalb der Kita finden

Auch außerhalb der Kindertageseinrichtung können pädagogische Fachkräfte Themen, bei denen die Kinder sich engagieren, *top down* einführen, im Alltag gemeinsam mit den Kindern entdecken oder aufgreifen, nachdem sie von den Kindern *bottom up* eingebracht wurden (siehe Kapitel 1).

Top down können die Fachkräfte Kinder beispielsweise in Situationen beteiligen, in denen sie selbst als Akteure im Gemeinwesen oder als Expertinnen für die Interessen von Kindern gefragt sind – etwa wenn die Kita bei einer öffentlichen Veranstaltung mitwirken will oder sich zu einer kinderfreundlichen Verkehrsplanung rund um die Einrichtung äußern soll.

Damit die Fachkräfte mit den Kindern oder die Kinder von sich aus im Umfeld der Kita Gelegenheiten entdecken, sich zu engagieren, müssen sie sich zunächst überhaupt dort hinbegeben. Wenn Fachkräfte und Kinder sich häufig in der Öffentlichkeit der Kommune bewegen und deren Infrastruktur nutzen, werden ihnen die Orte, Abläufe und einzelne Menschen zunehmend vertrauter. Die Kinder wissen zusehends, welche Wege sie gehen können, um bestimmte Ziele zu erreichen, und finden dabei eigene Orientierungspunkte wie „den toten Vogel" – die Straßenecke, an der Sofia einst den Kadaver einer Amsel entdeckt hat. Sie erfahren nach und nach, worauf sie achten müssen, wenn sie gemeinsam mit dem Bus fahren, oder wie sie ihre Einkäufe auf dem Markt tätigen. Und sie lernen die Verkäufer an den Marktständen von Mal zu Mal besser kennen.

Bei ihren Ausflügen können sich Kindern wie Fachkräften dann auch verschiedenste Themen eröffnen, die ein eigenes Engagement herausfordern.

Beobachten Sie im Kita-Alltag:

- Welchen Tätigkeiten gehen Sie ohne Kinder außerhalb der Kindertageseinrichtung nach? Bei welchen dieser Tätigkeiten könnten Sie die Kinder beteiligen?
- Welche Anlässe bieten sich Ihnen und den Kindern bei Ausflügen, sich einzumischen und zu engagieren?

Ein Anlass, sich zu engagieren, kann sich zum Beispiel ergeben, wenn die Kinder sich über die vielen Hundehaufen auf der Wiese im Park ärgern.

Max steht direkt vor einem Hundehaufen. „Das ist aber ekelig", meint Jelena. „Hier ist noch einer", ruft Sofia und nimmt die braune Masse genau unter die Lupe. „Wenn hier so viele Hunde ihr Geschäft gemacht haben, sollten wir besser nicht auf der Wiese spielen", meint Anja. „Das ist gemein!", ruft Leon. Er hat sich schon sehr auf das Fußballspielen gefreut. „Wollen wir uns an der Bank beraten?", fragt Anja.

Die Kinder sind enttäuscht. „Ich finde es doof, dass wir nicht Fußball spielen können", sagt Jelena. „Was können wir denn da machen?", fragt Anja. „Wenn ein Hund einen Haufen macht, müssen die Herrchen und Frauchen ihn wieder wegmachen", meint Badu. „Mein Onkel hat auch einen Hund", erklärt Leon. „Der sammelt die Haufen mit Tüten ein und wirft sie in den Müll." – „Aber im hohen Gras kann man die Hundehaufen doch gar nicht sehen", wirft Jelena ein. „Dann machen wir Schilder und stellen sie daneben", sagt Badu. „Ja, wir malen Hundehaufenschilder!", rufen die anderen und laufen mit Anja zum Kindergarten zurück.

(vgl. Hansen und Knauer 2014: Die Hundehaufen im Park)

Hier sind die Kinder außerhalb ihres Kindergartens auf ein Problem gestoßen, das auch für viele Erwachsene im Stadtteil ein Ärgernis darstellt. Anja vermittelt den Kindern nicht den Eindruck, dass man dagegen nichts unternehmen könne oder sie noch zu jung seien, um sich um die Angelegenheit zu kümmern. Sie unterstützt sie vielmehr, ihre Empfindungen auszudrücken, sich darüber auszutauschen und gemeinsam eine Handlungsidee zu entwickeln.

Wenn die Kinder regelmäßig den Raum und die Zeit erhalten, ihre Gedanken zu äußern, und die Fachkräfte sie ernst nehmen und ihnen Zutrauen zeigen, bringen die Kinder immer wieder auch schwerwiegende und überregionale Probleme zur Sprache. Sie sind betroffen und wollen etwas dagegen unternehmen, wenn sie erfahren, dass viele Delphine in großen Fischereinetzen sterben, oder wenn sie in der Fußgängerzone Menschen auf dem Boden sitzen sehen und hören, dass sie nichts zu essen und kein Zuhause haben. Der Film „Post für Herrn Gaddafi" (Behnen 2011) zeigt beeindruckend, wie Kindergartenkinder in einer Gesprächsrunde aufgebracht berichten und unbedingt etwas dagegen tun wollen, dass „Herr Gaddafi auf seine eigenen Leute schießt".

Wenn die Kinder fremden Menschen begegnen

In der Öffentlichkeit außerhalb der Kita zu handeln, führt immer wieder dazu, dass die Kinder dort auf Menschen treffen, die ihnen fremd sind. Sie gehören weder zu ihrer Familie noch stehen sie ihnen als pädagogische Bezugspersonen nahe.

Die Kinder stecken auf der Wiese im Park Schilder in den Boden, um allen zu zeigen, wo überall Hundehaufen liegen. „Da kommt eine alte Frau mit einem Hund“, sagt Jelena. „Kommt, der sagen wir gleich, was wir hier machen“, ruft Leon und rennt los. „Guck mal, wie viele Hundehaufen es hier gibt – könnt ihr die nicht wegmachen?“, fragt Leon die Frau. „Wir wollen auf der Wiese spielen!“

„Ich würde das ja machen, aber hier gibt es keine Automaten für Hundetüten“, antwortet die Dame.

(vgl. Hansen und Knauer 2014: Die Hundehaufen im Park)

Nicht alle Kinder gehen auf unbekannte Menschen so unbefangen zu wie Leon in dieser Situation. Sofia steht zwar neben Leon und beobachtet, wie er mit der Frau spricht, sagt aber selbst zunächst kein Wort. Andere haben sich der fremden Person gar nicht erst genähert. Damit Interaktionen zwischen den Kindern und fremden Erwachsenen funktionieren, braucht es oft eine feinfühlige Begleitung der Fachkräfte, die ein Kind vielleicht zum aktiven Handeln ermutigen, ohne es dabei unter Druck zu setzen; die einem anderen Kind vielleicht anbieten, dass sie der oder dem Fremden mitteilen, was das Kind auf dem Herzen hat; oder die ein Kind, das die fremde Person mit seiner Direktheit zu verunsichern oder gar zu verärgern droht, ersuchen, etwas freundlicher und zurückhaltender zu agieren.

Trotz der Begleitung durch die Fachkräfte können sich Begegnungen mit fremden Erwachsenen auch unangenehmer entwickeln, als es Leon mit der alten Dame erlebt.

Als Jelena nahe am Weg ein Hundehaufenschild in den Boden steckt, hört sie einen jungen Mann, der mit einem großen Hund den Weg entlanggeht, schimpfen: „Was soll der Scheiß denn? Jetzt hetzen sie schon die Kinder auf!" Jelena schaut sich hilfesuchend nach Anja um, die wenige Schritte neben ihr steht. Diese lächelt ihr beruhigend zu und behält den jungen Mann im Blick, der nach seinem unfreundlichen Kommentar mit seinem Hund den Park verlässt. „Der wollte wohl nicht mit uns sprechen", sagt sie achselzuckend zu Jelena.

Nicht alle Erwachsenen reagieren auf das Engagement von Kindern verständnisvoll und kooperativ. Es kann durchaus passieren, dass so eine Aktivität als aufdringlich, frech, anmaßend empfunden und entsprechend beantwortet wird. Dadurch können die Kinder leicht verunsichert oder verängstigt werden. In solchen Situationen sind sie auf pädagogische Fachkräfte angewiesen, die ihnen das sichere Gefühl vermitteln, der Situation gewachsen zu sein und sie schützen zu können.

Doch nicht nur die Kinder, sondern auch die Fachkräfte selbst können durch ablehnende Reaktionen fremder Erwachsener auf die Aktivitäten der Kinder verunsichert werden. Viele Erwachsene haben recht genaue Vorstellungen davon, wie Kinder sich zu verhalten haben, und äußern direkt oder indirekt ihre Erwartungen an die pädagogischen Fachkräfte, dafür zu sorgen, dass die Kinder diesen Erwartungen entsprechen. Wenn das nicht geschieht, stehen die Fachkräfte unter Umständen vor der Herausforderung, das Handeln der Kinder und ihre eigene Zustimmung dafür zu rechtfertigen. Damit ihnen das mit der nötigen Souveränität gelingt, empfiehlt es sich, zunächst Erfahrungen mit Partizipation und Engagement von Kindern im Binnenraum der Kita zu sammeln.

Wenn die Kinder nicht mehr weiterwissen

Kinder durchschauen die Machtstrukturen in ihrer Kita meist nach kurzer Zeit recht genau. Wenn es strukturell verankerte Beteiligungsgremien gibt, sind ihnen auch Verfahren vertraut, mittels derer sie sich in die Geschehnisse in der Einrichtung einmischen können. Im kommunalen Raum oder gar in überregionalen Kontexten haben sie jedoch in aller Regel kaum Kenntnisse darüber, wer wofür zuständig und ansprechbar ist.

„Wir brauchen hier so einen Automaten", meint Jelena. „Aber wo gibt es den?", fragt Badu. Die Kinder wissen nicht weiter. „Wir können mit Frau Baumann telefonieren und fragen, ob sie helfen kann", schlägt Anja vor. „Als Bürgermeisterin ist sie auch für die Straßen und Parks in der Stadt zuständig." – „Ja, Jelena soll da anrufen!", beschließen die Kinder. [...]

Am Donnerstag machen sich vier Kinder mit Anja auf den Weg zum Rathaus. Dort wartet schon der Sekretär, Herr Müller, und bringt die kleine Gruppe ins Büro der Bürgermeisterin. „Was kann ich für euch tun?", fragt Frau Baumann. „Kannst du einen Hundetütenautomaten kaufen, damit wir auf der Wiese wieder Fußball spielen können", fragt Leon.

(vgl. Hansen und Knauer 2014: Die Hundehaufen im Park)

Die Kinder sind durch das Gespräch mit der alten Dame im Park auf die Idee gekommen, dass ihr Problem durch die Aufstellung eines Hundetütenautomaten gelöst werden könnte. Doch woher bekommen sie solch einen Automaten? Ohne die Unterstützung der pädagogischen Fachkräfte würde ihr Engagement an dieser Stelle sicher bald zum Erliegen kommen. Doch Anja weiß, wer in der Kommune für diese Angelegenheit zuständig ist: die Bürgermeisterin. Und sie scheut sich nicht, sich gemeinsam mit den Kindern an sie zu wenden.

Anja hat nicht nur gemeinsam mit den Kindern Wege gefunden, ihr Anliegen persönlich mit den Hundebesitzern, die sie zufällig im Park treffen, zu besprechen; sie ebnet ihnen auch einen Weg, das Problem im Rahmen öffentlicher Strukturen weiterzuverfolgen. Während die Begegnungen mit den Hundebesitzern im Park auf der Ebene der Demokratie als Lebensform erfolgt, also als demokratischer Diskurs auf der Beziehungsebene, wechseln Fachkraft und Kinder mit der Kontaktaufnahme zur Bürgermeisterin auf die Ebene der Demokratie als Herrschaftsform, also der Organisation von staatlicher Macht (siehe Kapitel 3.2).

Auf dieser Ebene sind Kinder ohne massive Unterstützung Erwachsener in aller Regel nicht handlungsfähig. Im Film „Post für Herrn Gaddafi“ (Behnen 2011) wollen die Kinder Herrn Gaddafi einen Brief schreiben, um ihn aufzufordern, nicht weiter „auf seine eigenen Leute“ zu schießen. Erwachsene beraten sie dahingehend, stattdessen an den libyschen Botschafter in Deutschland zu schreiben, da es unwahrscheinlich sei, dass ihr Brief Herrn Gaddafi erreichen würde. „Ich glaube nicht, dass man eine Antwort kriegt, aber den Brief schreiben muss man auf jeden Fall“, werden die Kinder im Film dazu ermutigt (und sie erhalten sogar ein Antwortschreiben).

Wenn die Kinder nicht wissen, „wie man das hier so macht“

Michael Tomasello weist darauf hin, dass Kinder stets zu verstehen suchen, „wie man das hier so macht“, das heißt, welche sozialen Normen und Regeln jeweils gelten (siehe Kapitel 2). Wenn sie neu in der Kita sind, beschäftigt es sie sehr, die dort geltenden Normen und Regeln zu erfassen und ihr Verhalten daran zu orientieren. Wenn sie später außerhalb der Kita fremden Menschen und fremden Strukturen begegnen, müssen sie sich oft weitere Umgangsformen aneignen, die ihnen bisher unbekannt waren.

Jelena soll bei der Bürgermeisterin anrufen, um sie zu bitten, einen Hundetütenautomaten aufzustellen. Im Kindergarten übt sie mit Anja, was sie bei dem Anruf sagen will. „Bestimmt geht erst der Sekretär ans Telefon, der heißt Herr Müller", erklärt Anja ihr noch. Dann ruft Jelena im Rathaus an. Da hat Frau Baumann ihr Büro. Jelenas Herz klopft ganz laut. Nachdem es ein paarmal im Hörer getutet hat, meldet sich tatsächlich Herr Müller. „Hier ist Jelena aus dem Kindergarten", sagt Jelena. „Kann ich bitte Frau Baumann sprechen?" Als Frau Baumann an den Apparat kommt, fragt Jelena sie direkt nach dem Automaten. „Wollt ihr mich nicht am Donnerstag besuchen?", meint Frau Baumann. „Gemeinsam finden wir sicher eine Lösung."
(vgl. Hansen und Knauer 2014: Die Hundehaufen im Park)

Jelena weiß nicht, dass man eine Bürgermeisterin in der Regel nicht direkt anrufen kann, sondern zunächst mit ihrem Vorzimmer verbunden wird. Anja bereitet sie darauf vor und bespricht mit ihr, was sie sagen kann, wenn sich der Sekretär meldet. Derart gewappnet, gelingt es Kindern oft erstaunlich gut, solche Situationen zu meistern.

In Beteiligungs- und Engagementprojekten außerhalb der Kita können Kinder erfahren, wie man förmliche Telefonate führt, Briefe schreibt und erhält, Reden verfasst und vorträgt und vieles mehr.

Die Kinder warten mit Anja am Hundetütenautomaten auf die Einweihung. Schon bald taucht die Bürgermeisterin mit einigen Leuten auf. „Da sind ja die Kinder!", freut sie sich und schüttelt jedem die Hand. Kurz darauf beginnt Frau Baumann mit ihrer Einweihungsrede. Danach ist Jelena dran. „Wir finden es toll, dass hier nun ein Kasten mit Hundetüten steht", sagt sie. „Jetzt gibt es bestimmt nicht mehr so viele Hundehaufen und wir können wieder auf der Wiese spielen!" Dann hebt die Bürgermeisterin Sofia ein bisschen hoch, damit sie die ersten Tüten in den Automaten stecken kann. Die Zeitungsleute machen fleißig Fotos. „Das war wirklich eine tolle Idee!", meint die Bürgermeisterin, als sie sich von den Kindern verabschiedet.

(vgl. Hansen und Knauer 2014: Die Hundehaufen im Park)

Wenn Kinder sich in einer Öffentlichkeit außerhalb der Kita engagieren, benötigen sie eine besonders intensive Unterstützung durch die pädagogischen Fachkräfte. Diese müssen nicht nur die Kinder auf viele neue Situationen vorbereiten, sondern auch in den Absprachen mit anderen Erwachsenen dafür eintreten, dass die Kinder angemessene aktive Handlungsmöglichkeiten erhalten und nicht etwa nur zur Dekoration dienen. Und sie müssen immer wieder dafür Sorge tragen, dass die übrigen beteiligten Erwachsenen achtsam mit den Kindern umgehen. So hat Anja es genau im Blick, dass Jelena die Chance bekommt, ihre vorbereitete Einweihungsrede zu halten, und ob Sofia sich damit einverstanden zeigt, als die Bürgermeisterin sie hochhebt, um die ersten Tüten in den Automaten zu stecken.

Pädagogische Fachkräfte in Kindertageseinrichtungen haben vielfältige Möglichkeiten, Partizipation und gesellschaftliches Engagement von Kindern in und um die Kita zu fördern. Das Konzept „Mitentscheiden und Mithandeln in der Kita“ zeigt, wie dies systematisch und umfassend geschehen kann.

5 Gesellschaftliches Engagement von unter Dreijährigen fördern

Wie Michael Tomasello zeigt, sind Kinder „zum Helfen geboren". In seinen Experimenten erweisen sich bereits Kinder zwischen 14 und 18 Monaten als kompetente und bereitwillige Helferinnen und Helfer von Erwachsenen. Tomasellos Kollegin Carol S. Dweck verweist aber auch darauf, dass der Altruismus von Kindern bereits im ersten Lebensjahr durch das Verhalten der Erwachsenen beeinflusst wird (siehe Kapitel 2). Insofern kann und sollte die Förderung von gesellschaftlichem Engagement bereits in der Arbeit mit unter dreijährigen Kindern in den Blick genommen werden. In zahlreichen Modelleinrichtungen (besonders in den ostdeutschen Bundesländern) setzten die pädagogischen Fachkräfte die Schritte der Engagementförderung nach dem Konzept „Mitentscheiden und Mithandeln in der Kita" sehr feinfühlig und mit beeindruckenden Ergebnissen auch in der Krippe um.

Als im Kindergarten von Leon und Jelena eine Krippengruppe eröffnet wird, denken die Fachkräfte darüber nach, ob und wie sie Partizipation und gesellschaftliches Engagement auch schon bei den jüngsten Kindern fördern können. Die neue Krippengruppe (die grüne Gruppe) wird von Kindern im Alter von sechs Monaten bis zu drei Jahren besucht. Dilara arbeitet dort als Erzieherin. Da die Kinder in der grünen Gruppe immer gern mitmachen, wenn die Erwachsenen etwas tun, sind Dilara und ihre Kolleginnen überzeugt, dass sie auch den Krippenkindern ermöglichen können, sich in der Gemeinschaft für die Gemeinschaft zu engagieren.

Um Partizipation und Engagement von unter Dreijährigen zu fördern, müssen die Fachkräfte bei der pädagogischen Gestaltung der Engagementprozesse einige entwicklungsbedingte Eigenheiten dieser Altersgruppe berücksichtigen. Wenn das gelingt, können sie viele Aspekte der in den Kapiteln 4.1 bis 4.4 beschriebenen Schritte der Engagementförderung auf die Krippe übertragen und so schon den jüngsten Kindern ermöglichen, sich für sich selbst und auch für die Gemeinschaft einzusetzen.

Entwicklungsbedingte Eigenheiten berücksichtigen

Zur Bedeutung der anderen in der Gemeinschaft. Wenn Kinder eine Kita besuchen, müssen sie sich dort ohne ihre vertrauten familiären Bezugspersonen zurechtfinden. Die Entwicklungspsychologin Lieselotte Ahnert betont: „Die Trennung eines Kindes von seinen Eltern gilt als der wichtigste Stressor in der frühen Kindheit" (Ahnert 2010: 186). Kinder werden durch diese Trennung ihrer Möglichkeit beraubt, sich in beunruhigenden Situationen in eine sichere Obhut zurückziehen zu können. Durch diesen Stress können nicht nur die Spiel- und Sprechaktivitäten der Kinder vermindert, sondern folgenreiche Beeinträchtigungen wie Schlafstörungen und Appetitmangel ausgelöst werden (vgl. ebd.: 190).

Pädagogische Fachkräfte sind daher gehalten, gemeinsam mit den Eltern für jedes Kind eine individuelle Eingewöhnungsphase zu gestalten, in der das Kind in seinem eigenen Tempo eine Beziehung zu einer Fachkraft aufbaut, die ihm dann in vergleichbarer Weise wie sonst die Eltern als „sicherer Hafen" im Kita-Alltag dienen kann. Das ist im Altersbereich zwischen 10 und 18 Monaten, wenn für viele Kinder die Krippenzeit beginnt, besonders wichtig, da die Stressreaktionen auf eine Trennung von den Eltern in dieser Zeit, in der Kinder „fremdeln", besonders ausgeprägt zu sein scheinen (vgl. ebd.: 191).

So finden die Kinder ihren Zugang zur Gemeinschaft in der Kindertageseinrichtung meist über die pädagogischen Fachkräfte und die Beziehungen, die sie zu ihnen aufbauen. Doch auch andere Kinder haben schon im Krippenalter für die Entwicklung eines Kindes große Bedeutung. Die Pädagogin Angelika von der Beek hebt hervor: „Kinder sind für andere Kinder wichtig, weil sich nur zwischen ihnen Beziehungen auf der Grundlage von Gleichheit, Gleichrangigkeit und Gegenseitigkeit entwickeln" (Beek 2006: 58). Auch Gisela Dittrich, Mechthild Dörfler und Kornelia Schneider konnten in einer Beobachtungsstudie des Deutschen Jugendinstituts zum Konfliktverhalten von Kindern in Kindertageseinrichtungen in zahlreichen Videoaufzeichnungen feststellen, dass bei Krippenkindern häufig ein Verhalten zu beobachten ist, das von Erwachsenen oft nicht wahrgenommen oder missdeutet würde: „die intensive Aufmerksamkeitshaltung, die Kinder einnehmen, wenn sie dem Handeln anderer Kinder folgen oder eine Sache ihre Neugier erweckt. In solchen Momenten steht ihr ganzer Körper unter Spannung, gelenkt auf das Objekt ihrer Aufmerksamkeit" (Dittrich, Dörfler und Schneider 2001: 117 f.).

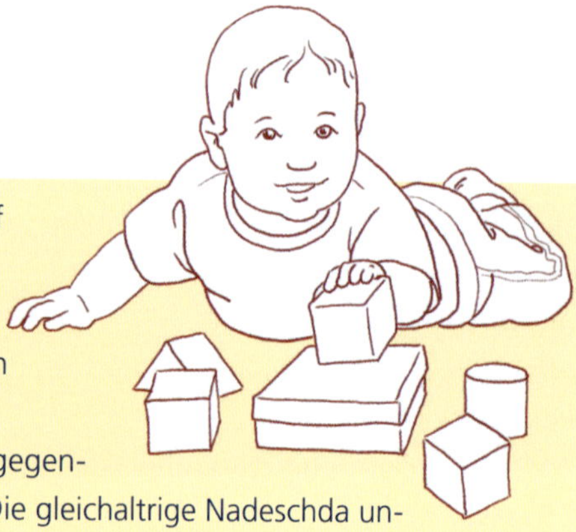

Der sieben Monate alte Michel liegt auf dem Rücken auf einer Matte. In jeder Hand hält er einen Bauklotz. Er schlägt sie gegeneinander und erzeugt dadurch ein Geräusch. Er lacht, schlägt die Bauklötze erneut und dann immer wieder gegeneinander und jauchzt jedes Mal dazu. Die gleichaltrige Nadeschda unterbricht ihr Spiel und beobachtet Michel. Sie wendet sich ihm zu und versucht, nach einem seiner Bauklötze zu greifen. Michel dreht sich weg. Ihre Erzieherin Dilara will Nadeschda einen anderen Bauklotz reichen und fragt: „Willst du auch einen Bauklotz haben?" Nadeschda reagiert jedoch nicht auf Dilaras Angebot, sondern bemüht sich weiterhin, einen von Michels Bauklötzen zu erwischen.

Inzwischen hat Michel den Bauklotz entdeckt, den Dilara Nadeschda angeboten hat. Er lässt einen seiner Klötze fallen und probiert den neuen aus. Nadeschda greift nach dem von Michel fallengelassenen Klotz und beginnt damit auf eine kleine Holzkiste zu klopfen. Michel unterbricht sein Tun, schaut Nadeschda einen Augenblick zu, rollt sich auf die Seite und schlägt ebenfalls mit einem Bauklotz auf die Kiste.

Nadeschda geht es offenbar nicht um den Besitz eines Bauklotzes, sondern um das, was Michel mit seinen Klötzen macht. Daher ist der von der Erzieherin gereichte Bauklotz für sie nicht interessant. Zwischen den Kindern entspinnt sich im Weiteren ein gemeinsames Spiel, in dem sie sich in ihren Handlungen aufeinander beziehen. In solchen dialogischen Interaktionen zwischen Kindern finden intensive Bildungsprozesse statt. Die Pädagogin Ursula Stenger, Professorin an der Universität Köln, beschreibt diese Prozesse wie folgt:

> „Ein Kind macht eine ‚Erfindung', es entdeckt eine neue Art des Spiels mit einer langen Schaufel, einer kleinen Puppe, einer Murmel. Andere nehmen diese besondere und neuartige Handlung sofort wahr, finden sich ein, wollen auch dieses Ding genauso ausprobieren. Es kommt zum Besitzkonflikt, bei dem es eigentlich gar nicht um den Besitz geht (gleichartige Gegenstände werden links liegen gelassen), sondern um die neuartige Handlung, die mit genau diesem Ding vollzogen werden kann" (Stenger 2010: 53).

Diese ausgeprägten sozialen Lernfähigkeiten, die es ermöglichen, dass „der eine auf die innovativen Vorschläge des anderen reagiert und umgekehrt, bis dabei ein Produkt entsteht, das keines der Individuen alleine hervorgebracht haben könnte" (Tomasello 2006: 59), bezeichnet Michael Tomasello als „Wagenhebereffekt". Tomasello sieht in dieser kooperativen Zusammenarbeit sowohl die Grundlage für die kulturelle Evolution des Menschen als auch einen maßgeblichen Faktor für die individuelle Entwicklung jedes einzelnen Kindes (vgl. ebd.: 54 ff.).

Neben den pädagogischen Fachkräften haben also auch andere Kinder großen Einfluss auf die Entwicklung eines Kindes. Dittrich, Dörfler und Schneider konnten beobachten, dass sich aus der Fülle der gegenseitigen Erfahrungen bereits im zweiten Lebensjahr Freundschaften unter den Kindern herausbilden. Sie stellten allerdings auch fest, dass erst die dreijährigen Kinder in ihren Spielen das Thema Gruppe aufgreifen (vgl. Dittrich, Dörfler und Schneider 2001: 152).

Will man Partizipation und Engagement von unter dreijährigen Kindern fördern, beginnt man damit am besten im Kontext der nahen Beziehungen zwischen Fachkräften und Kindern sowie zwischen einzelnen Kindern. Zum Ende des Krippenalters können dann einige Kinder auch schon mit Blick auf die Gemeinschaft der ganzen Gruppe oder gar der Kita aktiv mitentscheiden und mithandeln.

Zum Verständnis von Raum und Zeit. Das Raumerleben von Kindern verändert sich durch die Entwicklung der Grobmotorik im Laufe der ersten beiden Lebensjahre sehr. Schon ab drei Monaten lernen manche Kinder, sich auf dem Boden rollend fortzubewegen und wenig später allein zu sitzen. Ab dem sechsten Monat beginnen einige Kinder zu robben oder zu krabbeln und sich allein zum Stand hochzuziehen. Und bis zum 18. Monat legen die meisten Kinder ihre ersten Strecken – zunächst an Möbeln und Gegenständen entlang – aufrecht stehend im Raum zurück (vgl. Schneider und Lindenberger 2012: 172).

In den ersten Lebensmonaten sind Kinder darauf angewiesen, dass andere zu ihnen kommen, sie von einem Ort zum anderen tragen und Gegenstände in ihre Reichweite schaffen. Sich selbstständig durch den Raum fortbewegen zu können, erweitert dann ihre Handlungsmöglichkeiten enorm. Sie können nun ohne Unterstützung der Erwachsenen den Ort wechseln und viel leichter auf begehrte Gegenstände oder Handlungen zugreifen. Der Übergang zum Stehen und eigenständigen Laufen vergrößert ihren Radius noch einmal. Und schnell versuchen Kinder auch weitere Höhen zu erklimmen. Sie beginnen Treppen zu steigen oder auf Stühle zu klettern.

Mit den Erfahrungen im Raum entwickelt sich nach und nach auch ein Zeitbewusstsein. Dieses basiert auf der Übertragung räumlicher Kategorien auf die Zeit. Kinder entwickeln ein Verständnis für die nicht anschauliche Zeit, indem sie eine Strecke im Raum zurücklegen und dabei ein „Vor“ und „Nach“ erleben. Die Erfahrung der Raumstrecke nutzen sie dann als Modell für die Zeitstrecke (vgl. ebd.: 517).

Doch auch wenn Kinder in den ersten zwei Lebensjahren bereits über weit mehr kognitive Kompetenzen verfügen, als Jean Piaget ihnen in der „sensomotorischen Phase“ zugeschrieben hat, „sind die Erkenntnismöglichkeiten des Babys an seine augenblicklichen Interaktionen mit der Umwelt gebunden“ (ebd.: 387). Man kann mit Krippenkindern kaum zurückblicken oder vorausschauen. Sie können noch nicht „mental auf Zeitreise gehen“, also sich vergangene und zukünftige Ereignisse, Handlungen und Absichten vergegenwärtigen oder gar bei der Planung ihrer Handlungen berücksichtigen (vgl. ebd.: 517). Obwohl inzwischen belegt ist, dass bereits Einjährige planvoll handeln, indem sie beispielsweise gezielt Hindernisse aus dem Weg räumen, um an eine Schnur zu gelangen, mit der sie dann einen Gegenstand heranziehen können, sind Kleinkinder zu komplexeren Planungen kaum in der Lage, da sie sich unter anderem die Zukunft noch nicht vorstellen können (vgl. ebd.: 397).

Möglichkeiten, aktiv mitzuentscheiden und mitzuhandeln, werden unter dreijährigen Kindern daher zunächst am besten im Hier und Jetzt eröffnet. Sollen ihre Äußerungen in Zukunftsplanungen einfließen, wird es in der Regel angemessener sein, sie indirekt zu erfassen, indem die Fachkräfte aus dem gegenwärtigen Handeln der Kinder Rückschlüsse auf ihre künftigen Bedarfe ziehen. Nur wenige Kinder scheinen gegen Ende der Krippenzeit schon in der Lage zu sein, sich unmittelbar in solche Planungen einzubringen.

Zur Kommunikation mit Krippenkindern. Das typisch menschliche Kommunikationsmittel ist die Sprache. Bereits mit zwei Monaten beachten Babys bei der Kommunikation mit anderen

Menschen das Muster von Aktion und Reaktion, indem sie zuhören, wenn andere reden, und selbst erst dann Laute von sich geben, wenn diese eine kurze Pause machen. Gegen Ende des ersten Lebensjahres scheinen sie systematische Zusammenhänge von Objekten, Ereignissen oder Zuständen mit Worten herstellen zu können. Ihre Sprachproduktionen entwickeln sich von Gurrlauten über einfache und verdoppelte Silben, bis sie schließlich Lautfolgen gezielt hervorbringen können, um damit Objekte zu bezeichnen („Einwortphase") (vgl. Schneider und Lindenberger 2012: 176 f.). Kinder kommunizieren allerdings schon lange, bevor sie sich verbal äußern können, kompetent mit ihren Bezugspersonen. Dabei ist das wichtigste Kommunikationsmittel zunächst die Körpersprache. „Die Kommunikation besteht im Wesentlichen aus direkten Handlungen. Kinder in dieser Altersgruppe bewirken etwas durch Handlungen, erfahren Wirkungen auf ihre Handlungen und setzen sich mit diesen Wirkungen auseinander" (Dittrich, Dörfler und Schneider 2001: 115).

Paula ist 13 Monate alt. Sie sitzt am Tisch und hält einen Zwieback in der Hand. Ihre Erzieherin Dilara setzt sich zu ihr. Paula streckt Dilara die Hand mit dem Zwieback entgegen. „Du hast einen Zwieback", stellt Dilara fest. Als Paula ihr das Gebäck weiter hinhält, erkundigt sich Dilara: „Willst du mir den Zwieback geben?" Sie bewegt ihre Hand langsam auf Paulas Hand mit dem Zwieback zu, worauf Paula ihre Hand zurückzieht, ohne jedoch den Blickkontakt mit Dilara zu unterbrechen. Als diese ihre Hand ebenfalls zurückzieht, bewegt Paula ihre Hand mit dem Zwieback wieder auf Dilara zu. Dilara fragt: „Soll ich von deinem Zwieback probieren?" Sie neigt ihren Kopf mit geöffnetem Mund in Richtung Zwieback, woraufhin Paula ihr diesen weit entgegenstreckt.

In der Kommunikation mit jungen Kindern gilt es, sowohl die körperlichen Signale der Kinder feinfühlig wahrzunehmen als auch den eigenen körperlichen Ausdruck mit Bedacht einzusetzen. Dilara muss Paulas Geste interpretieren, um sie zu verstehen: Will Paula ihr den Zwieback geben? Dilara begleitet ihre verbale Frage gestisch, indem sie ihre Hand vorsichtig zum Zwieback hin bewegt, als wolle sie ihn nehmen. Aus Paulas Reaktion kann Dilara ablesen, ob sie sie richtig verstanden hat. In diesem Fall scheint ihr zweiter Interpretationsversuch Paulas Intention besser zu erfassen.

Kinder beginnen bereits zwischen dem achten und zehnten Lebensmonat mithilfe von Gesten ihre Intentionen auszudrücken, indem sie beispielsweise auf etwas blicken, das die Mutter für sie holen soll. Ab dem elften Monat setzen sie gezielt Zeigegesten ein. Zwischen dem 16. und 22. Lebensmonat fangen sie dann an, auch sprachlich auszudrücken, was sie in konkreten Situationen jeweils beabsichtigen (vgl. Schneider und Lindenberger 2012: 446). Parallel wächst ihr Wortschatz rasant. Das erleichtert die Kommunikation mit ihnen zusehends.

Bis zum Ende der Krippenzeit bleibt jedoch die Körpersprache das bedeutsamste Kommunikationsmittel. Dittrich, Dörfler und Schneider bemerkten noch bei Zweijährigen, „dass in diesem Entwicklungsalter die Bedeutung der Körpersprache vorrangig ist, weswegen die Interpretation von Mimik und Gestik der Schlüssel für das Erkennen von Absichten ist und der Einsatz der verbalen Sprache von den Kindern meist als Begleitung oder zur Bekräftigung einer Handlung herangezogen wird" (Dittrich, Dörfler und Schneider 2001: 116 f.).

Erst bei dreijährigen Kindern gewinnen Gespräche dann „eine echte soziale Qualität" (Schneider und Lindenberger 2012: 446). Sie können jetzt anderen zuschreiben, dass sie etwas anderes wissen, denken, glauben, fühlen als sie selbst („Theory of Mind"; vgl. ebd.: 197). Sie beginnen Formen des Zusammenspiels sprachlich auszuhandeln und können dabei ihren sprachlichen Ausdruck an das Alter und den Status des Gesprächspartners anpassen – sprechen also beispielsweise mit jüngeren Kindern anders als mit Erwachsenen (vgl. ebd.: 446).

Mit der sprachlichen Kompetenz der Kinder wächst auch ihre Fähigkeit zur Abstraktion. Dreijährige Kinder können bereits „das Denken selbst zum Gegenstand ihres Denkens machen" (ebd.:

197). Wenn unter dreijährige Kinder aber überwiegend mittels der Körpersprache kommunizieren und die verbale Kommunikation eher handlungsbegleitend stattfindet, sollten pädagogische Fachkräfte darauf achten, ihre eigenen Beiträge zur Kommunikation mit Krippenkindern stets so konkret, anschaulich und handlungsorientiert zu gestalten, dass diese verstehen können, worum es jeweils geht.

Das Konzept „Mitentscheiden und Mithandeln in der Kita" ist so angelegt, dass die in Kapitel 4 vorgestellten Schritte zur Förderung gesellschaftlichen Engagements prinzipiell für alle Kinder in der Kita realisiert werden können. Auch in der Arbeit mit unter dreijährigen Kindern geht es darum, sie ernst zu nehmen und ihnen etwas zuzutrauen, punktuelles Engagement zuzulassen und herauszufordern sowie Engagementmöglichkeiten transparent und demokratisch zu gestalten. Dabei gilt es allerdings die in diesem Kapitel beschriebenen „Besonderheiten" der Altersgruppe zu berücksichtigen. Lediglich das Engagement außerhalb der Kita, das ja auch im Kindergartenbereich eher den älteren Kindern vorbehalten ist, spielt in der Krippe kaum eine Rolle.

Kinder ernst nehmen und ihnen etwas zutrauen

Menschenbabys sind, wenn sie zur Welt kommen, hilflos und abhängig von der Fürsorge ihrer Eltern. Und dennoch bringen sie enorme Fähigkeiten und vor allem einen unbändigen Willen mit, um die vielfältigen Herausforderungen, die das Leben für sie bereithält, zu bewältigen. Kognitionswissenschaftler weisen mit Nachdruck darauf hin, dass Kinder mehr, viel mehr können, als wir ihnen lange Zeit zugetraut haben.

Alison Gopnik, Jahrgang 1955, ist Professorin für Psychologie an der University of California in Berkeley. Gemeinsam mit **Patricia Kuhl** und **Andrew Meltzoff** vom Institute for Learning and Brain Sciences an der University of Washington zeigt die Kognitionswissenschaftlerin in ihrem Buch „Forschergeist in Windeln. Wie Ihr Kind die Welt begreift" (2000), dass Kinder die Welt wie kleine Wissenschaftler erforschen.

Alison Gopnik, Patricia Kuhl und Andrew Meltzoff tragen zahlreiche Forschungsergebnisse zusammen, die beeindruckend belegen, wie kompetent sich schon Säuglinge die Welt aneignen. Sie kommen zu dem Schluss:

> „Wir werden mit der Fähigkeit geboren, die Geheimnisse des Universums und unseres eigenen Geists zu entdecken, und mit dem Drang, so lange zu forschen und zu experimentieren, bis uns das gelungen ist" (Gopnik, Kuhl und Meltzoff 2000: 19).

Neben der unbestreitbaren Notwendigkeit, die Entwicklung von Kindern fürsorglich zu begleiten, ist es – wenn wir der Entfaltung der kindlichen Potenziale nicht im Wege stehen wollen – gleichermaßen erforderlich, den Eigensinn von Säuglingen und Kleinkindern zu erkennen und ernst zu nehmen und ihnen zuzutrauen, vieles selbsttätig zu bewerkstelligen.

So rät die Kinderärztin Emmi Pikler Erwachsenen, in die Bewegungsentwicklung von Kindern nicht direkt einzugreifen. Sie hat in akribisch aufgezeichneten Beobachtungen von mehr als 700 Kindern während ihrer ersten Lebensjahre gezeigt, dass sie ihre grobmotorischen Fähigkeiten selbstständig bis zum freien Gehen entwickeln. Den Kindern wurden keine Bewegungsabläufe beigebracht; sie wurden nicht gedrängt; mit ihnen wurde nicht geübt; sie wurden weder aufgesetzt oder aufgestellt noch an der Hand geführt. Die Erwachsenen sorgten lediglich „für entsprechende Kleidung sowie für ausreichenden und geeigneten Platz und Möglichkeit zur freien, ungestörten Bewegung – immer ein wenig mehr, als das Kind voll ausnutzen kann“ (Pikler 2001: 18).

Die selbstständige Bewegungsentwicklung brachte für die Kinder keinerlei Nachteile mit sich; sie lernten genauso schnell laufen wie andere Kinder. Emmi Pikler beschreibt sie durchweg als geschickt, gut koordiniert und sicher in ihren Bewegungen und betont vor allem die größere Selbstständigkeit und Zufriedenheit der Kinder während der gesamten Entwicklungsphase, die sich auch entlastend auf die Beziehungen zwischen ihnen und den betreuenden Erwachsenen auswirken würden (vgl. Pikler 2001).

Aufbauend auf diese Erfahrungen haben Emmi Pikler und Magda Gerber einen pädagogischen Ansatz für die Betreuung von Säuglingen und Kleinkindern entwickelt, der von großem Respekt vor den Kindern und weitreichendem Zutrauen in ihre Fähigkeiten gekennzeichnet ist.

Emmi Pikler (1902–1984) war eine ungarische Kinderärztin. Sie übernahm 1946 in Budapest die Leitung eines Waisenhauses für Kinder bis zum dritten Lebensjahr, das sie bis zu ihrem Tod führte: das Lóczy-Institut. Ihr Anliegen dabei war, die Kinder vor dem Hospitalismus zu bewahren und ihnen eine annähernd normale Entwicklung zu ermöglichen.

Magda Gerber (gestorben 2007) war die Assistentin Emmi Piklers im Lóczy, bis sie 1956 in die USA emigrierte. Dort gründete sie in Los Angeles die Organisation Resources for Infant Educarers (RIE), die sowohl Elternkurse als auch Qualifizierungen für pädagogische Fachkräfte zum respektvollen Umgang mit Säuglingen und Kleinkindern durchführt.

Emmi Pikler begründete 1946 im Lóczy-Institut einen pädagogischen Ansatz für die Gemeinschaftserziehung von unter dreijährigen Kindern, der heute in der Frühpädagogik große Aufmerksamkeit erfährt. Ihre langjährige Assistentin Magda Gerber führte die Arbeit, die sie im Lóczy kennengelernt hatte, nach ihrer Emigration in die USA fort. Janet Gonzalez-Mena und Dianne Widmeyer Eyer, Schülerinnen von Magda Gerber, fassen die von Emmi Pikler und Magda Gerber entwickelten Grundsätze in ihrem „Curriculum für respektvolle Pflege und Erziehung“ zusammen (vgl. Gonzalez-Mena und Widmeyer Eyer 2008). Dazu formulieren sie zehn auf einer Philosophie des Respekts basierende Prinzipien. Eines davon lautet:

„Erkennen Sie Probleme als Lerngelegenheiten und lassen Sie Säuglinge und Kleinkinder versuchen, ihre Probleme selbst zu lösen. Erlösen Sie sie nicht, machen Sie ihnen nicht permanent das Leben leichter und versuchen Sie nicht, sie vor allen Problemen zu beschützen“ (ebd.: 34).

Han, 20 Monate alt, hat oben auf einem Regal eine rote Schachtel entdeckt, die ihn zu interessieren scheint. Er stellt sich auf die Zehenspitzen, zieht sich am Regal hoch und kann so die Schachtel mit den Fingerspitzen berühren. Bevor er sie aber ergreifen kann, verliert er das Gleichgewicht und fällt auf den Boden. Er schaut kurz zu Dilara. Die Erzieherin beobachtet ihn und nickt ihm lächelnd zu. Han steht auf, zieht sich erneut am Regal hoch und müht sich, die Schachtel zu erlangen.

Noch zweimal fällt er hin, ehe er, unter sichtlicher Anstrengung, die Schachtel so weit vorziehen kann, dass sie vom Regal herab zu Boden fällt. Mit zufriedenem Gesichtsausdruck macht Han sich daran, die Schachtel zu öffnen.

Junge Kinder stehen alltäglich vor Herausforderungen, die ihnen alles abverlangen und die sie dennoch allein bewältigen wollen. Das ist für Erwachsene manchmal schwer auszuhalten. Auch Dilara musste erst lernen, dass sie in solchen Situationen den Kindern keinen Gefallen tut, wenn sie ihnen die Aufgabe aus der Hand nimmt. Für sie wäre es leicht gewesen, Han die Schachtel vom Regal herunterzureichen. Dieser signalisierte jedoch auf keinerlei Weise, dass er ihre Hilfe beanspruchen wollte. Er widmete sich vielmehr mit Ausdauer und unter Aufwendung all seiner Kräfte selbst dieser Aufgabe. Hätte Dilara eingegriffen, hätte sie Han um die Erfahrung gebracht, dieses Problem allein lösen zu können. Vielleicht hätte er dann künftig in ähnlichen Situationen gar nicht mehr versucht, sich selbst zu bemühen, sondern gleich Erwachsene um Hilfe gebeten – und wäre dadurch um vielfältige (Selbst-)Bildungsmöglichkeiten gebracht worden.

Beobachten Sie im Alltag, wann die Kinder etwas selbst machen wollen. Lassen Sie es die Kinder, wenn möglich, versuchen und mischen Sie sich nur ein, wenn Sie den Kindern dabei helfen können, es selbst zu tun.

Gerade Probleme des Alltags sind auch für Säuglinge und Kleinkinder erstklassige Lerngelegenheiten. Janet Gonzalez-Mena und Dianne Widmeyer Eyer weisen beispielsweise darauf hin, dass ein großer Teil der feinmotorischen Entwicklung daher rühre, dass die Selbsthilfefähigkeiten der Kinder beim Essen, Zähneputzen und anderen alltäglichen Verrichtungen unterstützt würden (vgl. ebd.: 239). Schon früh versuchen Kinder die Nahrungsaufnahme selbst in die Hand zu nehmen. Sie greifen beim Füttern nach dem Löffel und versuchen ihn alleine zum Mund zu führen. Wenn ihnen das zu schwierig erscheint, greifen sie auch direkt mit den Händen in den Teller. Obwohl es für die Erwachsenen zunächst oft mehr Aufwand bedeutet, gilt es, die Eigeninitiative der Kinder zu würdigen und zu unterstützen, denn so lernen sie bald selbstständig zu essen und damit dann auch die Erwachsenen wieder zu entlasten. Schon unter dreijährige Kinder können lernen – wie es in Kapitel 4.1 für die etwas älteren Kinder geschildert wurde –, sich selbst den Becher oder den Teller zu füllen, ein Butterbrot zu schmieren oder sich anzuziehen – wenn die pädagogischen Fachkräfte ihnen zutrauen und zugestehen (und manchmal auch zumuten), es immer wieder selbst zu probieren, und dabei genau prüfen, welche Unterstützung die Kinder benötigen, damit ihnen das gelingen kann, und welche nicht.

Punktuelles Engagement zugestehen und zumuten

Je jünger die Kinder sind, desto mehr pflegerischen Tätigkeiten müssen die betreuenden Fachkräfte nachgehen. Für Pikler und Gerber sind die Zeiten der Pflege ganz besonders wertvoll, weil es Zeiten sind, in denen sich die pädagogischen Fachkräfte dem einzelnen Kind mit voller Aufmerksamkeit widmen und damit Nähe, Vertrautheit, Bindung wachsen können.

„So bekommt neben den üblichen, grundsätzlichen Fragen (z. B. was ißt das Kind, ist es entsprechend gekleidet, wie oft ist es an der frischen Luft usw.) die *Art und Weise* der Pflege Gewicht. Auch das ist von Bedeutung, *wie* der Erwachsene dem Kind sein Essen reicht, *wie* das Kind das Essen annimmt, d. h. *wie* sich die Pflegerin und das Kind dabei verhalten und *was für eine* Zusammenarbeit zwischen dem Kind und der Pflegerin während des Fütterns, des Badens, des Wickelns und des An- und Ausziehens entsteht" (Pikler 2001: 23 f., Hervorhebungen im Original).

Gonzales-Mena und Widmeyer Eyer formulieren die Anforderungen an die Art und Weise, wie die Zusammenarbeit zwischen der Fachkraft und dem Kind gestaltet werden sollte, in ihren Prinzipien für eine respektvolle Pflege und Erziehung so:

„Beteiligen Sie Säuglinge und Kleinkinder an Dingen, die sie betreffen. Arbeiten Sie nicht an ihnen vorbei und lenken Sie sie nicht ab, um die Aufgabe schneller zu erledigen" (Gonzales-Mena und Widmeyer Eyer 2008: 33).

Paula, 13 Monate alt, sitzt auf dem Boden und blättert in einem Bilderbuch. Ihre Erzieherin Dilara setzt sich zu ihr. Als Paula sich Dilara zuwendet, sagt diese: „Paula, mir scheint, deine Windel ist voll. Ich würde dich gern wickeln." Paula richtet sich zum Kniestand auf und streckt Dilara die Arme entgegen. Dilara reicht ihr eine Hand. Paula ergreift sie, steht auf und gemeinsam gehen sie zum Wickeltisch. Paula steigt die kleine Treppe hinauf und legt sich auf den Rücken. „Fein hast du das gemacht", lobt Dilara sie. „Dann ziehe ich dir jetzt deine Hose aus." Als Dilara die Windel öffnet, zieht Paula die Beine an und hebt den Po ein wenig, sodass die Erzieherin die Windel leicht entfernen kann. „Danke, Paula. So kann ich dich auch gut sauber machen", freut sich Dilara. Als sie Paula fertig gereinigt hat, bittet sie sie, aus ihrem Fach neben dem Wickeltisch eine neue Windel zu holen. Beim Ankleiden hält Dilara ihr später die Hosenbeine hin und Paula steckt das jeweilige Bein hinein.

Das Wechseln der Windel ist für Paula kein passives „Gewickelt-Werden". Sie trägt aktiv dazu bei, dass der Vorgang gut gelingt. Dilara nimmt die „Hilfsangebote“ von Paula wahr, würdigt sie und fordert sie immer wieder zu eigenem Engagement heraus. So wird das Wickeln zu einer gemeinsamen Angelegenheit. Paula und Dilara wirken wie ein eingespieltes Team. Am Wickeltisch gibt es im Übrigen keine Mobiles oder Ähnliches, was die Aufmerksamkeit der Kinder vom eigentlichen Geschehen ablenken würde. Dass Paula und die anderen Kinder in ihrer Krippengruppe beim Wickeln in der Regel konzentriert bei der Sache sind, liegt mutmaßlich auch daran, dass sie dazu angehalten werden, sich an dem Vorgang aktiv zu beteiligen.

Dilara und ihre Kolleginnen versuchen, die Kinder in alle pflegerischen Aktivitäten einzubinden. So achten sie beispielsweise, wenn sie die sieben Monate alten Nadeschda und Michel füttern, stets darauf, dass sie den Löffel niemals in den Mund der Kinder führen, sondern ihn nur so hinhalten, dass diese selbst ihren Mund zum Löffel bewegen müssen. Auf diese Weise wirken die Kinder aktiv bei der Nahrungsaufnahme mit und können gleichzeitig ohne Mühe signalisieren, wann sie nichts mehr essen mögen. Die Kinder erfahren die Nahrungsaufnahme so als eine Handlung, in der sie selbst die Kontrolle über das Essen haben. Sie erfahren, dass „sie essen“ (also aktiv sind), und nicht, dass „sie gefüttert werden“ (also passiv sind).

Pädagogische Fachkräfte können Krippenkindern vielfältige Gelegenheiten eröffnen, punktuell mitzuhandeln und mitzuentscheiden – auch bei alltäglichen Aufgaben, die die ganze Gruppe betreffen.

Beobachten Sie im Alltag,

- wann die unter dreijährigen Kinder durch ihr Handeln zeigen, dass sie mithelfen wollen. Was sind das für Situationen, in denen dies geschieht? Wie reagieren Sie und Ihre Kolleginnen darauf?
- wann Sie und Ihre Kolleginnen die Kinder darum bitten zu helfen. Was sind das für Situationen? Wie reagieren die Kinder darauf?
- wann Sie und Ihre Kolleginnen die Kinder außerdem noch bitten könnten zu helfen. Was sind das für Situationen? Warum tun Sie es nicht?

Die Kinder können etwa beim Tischeputzen genauso helfen wie beim Aufräumen.

Paula und Han haben die Kiste mit den Bauklötzen ausgekippt, einige davon in zwei Kochtöpfe gefüllt und den Rest weiträumig auf dem Boden verteilt. „Na, ihr zwei, bald gibt es Essen", kündigt Dilara an. „Deshalb müssen wir hier gleich aufräumen." Wenig später nimmt sie die Kiste und beginnt, die verstreuten Bauklötze aufzulesen und hineinzulegen. „Paula, Han, jetzt wird aufgeräumt und dann gibt's Mittagessen", wiederholt sie dabei noch einmal.

Paula sieht Dilara zu, greift nach einem Bauklotz und hält ihn der Erzieherin hin. „Danke, Paula, das ist nett, dass du mir hilfst", sagt Dilara. „Du kannst den Klotz hier reintun." Bei diesen Worten schiebt sie die Bauklotzkiste in Paulas unmittelbare Reichweite.

„Han, hilfst du auch mit?", fragt Dilara. Der hat beide Kochtöpfe zu sich herangezogen und füllt wortlos Bauklötze hinein. „Du willst, dass die Bauklötze in die Töpfe kommen", bemerkt Dilara freundlich. Dann weist sie auf die Töpfe und anschließend zum Regal und sagt: „Wenn du willst, kannst du die Bauklötze auch mit den Töpfen ins Regal stellen. Nur auf dem Boden sollen keine Sachen liegen bleiben."

Dilara gestaltet das Aufräumen nicht als verpflichtende Aufgabe für alle Kinder. Sie vertraut auf die grundlegende Bereitschaft der Kinder zu helfen. Die Voraussetzung dafür, dass Paula Dilara beim Aufräumen der Bauklötze erfolgreich helfen kann, ist, dass Dilara das Hilfsangebot von Paula – ihr einen Bauklotz hinzuhalten – zunächst überhaupt als ein solches wahrnimmt. Daraufhin arrangiert Dilara die Situation so, dass es Paula leichter fällt mitzumachen, indem sie die Bauklotzkiste so platziert, dass Paula sie gut erreichen kann.

Dilara versucht, auch Han an der Aufgabe zu beteiligen. Aus dessen Handlungen ist nicht ohne Weiteres abzulesen, ob er lediglich die von ihr vorgegebene Weise des Aufräumens variiert, indem er die Bauklötze in die Töpfe legt statt in die dafür vorgesehene Kiste, oder ob er gar nicht aufräumen, sondern lieber weiter seinem Spiel nachgehen möchte. Damit steht die Frage im Raum, wer darüber entscheidet, ob und wie aufgeräumt werden soll. Muss Han sein Spiel unterbrechen, um mit aufzuräumen? Müssen die Bauklötze und die Töpfe aus dem Weg geräumt werden? Müssen sie dafür ins Regal geordnet werden? Müssen die Bauklötze immer in die Kiste zurückgelegt werden, in die sie gehören? Dilara bringt zum Ausdruck, dass sie nicht bereit ist, eine Ausnahme von der Regel zuzulassen, dass vor dem Mittagessen aufgeräumt wird; sie gesteht Han aber zu mitzuentscheiden, wie das geschieht. Damit begrenzt sie zwar Hans Entscheidungsmöglichkeiten, schafft aber zugleich einen Verhandlungsspielraum, der es gegebenenfalls sogar ermöglicht, dass Han sich mit Dilara über das weitere Vorgehen verständigen kann, wenn er ursprünglich lieber weitergespielt hätte als aufzuräumen.

Es zuzulassen und herauszufordern, dass unter dreijährige Kinder bei all den zu erledigenden Aufgaben im Krippenalltag mitmachen und auch – zumindest teilweise – mitentscheiden, kostet oftmals Zeit, erleichtert manchmal aber auch die Erledigung einer Tätigkeit und ist in aller Regel wie auch bei den älteren Kindern eine lohnenswerte Investition in die Zukunft.

Aufgaben und Herausforderungen transparent gestalten

Neben der verlässlichen Präsenz der ihnen vertraut gewordenen Fachkräfte und einer stabilen Zusammensetzung der Kindergruppe sind für unter Dreijährige auch transparent gestaltete Zeit- und Raumstrukturen wichtig. Für die Kinder wird der Alltag in der Krippe durchschaubar und berechenbar, wenn der Tag durch wiederkehrende Rituale und Abläufe gleichbleibend rhythmisiert ist und in den Räumen jedes Ding einen (seinen) Platz hat und dadurch ersichtlich ist, was man wo machen kann. Solche Transparenz gibt ihnen Sicherheit und erleichtert es, sich in der Einrichtung selbsttätig zu bewegen (vgl. Kleemiß 2011).

Dilara und ihren Kolleginnen ist es ein Anliegen, dass vor dem Mittagessen aufgeräumt wird, damit die gemeinsame Mahlzeit in einer geordneten Atmosphäre stattfinden kann. Dieses Ritual wiederholt sich an jedem Tag auf die gleiche Weise: Dilara kündigt an, dass das Aufräumen kurz bevorsteht, und beginnt kurz darauf in aller Ruhe die Materialien einzusammeln. Dafür nimmt sie sich genügend Zeit, bittet die Kinder, sie zu unterstützen, und bedankt sich immer wieder für deren Hilfe. Weil Dilara jedes Mal vor dem Essen aufräumt, wissen die Kinder, was jetzt passiert und was zu tun ist. Sie können leicht erkennen, was wohin gehört, da die Materialien in durchsichtigen Kisten in offenen Regalen in Reichweite der Kinder untergebracht sind. Auf den Kisten sowie an deren Plätzen in den Regalen befinden sich zudem Fotos der jeweiligen Materialien. Und durch Dilaras Verhalten wissen die Kinder auch, dass ihre Hilfe bei dieser Tätigkeit erwünscht ist.

Die Transparenz entsteht in dieser Situation durch die Ordnung im Raum, die wiederkehrende Routine und das eindeutige Verhalten der pädagogischen Fachkraft. Je jünger die Kinder sind, desto wichtiger ist es, dass die Abläufe für sie transparent und verlässlich gestaltet sind. Schon kleine Veränderungen können sie manchmal sehr verunsichern. Daher sollten die Fachkräfte die Krippenräume auch möglichst nur in Anwesenheit und unter Mitwirkung der Kinder umgestalten.

Überdenken Sie gemeinsam im Team, wie transparent und verlässlich
- die Möbel und Materialien im Raum angeordnet sind,
- Routinen erledigt und Rituale durchgeführt werden,
- Sie selbst sich in wiederkehrenden Situationen verhalten.

Zur transparenten Gestaltung der Räume sollen häufig auch Visualisierungen der Materialien auf den jeweiligen Kisten und an den Regalen beitragen. Damit Kinder dieses Hilfsmittel bei der Suche von Materialien oder beim Aufräumen sicher nutzen können, müssen sie die „doppelte Natur von Bildern" verstehen: „Ein Bild ist einerseits ein materielles (zweidimensionales) Objekt, andererseits zeigt es etwas anderes als sich selbst. Diese Erkenntnis scheint [...] spätestens mit 1 1/2 Jahren vorhanden zu sein" (Schneider und Lindenberger 2012: 708). Zwar können auch jüngere Kinder Gesichter von Personen, die sie zuvor real gesehen haben, auf Fotos wiedererkennen; aber noch mit neun Monaten berühren Kinder in Bildern dargestellte Objekte so, als ob sie sie herausholen wollen (vgl. ebd.). Ältere Krippenkinder verstehen jedoch die Zeichenfunktion solcher Medien zunehmend besser, sodass symbolhafte Darstellungen auch eingesetzt werden können, um ihnen Engagementmöglichkeiten transparent zu machen.

Die älteren Krippenkinder in der grünen Gruppe helfen gern beim Tischdecken. Sie holen das Geschirr und das Besteck vom Teewagen und tragen es zum Tisch. Vor allem der zweieinhalbjährige Mika ist immer dabei. Allerdings gelingt es ihm noch nicht, den Tisch „richtig" zu decken. Messer, Gabeln, Löffel, Teller und Becher stehen und liegen bunt durcheinandergewürfelt auf dem Tisch.

Dilara möchte Mika und die anderen Kinder unterstützen, den Tisch selbstständig so zu decken, dass sie nicht jedes Mal nachbessern muss. Sie hat dazu auch schon eine Idee: Sie fotografiert einen fertig gedeckten Essplatz, bei dem alles sinnvoll angeordnet ist[2]. Anschließend vergrößert sie das Bild im Computer und druckt es im A3-Format mehrfach aus. Sie laminiert die Ausdrucke, und so entstehen Tischsets, auf denen die Anordnung des Geschirrs sichtbar ist. Als Dilara Mika die Funktion der Tischsets demonstriert, ist dieser von der neuen Herausforderung begeistert. Er bemüht sich jetzt, beim Tischdecken alles so zu verteilen, wie es auf den Fotos vorgegeben ist. Dilara muss ihm kaum noch hinterherräumen.

2 Dilara und ihre Kolleginnen achten beim Tischdecken darauf, dass die Bestecke oder der Henkel des Bechers so angeboten werden, dass die Kinder nicht beeinflusst werden, sondern selbst entscheiden können, welche Hand sie benutzen. So unterstützen sie sie, ihre Händigkeit frei zu entwickeln.

Auch für unter dreijährige Kinder kann es so schon gelingen, komplexe Handlungsanforderungen visuell zu veranschaulichen, um ihnen eine selbstständige Ausführung zu erleichtern.

Aufgaben und Herausforderungen demokratisch gestalten

Auch in der Arbeit mit unter dreijährigen Kindern ist das vorrangige Ziel des Konzepts „Mitentscheiden und Mithandeln in der Kita", das Engagement der Kinder für sich und für andere demokratisch zu gestalten. Es geht also hier – wie bei den älteren Kindergartenkindern – ebenfalls darum,

- Beteiligungs- und Engagementprojekte so zu planen, dass die Kinder dabei mitwirken können,
- Partizipations- und Engagementrechte der Kinder in einer Kita-Verfassung zu verankern und
- mit Regeln und Beschwerden der Kinder demokratisch umzugehen.

Beteiligungs- und Engagementprojekte planen. Grundsätzlich kann auch unter dreijährigen Kindern ermöglicht werden, sich in Beteiligungs- und Engagementprojekten zu engagieren, wenn sie entsprechend begleitet werden. Bei der Planung des Projektverlaufs können die pädagogischen Fachkräfte dabei zunächst genauso vorgehen, wie es in Kapitel 4.4 für solche Projekte mit älteren Kindern beschrieben wird.

Nachdem im Kindergarten eine Krippengruppe eröffnet wurde, soll nun das Außengelände um eine angrenzende, brachliegende Fläche mit spärlichem Grasbewuchs erweitert werden. Die Fachkräfte wollen gemeinsam mit den Kindern entscheiden, wie die kleine Fläche künftig genutzt werden soll, und sie anschließend nach Möglichkeit auch an der Umgestaltung beteiligen. Dafür wollen sie zunächst gemeinsam mit den Kindern

- Ideen sammeln, was man dort alles machen könnte,
- entscheiden, welche Idee verwirklicht werden soll,
- klären, was dafür benötigt wird und woher man das bekommt,
- um dann die entsprechende Gestaltung vorzunehmen.

Dilara und ihre Kolleginnen aus der Krippengruppe regen an, dass auch die unter Dreijährigen mitmachen sollen.

Als die Fachkräfte beginnen, erste methodische Ideen für die Gestaltung des Beteiligungs- und Engagementprozesses zu diskutieren, wird rasch deutlich, dass die Mitwirkung der Kinder in der Krippe anders verlaufen muss als bei den Drei- bis Sechsjährigen. Letzteren könnte man beispielsweise Bilder von verschiedenen Aktionen – Fußball spielen, Gärtnern oder Höhlenbau – zeigen, um sie dazu anzuregen, sich eigene Gedanken über die künftige Nutzung des Geländes zu machen. Mit den meisten unter dreijährigen Kindern dürfte das so kaum gelingen, weil sich ihnen die komplexe, abstrakte Bedeutung der Bilder (als potenzielle Ideen für eine künftige Nutzung des Geländes) kaum erschließen würde und sie nur schwer zum Ausdruck bringen könnten, was die Bilder in ihnen angeregt haben. Daher beschließen die Fachkräfte, die methodische Planung der Kinderbeteiligung für die Krippe und den Kindergarten getrennt auszuarbeiten.

Für das Krippenteam stellt es bereits eine große Herausforderung dar, den Kindern das Projektziel und den geplanten Projektverlauf transparent zu machen.

Dilara erinnert sich an ihren Erfolg mit den Tischsets und fotografiert das neue Gelände aus der Augenhöhe von Krippenkindern, druckt das Bild so groß es geht aus und laminiert es. Dann fertigt sie kleine Zeichnungen von einem Ball, einer Schaufel und einem Pfadfinderzelt an. Ausgestattet mit diesen Utensilien sowie einer Rolle Klebestreifen begibt sie sich mit den Krippenkindern genau an die Stelle, von der aus sie das große Foto geschossen hat. Sie zeigt den Kindern das Foto und dann das Gelände, bis sie den Eindruck gewinnt, dass zumindest einige Kinder den Zusammenhang erkennen. Dann klebt sie nacheinander die Zeichnungen auf das laminierte Bild und teilt den Kindern mit, dass sie mit ihnen überlegen will, was sie dort am besten spielen könnten. Während einige der älteren Kinder ihr anscheinend interessiert lauschen und Mika sich ganz begeistert über den Fußball äußert, wenden sich viele der jüngeren bald anderen Dingen zu und beginnen zu spielen.

Dilaras fantasievoller Versuch, das abstrakte Ziel eines in der Zukunft startenden Planungsprozesses visuell zu veranschaulichen, erreicht offensichtlich nicht alle Kinder; und auch bei den älteren Kindern bleibt offen, ob sie die Tragweite der Information bereits verstanden haben. Doch Dialara plant, das Geländefoto im weiteren Projektverlauf immer wieder in dieser Art einzusetzen, und hofft, dadurch zumindest einigen Kindern nach und nach das Ziel und den Verlauf des gesamten Projekts verständlich zu machen.

Um zu ergründen, welche Spielangebote für die jungen Kinder auf dem neuen Gelände besonders attraktiv sein könnten, macht die Krippengruppe in den kommenden Wochen zahlreiche Ausflüge an sehr verschiedene Orte: auf Spielplätze, in den Wald, in eine Gärtnerei. Die Fachkräfte halten sich dort sehr zurück, lassen die Kinder die jeweiligen Gegebenheiten nach Belieben nutzen und beobachten sie dabei genau. Wenn sie den Eindruck haben, dass etwas die Kinder sehr in den Bann zieht, fotografieren sie die Kinder bei dieser Beschäftigung. Die Fotos will Dilara dann – wie zuvor ihre ersten Zeichnungen – auf das Bild des neuen Außengeländes pinnen, um den Kindern nahezubringen, dass das, was sie auf dem Foto machen, künftig auch hier geschehen könnte.

Der heutige Ausflug führt Dilara und ihre Kolleginnen mit den Kindern auf einen sogenannten Seniorenspielplatz. Dort sind vor und neben einigen Sitzbänken verschiedene Trimmgeräte aufgestellt. Die Fachkräfte beobachten aufmerksam, wie die Kinder den Platz nutzen. Zu ihrem Erstaunen interessieren sich die wenigsten für die technischen Geräte, an denen es doch zahlreiche bewegliche Hebel und Pedale gibt. Die Mehrzahl der Kinder verweilt dagegen lange Zeit bei der Begrenzung des Platzes: einem breiten Streifen, der mit zahllosen unterschiedlich großen Kieselsteinen ausgelegt ist. Die Kinder heben die Steine auf, drehen sie um, häufen sie aufeinander, scheinen sie zu ordnen, zu Formen zusammenzulegen und vieles mehr.

Es gab bei den bisherigen Ausflügen nur wenige Situationen, in denen so viele Krippenkinder sich so ausdauernd und versunken mit etwas beschäftigt haben. Dilara fotografiert die Kinder eifrig bei ihrer konzentrierten Tätigkeit.

Die pädagogischen Fachkräfte haben eine Möglichkeit gefunden, wie die noch wenig sprachfähigen Kinder ihnen nonverbal Mitteilungen über ihre Interessen bezüglich einer bestimmten Fragestellung machen können: Sie schaffen Situationen, die eine Relevanz für das zu bearbeitende Thema haben, und geben den Kindern durch ihre eigene Zurückhaltung die Gelegenheit, sich durch ihr selbstbestimmtes Handeln spezifisch dazu zu äußern. Diese Äußerungen können die Fachkräfte beobachten, dokumentieren und anschließend interpretierend auswerten.

Später pinnt Dilara mit den Kindern einige Fotos von dem Ausflug auf das laminierte Bild des Geländestücks, was zur Folge hat, das einige der älteren Kinder lebhaft von den Steinen erzählen. Dilara und ihre Kolleginnen kommen anlässlich dieses Ausflugs zu der Überzeugung, dass Steine aus Sicht vieler Krippenkinder bei der Gestaltung des neuen Stücks Spielgelände eine Rolle spielen sollten. Diese Einschätzung teilen sie auch ihren Kolleginnen aus dem Kindergartenbereich mit.

Einige Tage später kommen Leon, Jelena und die anderen Kinder aus der blauen Gruppe an einer Baustelle mit einem Bauarbeiter ins Gespräch. Die Kinder haben einen Haufen Betonpflastersteine entdeckt, die zum Teil angeschnitten, zum Teil abgeschlagen sind. „Könnt ihr die gebrauchen?", fragt der Mann und fügt schmunzelnd hinzu: „Die könnt ihr alle mitnehmen." Die Kinder sind begeistert, und Anja, in der der Bericht der Krippenkolleginnen nachhallt, schlägt vor, dass sie die Steine mit ihrem Bollerwagen abholen. Sie müssen einige Male hin- und herfahren, bis sie alle Steine abtransportiert haben. Und so liegt am Nachmittag ein großer Haufen schwerer, kantiger Betonpflastersteine auf dem neuen Gelände.

Als der 20 Monate alte Han und seine gleichaltrige Freundin Sarah am nächsten Morgen den Steinhaufen entdecken, laufen sie sofort dorthin. Dilara ist unsicher, ob sie den Kindern gestatten kann, damit zu spielen. Die Verletzungsgefahr scheint ihr aufgrund des Gewichts der Steine und ihrer rauen Kanten erheblich. Doch sie hält sich auch diesmal zurück und beobachtet zunächst, was die beiden mit den Steinen anfangen. Sarah und Han reihen sie vorsichtig und geschickt zu einem windschiefen Rechteck um sich herum. Aus den Worten, mit denen sie ihr Spiel begleiten, erfährt Dilara, dass sie ein Haus bauen. Sarah türmt schließlich einige Steine aufeinander und krönt den Turm mit einem spitzen Stein. „Das ist das Ssloss" (Schloss), verkündet sie stolz.

Der Steinhaufen wird schnell zu einer Attraktion auf dem gesamten Außengelände. Jungen und Mädchen aus der Krippe und aus den Kindergartengruppen scheinen davon angezogen zu werden. Die grundlegende Entscheidung, was auf dem neuen Geländestück geschehen soll, scheint gefallen zu sein.

Aus dem Steinhaufen entwickelt sich im weiteren Projektverlauf eine „Baustelle“. Es kommen andere Steine, Lehm (unter anderem zum Mauern), Rohre, Bretter und weitere Materialien hinzu. Es werden Werkzeuge angeschafft. Und zu guter Letzt sorgen einige Kindergartenkinder dafür, dass noch eine kleine Hütte aus einem anderen Bereich des Außengeländes als „Bauarbeiterhütte“ hierhergeschafft wird.

Den entscheidenden Impuls zu dieser Entwicklung gaben die Krippenkinder. Möglich wurde das, weil es Dilara und ihren Kolleginnen gelungen ist, die unter dreijährigen Kinder mit Methoden, die genau auf diese Zielgruppe zugeschnitten waren, in das Beteiligungs- und Engagementprojekt einzubinden.

> Überprüfen Sie, wann auch die unter dreijährigen Kinder in ein Beteiligungsprojekt in der Kita einbezogen werden sollten, weil sie von der jeweiligen Thematik betroffen sind. Entscheiden Sie, in welchen Projektschritten die Kinder mitentscheiden und mithandeln sollen, und gestalten Sie den Meinungsbildungs- und Entscheidungsprozess spezifisch für diese Altersgruppe.

Partizipation und Engagement in einer Kita-Verfassung strukturell verankern. Bei der Erarbeitung einer Kita-Verfassung werden im ersten Schritt auch die Mitentscheidungsrechte der unter dreijährigen Kinder geklärt, um dann im zweiten Schritt herauszuarbeiten, wie ihre Interessen in die Beteiligungsgremien und -verfahren einfließen sollen (vgl. Hansen, Knauer und Sturzenhecker 2011).

Grundsätzlich gelten die in einer Kita-Verfassung verankerten Rechte für alle Kinder in der Einrichtung, also auch für die Null- bis Dreijährigen. Viele Themenbereiche, für die dort die Mitentscheidungsrechte der Kinder geklärt werden, betreffen ja tatsächlich auch alle Kinder. Die pädagogischen Fachkräfte können aber auch einzelne Rechte formal so einschränken, dass sie ausdrücklich nur bestimmten (Alters-)Gruppen vorbehalten sind.

Haben die Fachkräfte die Rechte der Kinder – beispielsweise über die Gestaltung der Innen- und Außenräume der Einrichtung mitzuentscheiden – nicht altersspezifisch differenziert, stehen sie wie Dilara und ihre Kolleginnen, als ein neues Stück Außengelände gestaltet werden soll, vor der Herausforderung, die jeweiligen Beteiligungs- und Engagementprozesse methodisch so zu differenzieren, dass alle Kinder daran mitwirken können. Das gilt im Übrigen auch für Kinder, die der deutschen Sprache noch nicht mächtig sind oder die individuell so beeinträchtigt sind, dass sie die üblichen Verfahren nicht nutzen können. Hier wird deutlich, dass Partizipations- und Engagementprozesse stets inklusiv gestaltet werden müssen, um nicht Teile der Kinder von den ihnen zustehenden demokratischen Rechten auszuschließen.

Allerdings sind pädagogische Fachkräfte in der Regel nicht bereit, allen Kindern jeweils dieselben Rechte zuzugestehen. Im Themenbereich Mahlzeiten haben die Kinder in der blauen, der gelben und der roten Gruppe das Recht, selbst zu entscheiden, wann sie in einem von den Fachkräften festgelegten Zeitrahmen ihr Frühstück einnehmen. Die Kinder in der grünen Krippengruppe haben dieses Recht nicht, da Dilara und ihre Kolleginnen es für wichtig erachten, dass die Mahlzeiten für die jungen Kinder zunächst als gemeinsame Rituale im Tagesablauf erfolgen.

Auch beim Themenbereich Kleidung haben sich die pädagogischen Fachkräfte nicht durchringen können, den Null- bis Dreijährigen dieselben Selbstbestimmungsrechte einzuräumen wie den älteren Kindern. Diese dürfen weitgehend – wenn auch nicht uneingeschränkt – selbst entscheiden, wie sie sich beim Spielen im Außengelände kleiden. Für die Krippenkinder hingegen gilt, dass nur diejenigen, „die bereits sicher aufrecht gehen können“, selbst bestimmen dürfen, wie sie sich bei trockener Witterung im Außengelände kleiden (und auch hier gibt es noch weitere Einschränkungen). Bei feuchter Witterung aber hat gar kein Krippenkind das Recht über seine Bekleidung im Freien mitzuentscheiden (für die genauen Formulierungen siehe Kita-Verfassung im Anhang).

Außerdem gibt es Themen, die ausschließlich oder überwiegend einen bestimmten Teil der Kinder betreffen und in der Arbeit mit den übrigen Kindern keine oder nur eine untergeordnete Rolle spielen. Regelungen bezüglich der Hausaufgaben, die in einer Einrichtung gemacht werden, sind zum Beispiel nur für Hortkinder von Belang. Und das Thema Wickeln bezieht sich fast ausschließlich auf die unter Dreijährigen.

Das Wickeln spielt in der grünen Krippengruppe während der Eingewöhnung eine wichtige Rolle, wenn die Mutter oder der Vater dem Kind signalisiert, dass die Fachkraft eine vertrauenswürdige Person sei, der das Kind so einen intimen Eingriff erlauben könne. Dilara und ihre Kolleginnen fragen sich daher, ob die Kinder nicht grundsätzlich das Recht haben sollten, selbst oder mit zu entscheiden, ob, wann oder von wem sie gewickelt werden.

„Also, wenn ein Kind gerade nicht mitkommen will zum Wickeln, frage ich einfach zehn Minuten später noch mal nach", überlegt Dilara. „Und wenn es von mir nicht gewickelt werden will, weil wir vielleicht gerade einen Streit hatten, übernehmt ihr das doch. Aber wenn die Windel voll ist, und das Kind gar nicht gewickelt werden will?! Das geht doch nicht. Dann wird es doch wund." – „Ja, aber wenn ein Kind wirklich nicht will und das nicht freiwillig über sich ergehen lässt", gibt ihre Kollegin zu bedenken, „was willst du denn da machen? Stell dir das doch mal vor: Du hast ein Kind auf dem Wickeltisch, das schreit und zappelt und versucht die ganze Zeit, sich dir zu entwinden. Das geht doch auch nicht."

Wenn es ums Essen, um die Kleidung, ums Schlafen oder ums Wickeln der Jüngsten geht, fällt es pädagogischen Fachkräften (aber auch Eltern, siehe Kapitel 6) besonders schwer, den Kindern Mit- oder gar Selbstbestimmungsrechte einzuräumen. Bei diesen Themen besteht die Gefahr, dass eine – grundsätzlich durchaus begrüßenswerte – fürsorgliche Haltung unnötigerweise verhindert, dass die Kinder eigenverantwortlich handeln können. Viele Erwachsene gehen fälschlicherweise davon aus, dass sie immer am besten wissen, was für ein Kind gut ist, und dafür sorgen müssen, dass es das auch bekommt.

„Aber Kinder müssen in der Regel gar nicht zu ihrem ‚Glück' gezwungen werden. Meist steht in solchen Situationen nämlich weniger die vermeintliche Unvernunft der Kinder als vielmehr der von den Erwachsenen inszenierte Machtkampf einer einvernehmlichen Lösung des Problems im Wege. So berichtete eine Mutter während eines Elternabends, dass sie ihre unter Neurodermitis leidende Tochter lange Zeit nur unter Anwendung körperlicher Gewalt wickeln konnte, da das Kind sich stets energisch gegen die schmerzvolle Prozedur zur Wehr setzte. Ihr Kinderarzt gab der verzweifelten Mutter schließlich den Rat, ihre Tochter nicht mehr zum Wickeln zu drängen. Als sie ihr daraufhin das Recht gewährte, selbst zu entscheiden, ob und wann sie gewickelt wird, ließ sich das Mädchen nach einiger Zeit trotz der weiterhin vorhandenen Schmerzen freiwillig wickeln" (Hansen 2013: 68).

Die Erarbeitung einer Kita-Verfassung bietet einem Fachkräfteteam eine hervorragende Gelegenheit, die Beteiligungs- und Engagementrechte der Kinder gerade bezüglich der Themen zu klären, die in der Arbeit mit Säuglingen und Kleinkindern eine herausragende Bedeutung haben: jenen Themen, die um die Pflege der Kinder kreisen.

Wählen Sie im Team einen Themenbereich aus, der die Pflege der unter dreijährigen Kinder betrifft und für den Sie deren Mitentscheidungsrechte klären wollen. Differenzieren Sie verschiedene Entscheidungskomplexe dieses Bereichs. Diskutieren Sie für jeden Entscheidungskomplex, was dafür oder dagegen spricht, die Kinder hier selbst oder mit entscheiden zu lassen. Grenzen Sie die Mitentscheidungsrechte der Kinder inhaltlich oder formal so weit ein, bis jede bzw. jeder von Ihnen mit der Lösung einverstanden ist.

Neben den Rechten der Kinder wird in einer Kita-Verfassung auch geklärt, wie ihre Vorstellungen in den Gremien und Verfahren zur Geltung gelangen. Aber können null- bis dreijährige Kinder sich schon „politisch" engagieren?

Welche Verfahren der formellen Mitbestimmung in Gremien könnten für Krippenkinder geeignet sein? Können sie ihre Interessen in einer Gruppenkonferenz zum Ausdruck bringen und mit anderen aushandeln? Können sie alternative Möglichkeiten gegeneinander abwägen und eine bewusste Entscheidung fällen? Können sie Delegierte für ein repräsentatives Gremium wählen? Können sie ihre Gruppe in einem solchen Gremium vertreten?

Für alle, aber besonders für die jüngsten Kinder in der Kita gilt, dass sie Partizipation und gesellschaftliches Engagement erst lernen müssen. Allerdings können Kinder Demokratie nur lernen, indem sie Demokratie praktizieren. Will man Demokratiebildung fördern, geht es also auch darum, die Kinder nach und nach mit ihren Mitentscheidungsrechten vertraut zu machen und sie an demokratische Verfahren und Gremienarbeit heranzuführen.

Da Gespräche erst bei dreijährigen Kindern „eine echte soziale Qualität" erlangen, wäre es eine Überforderung, würde man von Kindern im Krippenalter erwarten, ihre Interessen in einem Gruppengespräch auszuhandeln – auch wenn einzelne ältere Krippenkinder bisweilen durchaus dazu in der Lage sind. Die meisten Kinder in dieser Altersspanne können ihre Interessen nur in konkreten Situationen mit den jeweils beteiligten Personen aushandeln. Dabei machen sie Angebote, nehmen diese an oder lehnen sie ab, indem sie handeln. „Aushandlungen der Kinder haben die Form des konkreten Handelns" (Dittrich, Dörfler und Schneider 2001: 151).

Dennoch können auch in Krippengruppen Vorformen offener Gruppenversammlungen durchgeführt werden, an denen die Kinder so lange teilnehmen können, wie es ihnen behagt. Dabei geht es in erster Linie darum, nach und nach eine Gesprächskultur in der Gruppe zu entwickeln.

„In einer Krippengruppe mit ein- bis dreijährigen Kindern entwickelte sich das gemeinsame Frühstück über Monate zu einer Gesprächsrunde, in der die Kinder bis zu dreißig Minuten miteinander einen Gesprächsfaden verfolgen konnten – wenn auch auf allerlei Umwegen. Zu Beginn wies der Erzieher die Kinder immer wieder darauf hin, dass zum Beispiel Jonas gerade redet, und forderte sie auf, ihm zuzuhören, weil der so Interessantes zu berichten hat. Er bat die einzelnen, die anderen Kinder direkt anzusprechen: ‚Frag doch Klara selbst!' Er ermutigte Manuel (bedrängte ihn aber nicht), zu wiederholen, was er gerade gesagt hat, oder griff selbst einen Beitrag auf und ‚übersetzte' ihn. Der Erzieher bremste Nele lachend, wenn sie anderen gar zu stürmisch ins Wort fiel, sorgte aber auch dafür, dass sie zu Wort kam, bevor sie alles wieder vergessen konnte. Nach und nach entwickelten so ein- bis dreijährige Kinder eine Gesprächskultur" (Hansen, Knauer und Sturzenhecker 2011: 287).

In altersgemischten Gruppen, in denen Kinder von null bis sechs Jahren gemeinsam betreut werden, ist es in der Regel üblich, dass auch die jüngeren Kinder zu den Gruppenkonferenzen gebeten werden. Häufig verfolgen sie die Gespräche der älteren eine Weile und suchen sich dann eine andere Beschäftigung. Durch ihr Dabeisein machen sie aber schon erste Erfahrungen mit der Gremienarbeit, können nach und nach hineinwachsen und überraschen die Fachkräfte manchmal unerwartet früh mit angemessenen inhaltlichen Beiträgen.

In solchen Konstellationen erleben die jüngeren Kinder auch schon demokratische Entscheidungsverfahren, etwa über die Auswahl der Speisen für ein Fest oder die Wahl von Gruppensprechern für ein Kinderparlament. Wenn die Alternativen, die zur Wahl stehen, wie bei der Wahl der Gruppensprecher im Bilderbuch „Jelena im Kinderparlament", ausreichend konkret veranschaulicht werden (zum Beispiel durch Fotos der Kandidaten), und auch die Stimmabgabe durch eine nachvollziehbare Handlung erfolgt (einen Stein auf eines der Fotos legen), können und wollen auch unter Dreijährige oftmals bei der Wahl mitmachen. Dabei kann es passieren, dass ein Kind seinen Abstimmungsstein nicht wieder hergeben will (und sich damit – auch wenn das nicht seine Intention ist – der Stimme enthält). Schon bei eineinhalbjährigen Kindern lässt sich aber immer wieder beobachten, dass sie ihren Stein gezielt einem der zur Wahl stehenden Bilder zuordnen. In mehreren Fällen entschieden sich Kinder dieses Alters erneut für dieselbe Alternative, die sie zuerst gewählt hatten, wenn die pädagogischen Fachkräfte sie noch ein zweites Mal vor die Wahl stellten, weil sie überprüfen wollten, ob die Kinder bereits eine bewusste Wahl treffen können.

Mit eineinhalb Jahren verstehen Kinder „die doppelte Natur von Bildern". Wenn auf den Bildern Personen oder Dinge abgebildet sind, die sie zuvor real kennengelernt haben, können sie die Bilder ihren Erfahrungen zuordnen. Und dann können sie auch eine Wahl treffen, welches der abgebildeten Kinder, Lebensmittel etc. ihnen besonders gut gefällt – auch wenn sie vielleicht noch nicht realisieren, dass die gewählten Lebensmittel in der kommenden Woche auf dem Festbüffet stehen oder die gewählten Kinder die Gruppe im Kinderparlament vertreten sollen. Das sollte jedoch kein Grund sein, ihnen ihr Wahlrecht vorzuenthalten. Erwachsene müssen ja schließlich auch nicht begründen, ob sie verstanden haben, worum es bei einer Bundes- oder Kommunalwahl geht, bevor sie wählen dürfen. Demokratie arbeitet immer mit einer Mündigkeitsunterstellung.

Schon Eineinhalbjährige können also recht kompetent ihr aktives Wahlrecht (also zu wählen) wahrnehmen. Ein passives Wahlrecht (also gewählt zu werden) räumen Fachkräfteteams unter dreijährigen Kindern in der Regel jedoch nicht ein. Diese können sich dann nicht als Delegierte für ein repräsentatives Beteiligungsgremium wählen lassen (womit sie in der Regel auch überfordert wären). Während sie in Gruppen mit einer Altersmischung von null bis sechs Jahren also immerhin mitentscheiden können, wer ihre Interessen in solch einem Gremium vertritt, stellt sich die Frage, wie die Interessen der Kinder aus reinen Krippengruppen dort eingebracht werden, wenn sie weder selbst kandidieren noch ihre Repräsentanten wählen können. In vielen Fällen übernehmen diese Aufgabe dann pädagogische Fachkräfte, die in der Krippengruppe arbeiten (selten auch ältere Kindergartenkinder als sogenannte „Krippenflüsterer“).

Die folgende Grafik zeigt, wie die grüne Krippengruppe im Kindergarten von Leon und Jelena in die Gremienarbeit eingebunden wird. Neben der Leitung und einer pädagogischen Fachkraft aus dem Kindergartenbereich nimmt auch eine Kollegin aus der Krippe am Kinderparlament teil. Diese Fachkraft kann von ein bis zwei Kindern begleitet werden, wenn es in der Krippe aktuell Kinder gibt, die daran bereits Interesse zeigen.

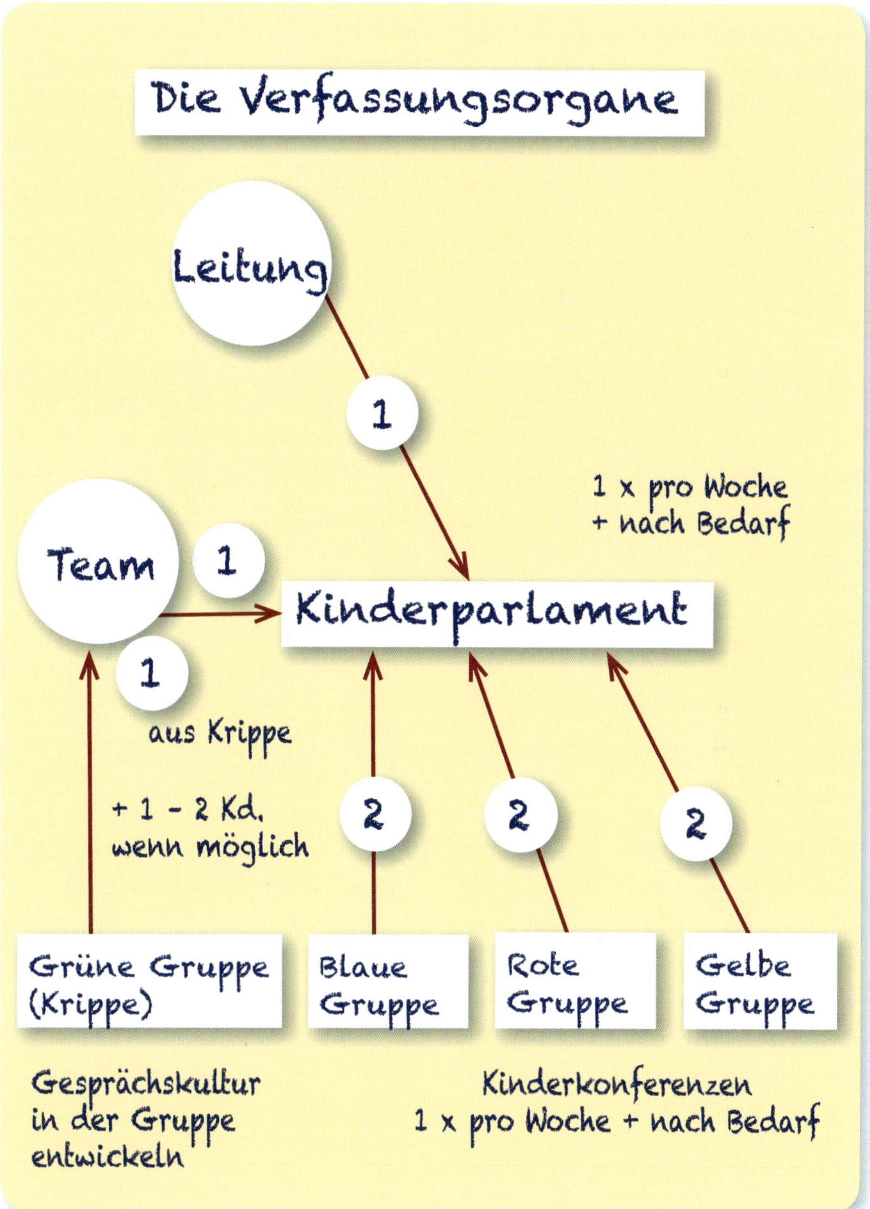
Die Verfassungsorgane
Leitung
1
1 x pro Woche
+ nach Bedarf
Team
1
Kinderparlament
1
aus Krippe
+ 1 - 2 Kd.
wenn möglich
2
2
2
Grüne Gruppe
(Krippe)
Blaue
Gruppe
Rote
Gruppe
Gelbe
Gruppe
Gesprächskultur
in der Gruppe
entwickeln
Kinderkonferenzen
1 x pro Woche + nach Bedarf

Mit Regeln und Beschwerden demokratisch umgehen. Auch in Krippengruppen gibt es trotz einer vorhandenen Kita-Verfassung meist den Bedarf nach weiteren und konkreteren Regeln. Doch die formulieren üblicherweise nur die Erwachsenen; mit unter dreijährigen Kindern kann man über Regeln kaum diskutieren – schon gar nicht jenseits konkreter Alltagssituationen. Regeln sind verbindliche Normen, die aus konkreten Erfahrungen abgeleitet und dann als allgemein geltend festgelegt werden. Zu solch einer Abstraktionsleistung sind Kinder aber bestenfalls zum Ende des Krippenalters ansatzweise in der Lage. Michael Tomasello weist darauf hin, dass sich die frühesten kindlichen Normen im Alter von rund drei Jahren das erste Mal beobachten lassen (vgl. Tomasello 2010: 42).

Gisela Dittrich, Mechthild Dörfler und Kornelia Schneider beobachteten in ihrer Videostudie bei ein- bis zweijährigen Kindern ein „Nicht-Annehmen von Regeln“:

> „Regeln, die von Erwachsenen gegenüber den Kindern ausgesprochen werden, werden von den Kindern nicht in ihrer Inhaltslogik begriffen, sondern sie halten sich an diese, um die Zuwendung der Erwachsenen nicht zu gefährden. Unter Kindern verweigern die Ein- bis Zweijährigen Regeln, wenn sie z.B. durch ältere Kinder an sie herangetragen werden, und versuchen [...], die Grenzen zu übertreten" (Dittrich, Dörfler und Schneider 2001: 152).

Die Forscherinnen führen dieses Handeln der Kinder darauf zurück, dass Regeln von ihnen fordern, „sich von ihrer gerade gewonnenen Erfahrung von Subjektivität zu trennen“ (ebd.) – von der Erfahrung: „Ich bin ich und du bist du und willst (manchmal) etwas anderes als ich“ (ebd.: 116). In dieser Entwicklungsphase würden die Kinder die Anerkennung ihrer Subjektivität durch die Erwachsenen einfordern. Wenn diese stattdessen die sachlichen Themen in den Mittelpunkt rücken, würden sie die Kinder irritieren und ihren Widerstand wecken (vgl. ebd.: 152).

Schauen wir in diesem Zusammenhang noch einmal die Szene an, in der die Erzieherin Dilara den 20 Monate alten Han zum Aufräumen bewegen möchte.

Paula und Han haben die Kiste mit den Bauklötzen ausgekippt, einige davon in zwei Kochtöpfe gefüllt und den Rest weiträumig auf dem Boden verteilt. Dilara beginnt nach vorheriger Ankündigung, die Bauklötze in die Kiste zu räumen. Paula hilft ihr dabei.

„Han, hilfst du auch mit?“, fragt Dilara. Der hat beide Kochtöpfe zu sich herangezogen und füllt wortlos Bauklötze hinein. „Du willst, dass die Bauklötze in die Töpfe kommen“, bemerkt Dilara freundlich. Dann weist sie auf die Töpfe und anschließend zum Regal und sagt: „Wenn du willst, kannst du die Bauklötze auch mit den Töpfen ins Regal stellen. Nur auf dem Boden sollen keine Sachen liegen bleiben.“

Hätte Dilara in dieser Situation darauf bestanden, dass Han der Regel entsprechend sein Spiel unterbrechen und die Bauklötze in die dafür vorgesehene Kiste legen müsse, hätte sie durchaus mit einer wütenden Reaktion des Jungen rechnen müssen, weil sie seine von ihrer Vorgabe abweichende Intention ignoriert hätte. Da sie aber anerkennt, dass er einen eigenen Willen hat – anders oder gar nicht aufräumen will –, und ihm auf dieser Basis entgegenkommt, öffnet sie das Tor zu einer einvernehmlichen Lösung.

Mit unter dreijährigen Kindern können Regeln nur auf der Beziehungsebene zwischen Fachkräften und Kindern in aktuellen, konkreten Situationen handelnd verhandelt werden. Dabei sollten die Fachkräfte gut abwägen, wann es wirklich erforderlich ist, eine Regel (konsequent) durchzusetzen. Dies ist sicher der Fall, wenn die Kinder durch einen Regelverstoß sich oder andere in Gefahr bringen. Will man jedoch Partizipation und Engagement von Kindern fördern, wird es meistens sinnvoller sein, ihnen die Verhandelbarkeit sozialer Normen zu demonstrieren, indem man ihre subjektiven Beiträge wahr- und ernst nimmt und Kompromisse mit ihnen sucht.

Wenn einer pädagogischen Fachkraft das einmal nicht gelingt, gerät sie leicht in einen Streit mit dem Kind, der sich rasch zu einem Machtkampf ausweiten kann. Die Wut oder der Rückzug, mit dem das Kind darauf reagieren mag, ist dann durchaus als Beschwerde gegen die aus seiner Sicht unangemessene Machtausübung der Fachkraft zu bewerten. Ein Beschwerdeverfahren für unterdreijährige Kinder, das eine reale Chance bietet, in solchen Situationen zu einer fairen und für das Kind nachvollziehbaren Lösung zu gelangen, muss zum einen unmittelbar im Hier und Jetzt ansetzen und bedarf zum anderen einer dritten Person, die sich einschaltet. Wenn pädagogische Fachkräfte sich verabreden, sich in solche eskalierenden Konflikte zwischen anderen Fachkräften und Kindern (nicht nur) in der Krippe schlichtend einzumischen, und dies in der Kita-Verfassung strukturell verankern, ist dies auch ein Beitrag dazu, um die entsprechenden Anforderungen des § 45 SGB VIII zu erfüllen.

6 Die Eltern beteiligen

Die pädagogische Arbeit mit Kindern in der Kita umfasst immer auch die Kooperation mit Müttern und Vätern. Professorin Carla Rinaldi, Präsidentin der Fondazione Reggio Children – Centro Loris Malaguzzi in Reggio Emilia, Italien, stellt fest: „Unsere Arbeit gilt allen drei Hauptdarstellern des Erziehungsprozesses: dem Kind, den Erziehern, den Familien" (zitiert nach Dreier 1999: 137).

Doch die Zusammenarbeit mit den Familien der Kinder stellt Kindertageseinrichtungen vor sehr unterschiedliche Herausforderungen. Einmal beklagen sich pädagogische Fachkräfte, dass es ihnen nicht in ausreichendem Maße gelingen will, Mütter und Väter für eine gemeinsame Erziehung und Bildung der Kinder zu gewinnen, ein andermal fürchten sie die häufige Einmischung und die hohen Erwartungen der Eltern. Die Fachkräfte wissen, dass Mütter und Väter ihre wichtigsten Partner in der Arbeit mit den Kindern sind, und gleichzeitig fühlen sie sich oft überfordert, die Zusammenarbeit mit Eltern partnerschaftlich zu gestalten.

Diese Ambivalenz wird besonders deutlich, wenn Kindertageseinrichtungen Partizipation und gesellschaftliches Engagement von Kindern fördern wollen, weil sie dadurch viele Eltern mit einem ungewohnten Kinderbild und einer unerwarteten pädagogischen Haltung konfrontieren, auf die auch die Elternschaft innerhalb einer Einrichtung in der Regel sehr unterschiedlich reagiert. Die pädagogischen Fachkräfte stehen dann vor der Frage: Wie wollen wir die Eltern an der Beteiligung ihrer Kinder beteiligen? Wie gewinnen wir sie für diese Idee und wie viel Einfluss können und müssen wir ihnen darauf gewähren?

Auf diese Fragen gibt es keine einfachen Antworten – sind die Familien der Kinder doch genauso vielfältig wie die Kinder selbst. Im Folgenden werden daher zunächst diese Vielfalt von Familien und einige sich daraus ergebende Anforderungen an die Gestaltung von Erziehungs- und Bildungspartnerschaften skizziert. Auf dieser Basis wird dann beschrieben, wie pädagogische Fachkräfte Eltern über Partizipation und Engagement ihrer Kinder informieren und die Mitentscheidungsrechte der Eltern in Bezug auf das Partizipations- und Engagementkonzept der Kita klären können.

Vielfalt von Familien und Anforderungen an Erziehungs- und Bildungspartnerschaften

An diesem Morgen erwartet Anja die Kinder in der Garderobe. Sie möchte einigen Eltern noch etwas mitteilen. Gerade werden Jelena, Sofia und Alessandro von ihren Müttern gebracht. Anja begrüßt die Kinder und die Frauen freundlich und sagt dann, an die Mütter gewandt: „Ich glaube, Ihre Kinder brauchen noch Wechselklamotten. Es wäre schön, wenn Sie die morgen mitbringen könnten. Wir gehen bestimmt wieder in den Garten."

„Ach, das habe ich ganz vergessen", erwidert Jelenas Mutter entschuldigend. „Ich bringe sie auf jeden Fall morgen mit. Ich habe auch noch ein paar Hosen, die Jelena zu klein sind. Soll ich die auch mitbringen? Vielleicht hat ein Kind einmal keine Wechselhose dabei."

Während Anja noch mit Jelenas Mutter spricht, verabschiedet sich Sofias Mutter schon mit einem knappen Gruß. Anja seufzt innerlich. „Bestimmt hat sie das morgen wieder vergessen", denkt sie.

Als auch Jelenas Mutter geht, tritt Alessandros Mutter an Anja heran: „Ich habe am Montag schon eine Wechselhose mitgebracht und die am selben Tag wieder mitbekommen, weil sie nass und voller Schlamm war. Es ist ja gut, wenn die Kinder einmal am Tag an die frische Luft gehen, aber Alessandro muss lernen, auf seine Sachen aufzupassen. Bitte achten Sie darauf, dass er sich nicht so schmutzig macht. Bei dem schlechten Wetter könnte er doch auch mal drinnen bleiben und etwas lernen. Er kommt doch bald in die Schule."

So, wie jedes Kind anders ist, unterscheiden sich auch die Lebensrealitäten von Müttern und Vätern. Keine Familie ist wie die andere; und auch die Ansprüche, die Eltern an die Kita stellen, sind verschieden: Da gibt es Eltern wie Jelenas Mutter, die ein sichtbares Interesse am Geschehen in der Kita zeigen, häufig den Kontakt mit den Fachkräften suchen und sich immer wieder gern mit Rat und Tat einbringen. Da gibt es Eltern wie Alessandros Mutter, die spezifische Erwartungen an die Arbeit der Fachkräfte und die Entwicklung und Bildung ihrer Kinder haben und ihren Unmut und ihre Wünsche deutlich artikulieren. Da gibt es aber auch Eltern wie Sofias Mutter, die sich scheinbar gar nicht für die Arbeit der Kita interessieren, immer schnell wieder weg sind, nur selten an Elternabenden teilnehmen und nicht einmal die erbetene Wechselkleidung mitbringen.

Die Konrad-Adenauer-Stiftung hat 2008 eine Studie mit dem Titel „Eltern unter Druck" veröffentlicht, in der zwei Fragen nachgegangen wird: „Wie geht es Eltern heute?" und „Was brauchen Eltern?" (Merkle und Wippermann 2008: 27). Dabei orientiert sich die Studie an den sogenannten Sinus-Milieus. Das sind Gruppen von Menschen, die sich bezüglich ihrer sozialen Lage (Bildung, Einkommen, Arbeitsverhältnisse, Wohnsituationen und anderes) sowie ihrer Lebensweisen und Lebensauffassungen ähneln. Mütter und Väter aus allen Milieus geben an, dass ihnen ihre Elternschaft einen großen Druck bereitet. In der Studie wird der vielfältige Druck, der auf Eltern lastet, wie folgt beschrieben:

- Bildungsdruck: Viele Mütter und Väter machen sich lange vor dem Schuleintritt ihrer Kinder bereits Sorgen über deren Weg im Bildungssystem. Das erfahren auch die pädagogischen Fachkräfte in Kindertageseinrichtungen. Immer wieder werden sie seitens der Eltern mit der Frage konfrontiert: „Hilft das meinem Kind später in der Schule?" Der Bildungsdruck führt häufig zu dem Wunsch, dass schon in der Kita „wie in der Schule" gelernt wird, die Kinder also gezielt auf die formale Bildung in der Schule vorbereitet werden.
- Erziehungsdruck: Zahlreiche Eltern sind verunsichert, wie sie ihre Kinder „richtig" erziehen. Sie wollen das Beste für ihr Kind. Aber was ist das Beste? Ist es besser, Kinder früh zu fördern und zu fordern, oder ist es besser, ihnen Raum für Spiel und eigene Entwicklung zu lassen? Ist es besser, Kindern klare Grenzen zu setzen oder möglichst viel mit ihnen auszuhandeln? Solche Fragen sind selten eindeutig zu beantworten – und doch müssen sich Eltern immer wieder entscheiden, wie sie ihre Kinder erziehen. Auch mit diesen Fragen kommen sie in die Kita und suchen Unterstützung – oder behaupten, den richtigen Weg zu kennen.
- Vereinbarkeitsdilemma: Die Flexibilisierung von Arbeitsbedingungen erschwert es Eltern, Familienarbeit und Berufstätigkeit miteinander zu vereinbaren. Schichtarbeit, flexible Arbeitszeiten, Mobilitätserwartun-

gen stellen Mütter und Väter vor große Probleme. Kitas stehen vor der Herausforderung, diese unterschiedlichen Bedarfe bei ihren Öffnungs- und Betreuungszeiten sowie den Anforderungen an die Mitarbeit der Eltern zu berücksichtigen.

- Finanzieller Druck: Vor allem Eltern aus den Milieus am unteren Rand der Gesellschaft spüren einen hohen Druck durch fehlende finanzielle Mittel. Finanzielle Notlagen belasten die betroffenen Familien existenziell und wirken sich auch auf den Umgang mit den Kindern aus sowie auf die Möglichkeiten, die Eltern ihren Kindern bieten können. Fachkräfte in Kitas erleben die Auswirkungen materieller Not, wenn Kinder beispielsweise nicht zu kostenpflichtigen Unternehmungen angemeldet werden, keine angemessene Kleidung haben oder ohne Frühstück in die Kita kommen.

Wie Eltern diesen Druck erleben und damit umgehen, ist in den insgesamt zehn Milieus allerdings verschieden. Da herrschen sehr unterschiedliche Vorstellungen davon, was eine „gute Mutter“ oder einen „guten Vater“ ausmacht, und es werden sehr unterschiedliche Erwartungen an die Arbeit von Kindertageseinrichtungen geäußert, die auch bei den pädagogischen Fachkräften ankommen. Um einen Eindruck dieser Vielfalt wiederzugeben, umreißen wir hier die Erwartungen an Kitas aus der Perspektive von Eltern aus drei Milieus:

- Die „Etablierten“: Diesem Milieu gehören rund 15 Prozent der Eltern an. Sie leben in eher soliden wirtschaftlichen Verhältnissen. Für sie gelten Pflichtbewusstsein und Selbstdisziplin als Voraussetzung für Erfolg. Sie sind bereit, beruflich und auch sozial Verantwortung zu übernehmen. Sie empfinden die Förderung ihrer Kinder in der Kita oft als unzureichend und führen diese daher auch privat fort, beispielsweise durch Musik- oder Fremdsprachenunterricht (vgl. Merkle und Wippermann 2008: 84 f.).
- Die „Bürgerliche Mitte“: Ihr gehören rund 19 Prozent der Eltern an. Wichtig ist ihnen unter anderem beruflicher Erfolg und privates Glück, was sie sich auch für ihre Kinder wünschen. Sie informieren sich umfassend über pädagogische Konzepte und versuchen, ihren Kindern möglichst gute Startchancen zu verschaffen. Dazu gehört die Erwartung an die Kita, gute Bildungsangebote bereitzuhalten (vgl. ebd.: 140 ff.).

- Die „Konsum-Materialisten“: Zu ihnen zählen rund zwölf Prozent der Eltern. Diese verfügen über eher begrenzte finanzielle Mittel und über einen geringeren schulischen Bildungsabschluss. Eltern dieses Milieus fühlen sich häufig sozial benachteiligt. Es dominiert ein klassisches Geschlechtsrollenverständnis. Auch der Anteil Alleinerziehender ist vergleichsweise hoch. Erziehung wird nicht als Aufgabe empfunden, über die man sich besondere Gedanken machen muss. Eltern dieses Milieus „setzen sich insgesamt eher wenig mit den Bedürfnissen, Talenten und Schwächen ihrer Kinder auseinander“ (ebd.: 178). Den Erzieherinnen gegenüber sind sie eher misstrauisch, „was möglicherweise auf der Sorge basiert, die eigene Auffassung einer ‚guten Kindererziehung‘ könne hinterfragt werden“ (ebd.).

Schon diese kurze Darstellung zeigt, mit welch einer breiten Palette an Erwartungen und Handlungsweisen pädagogische Fachkräfte konfrontiert sind. In den meisten Kindertageseinrichtungen finden sich Eltern aus verschiedenen Milieus. Mütter und Väter finden sich in ihrer Mehrzahl ja nicht aufgrund gemeinsamer Interessen oder Lebensentwürfe in einer Kita ein. Die Zusammensetzung der Elternschaft verläuft in der Regel ungeplant. Die Eltern in einer Kita bilden keine homogene Gruppe. Eltern verbindet „in pädagogischen Institutionen oft vor allem eines: Sie sind Väter und Mütter von Mädchen und Jungen, die dieselbe Kindertagesstätte/Schule o.Ä. besuchen. Ansonsten spielt sich ihr Leben meist in unterschiedlichen Milieus ab, die sich meist auch noch von dem der PädagogInnen unterscheidet“ (Eylert 2012: 291).

Pädagogische Fachkräfte haben es in Kitas also regelmäßig mit unterschiedlichen Familien mit verschiedenen Familienalltagen, Erziehungsvorstellungen und Erwartungen an die Einrichtung zu tun. Diese Vielfalt gilt es im Blick zu haben, wenn die Zusammenarbeit erfolgreich gestaltet werden soll. Für die Einzigartigkeit jedes Familienalltags sensibilisiert die folgende Übung.

> Innenansichten von Familien: Erinnern Sie sich daran, wie Sie als Kind das erste Mal in einer anderen Familie übernachtet haben (bei einer Freundin, einem Freund oder bei Verwandten). Was war dort anders als in Ihrer Familie? Wie unterschieden sich die Abläufe oder Regeln? Roch dort etwas ungewohnt? Was war Ihnen fremd? Was wirkte vertraut?

Erinnert man sich an eigene Erfahrungen in fremden Familien, wird deutlich, dass es die Alltagsabläufe sind, die sich unterscheiden. Es gibt verschiedene Regeln und Routinen: Werden vor dem Essen die Hände gewaschen oder nicht? Bleibt man am Tisch sitzen, bis alle aufgegessen haben, oder nicht? Werden Straßenschuhe ausgezogen, wenn man die Wohnung betritt, oder nicht? Es herrschen verschiedene Umgangsformen: Wie begrüßt man sich? Wie werden Gefühle ausgedrückt? Worüber wird gelacht? Und es sind die Rituale, die sich unterscheiden: Lesen der Vater oder die Mutter abends vor? Darf das Kind vor dem Einschlafen eine Hörgeschichte hören? Bleibt nachts ein Licht an oder wird alles dunkel gemacht?

Warum Familienalltage so unterschiedlich verlaufen, erklären die Ethnologin Michaela Schier und die Soziologin Karin Jurczyk vom Deutschen Jugendinstitut mit dem Begriff des „doing family“. Der Begriff meint, dass „Familie als gemeinschaftliches Ganzes permanent neu hergestellt wird“ (Schier und Jurczyk 2007: 10). Die Autorinnen lehnen sich damit an den Begriff des „doing gender“ an, mit dem beschrieben wird, wie das soziale Geschlecht in gemeinsamen Interaktionen hergestellt wird, Mädchen und Jungen also vor allem durch die Interaktion mit anderen erfahren, was ein Mädchen oder einen Jungen ausmacht. Das Konzept des „doing family“ zeigt, dass und warum sich jede Familie biografisch und alltäglich neu erfinden muss. Wenn Eltern ihr erstes Kind bekommen, stehen sie vor der Aufgabe, nicht nur ihre Paarbeziehung (neu) zu gestalten, sondern sich auch ihre Rolle als Eltern anzueignen. Damit das Zusammenleben in der Familie gelingt, müssen sie immer wieder aufs Neue klären, was ihr Kind aus ihrer Sicht braucht, wie sie ihre Rollen als Mutter oder Vater ausfüllen, wie der Alltag organisiert wird und vieles mehr.

> „In Familien treffen mehrere individuelle Lebensführungen mit unterschiedlichen Strukturen, Bedürfnissen und

> Interessen aufeinander, die miteinander ausbalanciert werden müssen. Sie werden in permanenter Auseinandersetzung mit gesellschaftlichen Rahmenbedingungen zu einer – mehr oder weniger – gemeinsamen Lebensführung verschränkt" (ebd.: 11).

Dafür bringen beide Elternteile aus ihren Herkunftsfamilien spezifische Erfahrungen mit. In der neu entstehenden Familie mit eigenen Kindern muss nun miteinander abgestimmt und ausgehandelt werden, wann Kinder ins Bett gehen sollten, wer den Abwasch oder die Einkäufe erledigt oder wie Weihnachten gefeiert wird. Ein Familienalltag gelingt eben nicht nur dank der Liebe und Zuneigung zwischen den Familienmitgliedern, sondern auch dadurch, dass solche Abstimmungsprozesse gelingen. So entwickelt sich der Alltag in der neuen Familie, und so entwickelt er sich permanent weiter. Auch Paare, die aus gleichen Milieus stammen, gestalten daher ihren Familienalltag oft recht unterschiedlich.

Mit anderen Worten: Jede Familie ist anders. Dieser Umstand wirkt sich fraglos auf die Zusammenarbeit der pädagogischen Fachkräfte in Kindertageseinrichtungen mit den Eltern der Kinder aus und muss für eine erfolgreiche Gestaltung von Erziehungs- und Bildungspartnerschaften angemessen berücksichtigt werden.

Der Begriff der Erziehungs- und Bildungspartnerschaft verweist darauf, dass sowohl die Familie als auch die Kindertageseinrichtung die Entwicklung des Kindes maßgeblich beeinflussen und eine grundsätzliche Übereinstimmung dieser beiden Partner bezüglich der Ziele und Inhalte ihrer pädagogischen Tätigkeit der Entwicklung des Kindes förderlich ist. Die Gestaltung dieser Erziehungs- und Bildungspartnerschaften obliegt zuvorderst den professionellen Partnern, also den pädagogischen Fachkräften.

> „Die Grundhaltung ist hier, dass die Erziehung und Bildung eines Kindes die ‚Co-Produktion' von Eltern, Erzieher/innen […] und dem Kind selbst ist. Daraus ergibt sich die Zusammenarbeit zwischen allen Erwachsenen, basierend auf einem intensiven dialoghaften Informations- und Erfahrungsaustausch" (Textor 2005: 157 f.).

Erziehungs- und Bildungspartnerschaften zu gestalten, verlangt von pädagogischen Fachkräften, die Eltern als Partner in einem gemeinsamen Projekt (der Erziehung und Bildung des Kindes) anzunehmen. Dazu hilft es, sich vor Augen zu führen, dass Fachkräfte und Eltern das gleiche Ziel verfolgen. Beide wollen in der Regel das Beste für das Kind – auch wenn ihre Vorstellungen von dem, was jeweils das Beste ist, vielleicht nicht immer übereinstimmen. Diese Perspektive erleichtert es den Fachkräften, das Verhalten von Eltern nicht vorschnell zu verurteilen, sondern geduldig einen Weg zu einem konstruktiven Dialog mit ihnen zu suchen.

Wenn Alessandros Eltern immer wieder weitere Bildungsangebote einfordern, drücken sie damit nämlich nicht unbedingt ihre Unzufriedenheit mit der Arbeit der Fachkräfte aus, sondern vielleicht eher ihre Sorge um die erfolgreiche Bildung ihres Sohnes. Wenn Sofias Mutter einem Gespräch mit den Fachkräften auszuweichen scheint, bedeutet das nicht zwangsläufig, dass ihr die Arbeit der Fachkräfte oder gar ihr Kind gleichgültig sind, sondern dass ihr vielleicht die Gepflogenheiten und Kommunikationsformen in der Kita fremd oder die wiederholten Hinweise auf ihre Versäumnisse unangenehm sind. Die erfolgreiche Gestaltung von Erziehungs- und Bildungspartnerschaften gelingt besser, wenn die Fachkräfte Müttern und Vätern zunächst einen gehörigen Vertrauensvorschuss gewähren und ihnen auch dann Interesse und Offenheit entgegenbringen, wenn die Zusammenarbeit einmal nicht so gut klappt.

Wollen die Fachkräfte die Erziehung und Bildung der Kinder partnerschaftlich mit den Eltern gestalten, stehen sie vor drei Herausforderungen, die im Folgenden in Bezug auf die Förderung von Partizipation und Engagement der Kinder in der Kita konkretisiert werden:

- Eltern haben grundsätzlich ein Recht darauf, über das, was in der Kita mit ihrem Kind geschieht, informiert zu werden. Daher sollten die pädagogischen Fachkräfte sich Gedanken machen, wie sie den Müttern und Vätern nahebringen wollen, warum, wobei und wie ihre Kinder in der Kita mitentscheiden und mithandeln.
- Es kann passieren, dass Eltern die Vorstellungen der pädagogischen Fachkräfte über die frühe Förderung von Partizipation und Engagement nicht teilen. Daher sollten die Fachkräfte frühzeitig klären, inwiefern die Eltern ein Recht darauf haben mitzuentscheiden, ob, wobei und wie ihre Kinder in der Kita mitentscheiden und mithandeln dürfen.
- Es kann aber auch passieren, dass

Eltern sich selbst ebenfalls in die Partizipations- und Engagementprozesse einbringen wollen. Daher sollten die Fachkräfte ebenfalls klären, inwiefern Eltern ein Recht darauf haben, sich selbst inhaltlich in der Kita zu engagieren, wie ihnen dieses gegebenenfalls nahegebracht oder auch verwehrt werden soll.

Eltern über Partizipation und Engagement ihrer Kinder informieren

Mit dem Eintritt in eine Kita verbringen Kinder einen großen Teil des Tages außerhalb der Familie und erleben hier einen Alltag, den ihre Eltern bald nur noch in Ausschnitten miterleben. Und das, was Mütter und Väter davon miterleben, ordnen sie vielleicht auch anders ein als die Fachkräfte, weil sie ihr Kind aus anderen Lebenszusammenhängen kennen und das Verhalten des Kindes in der Kita vor dem Hintergrund dieser Erfahrungen beurteilen. Um nachvollziehen und besser einordnen zu können, was ihrem Kind in der Kita widerfährt, sind Eltern darauf angewiesen, dass die pädagogischen Fachkräfte den Kita-Alltag für sie dokumentieren. Worauf es bei diesen Informationen ankommt, fasst die Pädagogin Erika Kazemi-Veisari wie folgt zusammen:

> „Dokumentationen für Eltern müssen […] Folgendes leisten:
> Auf den Inhalt bezogen müssen sie Kompetenzen und Entwicklungen von Kindern so vermitteln, dass sie für Eltern nachvollziehbar sind; oder – um es ganz einfach auszudrücken: dass sie Eltern zum Staunen bringen. Darüber hinaus müssen sie helfen, Ängste abzubauen, oder – um es positiv zu formulieren: sie müssen Zuversicht vermitteln, dass das, was Kinder tun und lernen, taugt für das Leben, und zwar auch über die Kindheit hinaus" (Kazemi-Veisari 2004: 113).

Eltern zum Staunen über ihr Kind zu bringen, wird nur gelingen, wenn die Fachkräfte ihnen ganz konkrete Einblicke in den Alltag des Kindes in der Kita eröffnen. Mütter und Väter müssen dafür gezeigt oder berichtet bekommen, was ihre Tochter oder ihr Sohn genau getan haben. Um ihnen dann noch Zuversicht zu vermitteln, dass das, was ihre Kinder in der Kita erleben, sie gut für das Leben wappnet, müssen die Fachkräfte gegebenenfalls auch in der Lage sein, den Eltern aufzuzeigen, welche Kräfte das Kind dabei gerade entfalten mag und wozu diese ihm dienen können.

Wenn Eltern in einer Kindertageseinrichtung aber so verschieden sind, wie es die Studie „Eltern unter Druck“ sowie das Konzept des „doing family“ beschreiben, kann man davon ausgehen, dass sie auch auf unterschiedliche Weise informiert werden müssen, damit sie staunen und Zuversicht empfinden können. Am besten gelingt es daher, den unterschiedlichen Müttern und Vätern den Alltag ihrer Kinder und die Ziele und Hintergründe der pädagogischen Arbeit transparent zu machen, wenn die Fachkräfte ihnen kontinuierlich Informationen auf verschiedenen Kanälen anbieten.

So sollten Eltern schon bei ihren ersten Kontakten mit der Kita darauf aufmerksam gemacht werden, dass die Kinder hier bei vielen Themen mitentscheiden und mithandeln.

Die Mutter von Larissa sitzt mit der Kindergartenleiterin Frau Schneider in deren Büro an dem kleinen Tisch. Sie will ihre Tochter anmelden. Frau Schneider erläutert ihr gerade, was den Erzieherinnen in dieser Kita besonders am Herzen liegt. „Wir sind ein demokratischer Kindergarten. Bei uns dürfen die Kinder von Anfang an über vieles mitbestimmen und ganz viel selbst machen. Zum Beispiel füllen sie sich beim Mittagessen selbst auf, was sie essen wollen. Und wenn sie nach draußen gehen, entscheiden sie selbst, ob sie eine Jacke anziehen oder nicht." – „Aber Larissa doch noch nicht, oder?! Sie ist doch erst drei Jahre", wirft ihre Mutter besorgt ein. „Ich kann verstehen, wenn Sie das verwundert", beruhigt Frau Schneider sie. „Aber ich bin sicher, auch Larissa wird uns schnell zeigen, was sie möchte und was ihr wichtig ist."

Die Kita-Leiterin berichtet Larissas Mutter von den guten Erfahrungen, die sie mit der Beteiligung der Kinder machen, und betont, wie selbstbewusst und selbstständig sie dadurch werden. Sie endet mit der Aufforderung: „Wann immer Sie den Eindruck haben, dass hier etwas nicht so gut läuft, sagen Sie uns das bitte! Zusammen finden wir dann gewiss eine Lösung."

Nachdem sie ihr die pädagogische Konzeption einschließlich der Kita-Verfassung ausgehändigt hat, führt Frau Schneider die Mutter durch die Räume der Kita. Sie zeigt ihr im Flur die Bilder von den Elternvertretern und den Gruppenspre-

chern und erklärt das Protokoll der letzten Sitzung des Kinderparlaments, das auf einem großen Plakat an der Wand hängt. In der blauen Gruppe sitzen einige Kinder allein an einem hübsch gedeckten Tisch und frühstücken. Larissas Mutter sieht, wie ein Junge, der nicht viel älter zu sein scheint als Larissa, sich gerade Milch aus einer kleinen Glaskanne in seinen Becher füllt und dabei nur ganz wenig verschüttet.

Kindertageseinrichtungen sind gut beraten, wenn sie Eltern von Beginn an ihre konzeptionelle Ausrichtung verdeutlichen und dabei auch und gerade die Themen ansprechen, die erfahrungsgemäß eher für Irritationen sorgen. So haben die Eltern die Möglichkeit, sich gegebenenfalls für eine andere Kita und ein anderes pädagogisches Konzept zu entscheiden.

Doch trotz aller Bemühungen, die pädagogische Arbeit transparent vorzustellen, wird manchen Eltern erst aufgehen, was es bedeutet, dass ihr Kind in der Einrichtung das Recht hat mitzuentscheiden und mitzuhandeln, wenn sie die Folgen konkret erleben – zum Beispiel, wenn ihr Kind auch im Herbst noch ohne Jacke draußen herumläuft oder zum wiederholten Male sein Frühstücksbrot nicht gegessen hat. Bei der Informationsvermittlung gilt die alte Regel: einmal ist keinmal. Eine erste Mitteilung in einem Aufnahmegespräch, während eines Elternabends oder durch einen Elternbrief erreicht selten alle und bleibt auch nicht bei allen haften, die sie erreicht.

Daher versuchen die pädagogischen Fachkräfte im Kindergarten von Leon und Jelena die Eltern über das Beteiligungs- und Engagementprojekt zur Gestaltung eines neuen Klettergeräts wiederholt und auf verschiedenen Wegen zu informieren.

Gleich zu Beginn des Projekts schreiben sie einen Elternbrief, in dem sie ankündigen, was sie vorhaben.

Liebe Eltern,

wie Ihnen Ihre Kinder vielleicht schon erzählt haben, ist unser Klettergerät kaputt. Die Kinder finden das sehr schade, sie klettern nämlich gerne und viel. Nun planen wir, ein neues Gerät zu bauen, und möchten dabei die Kinder beteiligen. Die wissen nämlich am besten, was sie darauf machen möchten. Wir werden in den nächsten Wochen in allen Gruppen und im Kinderparlament über die Planung des neuen Klettergeräts sprechen und die verschiedenen Ideen der Kinder sammeln. Dann sollen die Kinder die besten Ideen auswählen. Im Flur werden wir eine Projektecke einrichten, in der Sie sich auch gerne jederzeit über den Verlauf des Projekts informieren können. So können Sie mit Ihren Kindern über die Planungen sprechen.

Durch das Projekt wird vielleicht das eine oder andere gewohnte Angebot ausfallen. Aber Ihre Kinder werden in diesem Projekt vieles lernen, was wir ihnen in den üblichen Angeboten gar nicht bieten können. Wir werden verschiedene Klettermöglichkeiten ansehen oder ausprobieren, über ihre Vor- und Nachteile sprechen, sie fotografieren oder zeichnen und die Bilder im Flur aufhängen, darüber demokratisch abstimmen, das Ergebnis auszählen und vieles mehr. Ihre Kinder werden klettern und malen, rechnen, viel miteinander reden und verhandeln. Und was uns noch wichtiger ist: Sie erleben, dass sie wichtig sind für unsere Gemeinschaft, dass sie etwas bewirken können, wenn sie sich anstrengen, und dass alle ihre Meinung sagen können und man sich einigen muss.

Herr Frickel wird am Ende das Gerät für uns aufbauen. Wir sind alle gespannt, wie es wohl aussehen wird. Wenn Sie mehr über das Projekt wissen wollen oder eigene Ideen für das Klettergerät haben, sprechen Sie uns gerne an.

Herzliche Grüße
Ihr Kita-Team

Einen weiteren Elternbrief, in dem die Eltern um Unterstützung ihrer Kinder bei der Ideensammlung gebeten werden, schreiben die Fachkräfte gemeinsam mit den Kindern, die ihn dann auch als „Postboten“ nach Hause tragen und gemeinsam mit ihren Vätern und Müttern lesen können.

In der Projektecke im Flur wird der Projektverlauf an den Wänden in erster Linie für die Kinder aufwendig dokumentiert (siehe Kapitel 4). Die Kinder führen jedoch ihre Eltern in den Bring- und Abholzeiten immer wieder an die Wände und berichten ihnen anhand der Visualisierungen vom Fortschreiten der Planung. Die Fachkräfte nutzen diese Situationen ebenfalls, um mit den Müttern und Vätern ins Gespräch zu kommen und berichten vor allem – gemeinsam mit dem jeweiligen Kind –, wie dieses sich in das Projekt einbringt.

Überlegen Sie im Team, in welchen Situationen der Informationsfluss an die Familien der Kinder in der Vergangenheit gut funktioniert hat. Auf welche Weise sind die Informationen in diesen Situationen vermittelt worden?

Sammeln Sie ausgehend von diesen erfolgreichen Vorgehensweisen weitere Ideen, wie sie Mütter und Väter über die Partizipation und das Engagement ihrer Kinder informieren können.

Mitentscheidungsrechte der Eltern über Partizipation und Engagement ihrer Kinder klären

Eltern haben nicht nur ein Recht auf Information, sondern auch ein Recht auf Beteiligung. So fordert das SGB VIII in § 22a, dass die Fachkräfte mit den Erziehungsberechtigten zusammenarbeiten und diese „an den Entscheidungen in wesentlichen Angelegenheiten der Erziehung, Bildung und Betreuung zu beteiligen“ sind.

In der bundesgesetzlichen Vorgabe ist allerdings nicht eindeutig geklärt, was „wesentliche Angelegenheiten der Erziehung, Bildung und Betreuung“ sind. Alessandros Mutter befürchtete beispielsweise, ihr Sohn könne zu „gefährliche“ Ideen in die Planung des neuen Klettergeräts einbringen. Daher äußerte sie Bedenken, die Kinder an der Planung zu beteiligen; das müsse die Sache der Erwachsenen sein. Hätten die Fachkräfte deswegen ihr Projektvorhaben aufgeben oder Alessandro davon ausschließen sollen? Inwiefern sollten oder müssen pädagogische Fachkräfte Anforderungen von Eltern an ihre pädagogische Arbeit entsprechen?

Diskutieren Sie im Team, bei welchen Themen die Eltern der Kinder

- informiert werden,
- angehört werden,
- mitentscheiden,
- allein entscheiden

sollten.

Zunächst kann hier zwischen der formal geregelten und einer nicht formalen Beteiligung der Eltern unterschieden werden. Auch in der Kita von Leon und Jelena gibt es gewählte Elternvertreter. Welche Rechte diese Elternvertreter haben, ist in den Kita-Gesetzen der Länder formal geregelt. In vielen Bundesländern sind sie bei der Festlegung der Öffnungszeiten, der Einrichtung neuer oder Schließung bestehender Gruppen sowie der Konzeptionsentwicklung zu beteiligen. Nun ist die Entscheidung eines Teams für die Förderung demokratisch geregelten Engagements bis hin zur Erarbeitung einer Kita-Verfassung gewiss eine konzeptionelle Entwicklung, an der insofern also auch die Elternvertretung zu beteiligen ist.

Dennoch könnten die Elternvertreter gegen diesen Beschluss kein Veto einlegen, da nicht alle pädagogischen Grundsatzentscheidungen des Teams frei verhandelbar sind. Im SGB VIII sind auch pädagogische Ziele festgelegt, die Kitas zu verfolgen haben und die damit auch in der Diskussion mit Elternvertretern nicht zur Disposition stehen. Eines dieser Erziehungsziele wird in § 22 SGB VIII formuliert. Dort heißt es, dass Kindertageseinrichtungen „die Entwicklung des Kindes zu einer eigenverantwortlichen und gemeinschaftsfähigen Persönlichkeit fördern" sollen. Die Förderung von Selbstständigkeit und sozialem Lernen sind damit nicht mit den Eltern verhandelbar. Auch Partizipation ist vom Gesetzgeber in § 8 SGB VIII zwingend vorgeschrieben. In § 45 SGB VIII wird die konzeptionelle Verankerung von Partizipation sogar zur Voraussetzung für die Erteilung einer Betriebserlaubnis erklärt.

§ 45 SGB VIII: Erlaubnis für den Betrieb einer Einrichtung

(2) Die Erlaubnis ist zu erteilen, wenn das Wohl der Kinder und Jugendlichen in der Einrichtung gewährleistet ist. Dies ist in der Regel anzunehmen, wenn […]

3. zur Sicherung der Rechte von Kindern und Jugendlichen in der Einrichtung geeignete Verfahren der Beteiligung sowie der Möglichkeit der Beschwerde in persönlichen Angelegenheiten

> Anwendung finden.
> (3) Zur Prüfung der Voraussetzungen hat der Träger der Einrichtung mit dem Antrag
> 1. die Konzeption der Einrichtung vorzulegen [...]

Die Förderung demokratischen gesellschaftlichen Engagements ist also keine freiwillige, sondern eine verpflichtende Aufgabe von Kindertageseinrichtungen, der auch die Eltern nicht grundsätzlich widersprechen dürfen.

Allerdings haben die Elternvertretungen ein Recht, über solche konzeptionellen Fragen angemessen informiert zu werden, ihren Bedenken bezüglich der Umsetzung Ausdruck zu verleihen und von den Fachkräften nachvollziehbare Begründungen für deren Vorgehen zu verlangen. Damit die Fachkräfte dabei sicher und überzeugend auftreten können, ist es hilfreich, wenn sie selbst untereinander geklärt haben, warum und wie sie Partizipation und Engagement von Kindern fördern wollen und inwieweit konkrete Details mit den Eltern verhandelbar sind. Auch der Entwurf einer Kita-Verfassung, über den sich das Fachkräfteteam bereits verständigt hat, wird in den meisten Einrichtungen in einer abschließenden „Lesung“ mit der Elternvertretung diskutiert und gegebenenfalls nachgebessert, sodass alle sich damit einverstanden erklären können – ohne allerdings die Verabschiedung der Verfassung und ihre inhaltliche Ausrichtung grundsätzlich infrage stellen zu lassen.

Im Idealfall vermitteln die Elternvertreter zwischen Fachkräften und Eltern, geben Informationen in beide Richtungen weiter und versuchen Konflikte und Probleme anzusprechen. Doch sie können die Vermittlung konzeptioneller Beschlüsse an die Elternschaft nicht allein bewerkstelligen. Wenn es in § 22a SGB VIII heißt, dass die Fachkräfte „mit den Erziehungsberechtigten [...] zum Wohl der Kinder und zur Sicherung der Kontinuität des Erziehungsprozesses“ zusammenarbeiten sollen, ist damit auch eine alltägliche Zusammenarbeit außerhalb der formalen Mitgestaltungsrechte durch die Elternvertretungen gemeint. So gestalten die pädagogischen Fachkräfte im Kindergarten von Leon und Jelena gemeinsam mit der Elternvertretung einen gut besuchten Elternabend, an dem die neue Kita-Verfassung vorgestellt wird, bevor die Umsetzung mit den Kindern beginnen soll.

Nachdem die Kita-Leiterin Frau Schneider den Eltern einleitend begründet hat, warum die Fachkräfte eine Kita-Verfassung erarbeitet haben, stellt sie nun einzelne Regelungen aus dem vorliegenden Entwurf vor und erläutert, wie sie darum gerungen haben und wie sie sich die Umsetzung des jeweiligen Rechts vorstellen. Als sie mitteilt, dass künftig alle Kinder das Recht haben sollen, selbst zu entscheiden, ob, wann, wo und wie lange sie in der Einrichtung schlafen, entsteht eine lebhafte und zum Teil sehr emotionale Diskussion.

Insbesondere viele Eltern von unter dreijährigen Kindern äußern sich dabei eher kritisch:

„Ich will aber, dass meine Tochter hier schläft."
„Mein Sohn hat ein Recht auf die Mittagsruhe, die braucht er doch für seine Entwicklung."
„Kinder brauchen einen festen Rhythmus, und dazu gehört auch ein Mittagsschlaf."
„Wir wissen ja wohl am besten, was unser Kind an Schlaf braucht, und nicht die Kita."
„Was ist das denn, wenn unser Sohn nach Hause kommt und sagt: ‚Ich darf sagen, ob ich schlafen will.' Das bestimmen ja wohl immer noch wir."

Manche Eltern berichten, dass sie bereits jetzt oft ein müdes und erschöpftes Kind abholen würden. Andere beklagen dagegen, dass ihr Kind abends viel zu lange wach sei, weil es in der Kita immer zu lange schlafen würde.

Einige Eltern begrüßen die Neuerung aber auch ausdrücklich:
„Ich finde es gut, dass die Kinder nicht mehr schlafen müssen."
„Man kann sie doch auch nicht zum Schlafen zwingen."
„Meine Tochter fragt jeden Morgen, ob sie in der Kita wieder schlafen muss."
„Das ist doch furchtbar, wenn die Kinder hier schlafen *müssen.*"

In diesen Äußerungen der Mütter und Väter tritt die Heterogenität von Familien in der Kindertageseinrichtung deutlich zutage. Sie haben unterschiedliche Vorstellungen von Erziehung, müssen die Gemütszustände ihrer Kinder nach dem Kita-Besuch mit ihren unterschiedlichen Familienalltagen vereinbaren und formulieren daher unterschiedliche Erwartungen an die pädagogischen Fachkräfte. Die kontroverse Auseinandersetzung während des Elternabends macht allen Beteiligten deutlich, dass es keine einheitliche Regelung für den Mittagsschlaf geben dürfte, mit der sich alle einverstanden erklären könnten, die Fachkräfte aber auch nicht dazu in der Lage wären, all die individuellen Wünsche der Eltern für ihr jeweiliges Kind zu erfüllen. Die Fachkräfte schlagen daraufhin vor, gemeinsam mit den Kindern eine verbindliche Ruhephase in der Zeit nach dem Mittagessen zu gestalten, in der es vielfältige Möglichkeiten gibt, zu ruhen oder zu schlafen, aber auch zu spielen, ohne jedoch die anderen zu stören. Sie versichern den Eltern, dass sie die Kinder dabei begleiten würden, eine angemessene Entscheidung für sich zu treffen, und dass sie die Eltern darüber auf dem Laufenden halten würden, wie ihre Kinder dieses Recht nutzen. Wenn auch nicht alle Eltern dieses Vorgehen begrüßen, können sie sich angesichts der vorangegangenen Diskussion doch darauf einlassen.

Bei solchen Elternabenden sind nie alle Mütter und Väter anwesend; nicht immer sind alle Anwesenden mit der letztlich getroffenen Vereinbarung einverstanden; und auch nicht alle, die einer Lösung zunächst zustimmen, bleiben ihrer Entscheidung treu. Daher kommt es im Alltag immer wieder zu Meinungsverschiedenheiten zwischen Fachkräften und Eltern über die Rechte, die den Kindern in der Kita zugesprochen werden. Da gilt es, mit den Eltern im Gespräch zu bleiben – auch um die Kinder nicht in Loyalitätskonflikte zu bringen.

Heute ist es kühl und windig. Trotzdem spielen einige Kinder draußen Fußball. Auch die dreieinhalbjährige Semra, die erst seit dem Sommer den Kindergarten besucht, ist dabei. Mit großem Eifer jagt sie dem Ball hinterher. Semra hat, wie die meisten anderen Fußballer, ihre Jacke ausgezogen und auf die Bank gelegt. „Ist euch auch warm genug?", erkundigt sich ihre Erzieherin Anja nach einer Weile bei den Kindern. Die nicken und flitzen weiter. Anja sieht ihren verschwitzten Gesichtern an, dass das stimmt.

Einige Minuten später steht Semras Mutter plötzlich neben dem Fußballfeld. Sie hat heute früher Feierabend und möchte mit ihrer Tochter noch eine Freundin besuchen. Als sie Semra sieht, ist sie erbost. „Wo ist denn deine Jacke?", fragt sie. „Du wirst dich erkälten, wenn du so wenig anhast." Semra zeigt betroffen auf die Bank. Ihre Mutter ruft die Tochter energisch zu sich, greift nach der Jacke, zieht sie ihr über und macht sich mit ihr auf den Weg. Als Anja sie bemerkt und auf sie zugeht, sagt Semras Mutter sichtlich erregt: „Das geht nicht. Semra muss eine Jacke anziehen, wenn sie nach draußen geht!" Und ehe Anja etwas erwidern kann, ist sie mit ihrer Tochter verschwunden.

Als Semras Mutter ihre Tochter am nächsten Morgen bringt, spricht Anja sie auf die Situation vom Vortag an: „Ich habe gemerkt, dass sie gestern sehr in Sorge waren, weil wir nicht darauf gedrängt haben, dass Semra ihre Jacke anbehält. Ich würde gern noch einmal in Ruhe mit Ihnen sprechen, wie wir damit in Zukunft umgehen. Hätten Sie dafür in den nächsten Tagen ein wenig Zeit?" Sie verabreden sich für den nächsten Nachmittag.

Zu Beginn dieses Gesprächs hört Anja sich dann an, dass Semras Mutter befürchtet, ihre Tochter könne sich ohne Jacke erkälten und sie selbst dann nicht zur Arbeit gehen, weil sie ein krankes Kind zu Hause hätte. Semra sei doch sehr empfindlich. Anja ihrerseits beteuert, dass sie die Kinder, wenn sie ihre Jacke ausziehen, im Blick behalten und immer wieder überprüfen würde, ob sie warm genug wären.

Schließlich wolle sie auch nicht, dass sie krank würden. Und Semra wäre beim Fußballspielen viel gelaufen und hätte ganz sicher nicht gefroren. Die Erzieherin erläutert auch, dass die Kinder nur lernen könnten, sich selbst angemessen zu kleiden, wenn sie auch einmal ohne Jacke zu frieren beginnen. Sie müssten diese Grenze selbst fühlen, um sie später – wenn sie zur Schule gehen und ihnen das niemand mehr abnimmt – wahrnehmen und für sich selbst sorgen zu können. „Aber wir sind da und machen die Kinder darauf aufmerksam, wenn sie das mal nicht so gut hinkriegen. Ich versichere Ihnen, dass wir gut auf Semra achtgeben, wenn Sie nicht da sind. Und ich wünsche mir, dass Sie uns vertrauen können." Semras Mutter lächelt ein wenig und nickt dann.

In diesem Fall gelingt das Gespräch. Es kann aber auch geschehen, dass solche Konflikte sich nicht ohne Weiteres beilegen lassen. In solchen Situationen kann es auch angemessen sein, wenn die Fachkräfte sich gegen die Eltern durchsetzen.

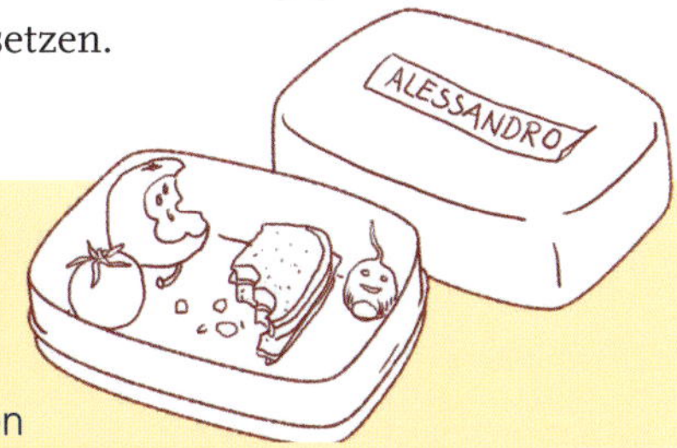

Das offene Frühstück, das in der blauen Gruppe eingeführt wurde, funktioniert aus Anjas Sicht sehr gut. Es verläuft meistens ruhig; und alle Kinder finden ihren eigenen Frühstücksrhythmus. Alessandros Mutter fragt allerdings immer wieder besorgt nach, ob ihr Sohn denn auch genügend esse. „In der letzten Woche hat er dreimal eine halb volle Brotdose wieder mit nach Hause gebracht." – „Er hatte eben keinen Hunger mehr", sagt Anja. „Dafür hat er dann mittags ganz viel gegessen." Doch Anjas Erklärung beruhigt die Mutter nicht. Sie packt ihrem Sohn doch extra jeden Morgen ein leckeres, gesundes Frühstück mit viel frischem Obst und Gemüse ein.

Am nächsten Morgen beobachtet Anja Alessandro beim Frühstück besonders aufmerksam. Wieder lässt er einiges in seiner Brotdose zurück. Als sie ihn darauf anspricht, sagt er nur: „Ich mag nicht mehr." Anja berichtet seiner Mutter später davon und bittet sie, ihm doch einfach etwas weniger mitzugeben.

Doch auch am folgenden Tag ist Alessandros Brotdose gut gefüllt. Beim Abholen schaut seine Mutter hinein und wendet sich verärgert an Anja: „Alessandro hat schon wieder nicht aufgegessen. Ich möchte, dass Sie ihn morgen so lange beim Frühstück sitzen lassen, bis er alles aufgegessen hat."

Jetzt wird auch Anja deutlich. „Ich finde es klasse, dass Sie jeden Morgen so ein leckeres Frühstück für Alessandro zubereiten. Ich bin auch gerne bereit, bei ihm nachzufragen, ob er genug gegessen hat. Aber keine von uns Fachkräften wird Ihren Sohn zum Essen zwingen. Und wir werden ihn auch nicht bestrafen, indem wir ihn am Tisch sitzen lassen."

Je intensiver sich pädagogische Fachkräfte im Team über ihre pädagogischen Grundsätze auseinandergesetzt und über die Rechte der Kinder verständigt haben, desto besser wird es ihnen gelingen, in solchen Situationen den Eltern gegenüber auch einmal deutlich Stellung zu beziehen und ihnen die Grenzen ihrer Mitentscheidungsrechte über die Beteiligung der Kinder in der Kita aufzuzeigen.

Mitentscheidungsrechte der Eltern über ihr eigenes Engagement klären

In vielen Kindertageseinrichtungen ist das Engagement von Eltern gern gesehen. Wenn Eltern sich in der Gemeinschaft der Kita für die Gemeinschaft einsetzen, hat das viele Vorteile:

- Die Kita profitiert direkt vom Engagement der Eltern – sei es durch ihren Einsatz in den formalen Beteiligungsgremien, die Mitarbeit bei der Gartengestaltung oder beim Renovieren, das Kuchenbacken für Feste, kleine und große Sachspenden oder die Organisation eines Fördervereins.
- Werden Fachkräfte und Eltern bei Festen oder Garten- und Renovierungseinsätzen gemeinsam tätig, kommen sie häufig anders miteinander ins Gespräch als während eines Elternabends, in Tür- und Angel- oder Entwicklungsgesprächen. Manche Eltern lernen die Fachkräfte bei solchen Anlässen von einer ganz neuen Seite kennen.
- Bei solchen Anlässen können auch Eltern ihre Kinder einmal anders erleben. Sie sind immer wieder erstaunt, wie souverän sich die Kinder in der Kita bewegen.
- Umgekehrt erleben dabei auch die Kinder ihre Eltern in der Kita einmal anders, nämlich als aktive Beteiligte.

Sie sind stolz darauf, was ihre Mama oder ihr Papa oder beide hier leisten.

- Und wenn sich vermehrt Väter in der Kita engagieren, wird allen Beteiligten deutlich, dass der Kindergarten nicht nur ein „Garten der Frauen“ sein muss.

Trotz aller offensichtlichen Vorteile, die das Engagement von Müttern und Vätern in der Kita für alle Seiten mit sich bringt, gilt für Eltern wie auch schon für die Kinder beschrieben (siehe Kapitel 1): Gesellschaftliches Engagement kann nur als freiwilliges Engagement erbracht werden. Es ist wenig Erfolg versprechend, Eltern zu drängen, sich einzubringen. Das würde eher den beschriebenen Druck, den viele Eltern durch ihre Elternschaft ohnehin empfinden, noch verstärken. Nicht alle Eltern haben die Zeit, die Lust oder die Kompetenzen, in der Kita freiwillig Aufgaben zu übernehmen. Daher sollte es auch akzeptiert werden, wenn sie das nicht tun.

Diskutieren Sie im Team, bei welchen Themen

- Sie sich eher ein Engagement der Eltern wünschen,
- Sie sich eher wünschen, dass die Eltern sich heraushalten.

Manchmal wird übersehen, dass demokratisches Engagement bei den Eltern ebenfalls bedeutet, dass Mithandeln auch mit Mitentscheidungsrechten verbunden sein sollte. Will man also erreichen, dass Eltern sich in der Kita vermehrt engagieren, gilt es zu klären, inwiefern sie über die Art und Weise ihres Engagements mitbestimmen dürfen. Das kann sowohl bei der Planung eines Beteiligungs- und Engagementprojekts als auch bei der Erarbeitung einer Kita-Verfassung bedacht werden.

Bei der Festlegung des Verlaufs und der Entscheidungsrechte für ein Beteiligungs- und Engagementprojekt (siehe Kapitel 4.4), kann von vornherein für jeden einzelnen Projektschritt geklärt werden, welche Möglichkeiten, sich zu beteiligen, den Eltern angeboten werden sollen oder müssen. So ist für Fachkräfte, Eltern und Kinder transparent, bei was die Mütter und Väter mitentscheiden und mithandeln dürfen. Das in Kapitel 4.4 vorgestellte Plakat zur Klärung der Projektstruktur bei der Gestaltung eines neuen Klettergeräts könnte dann aussehen, wie in der Grafik auf der folgenden Seite dargestellt.

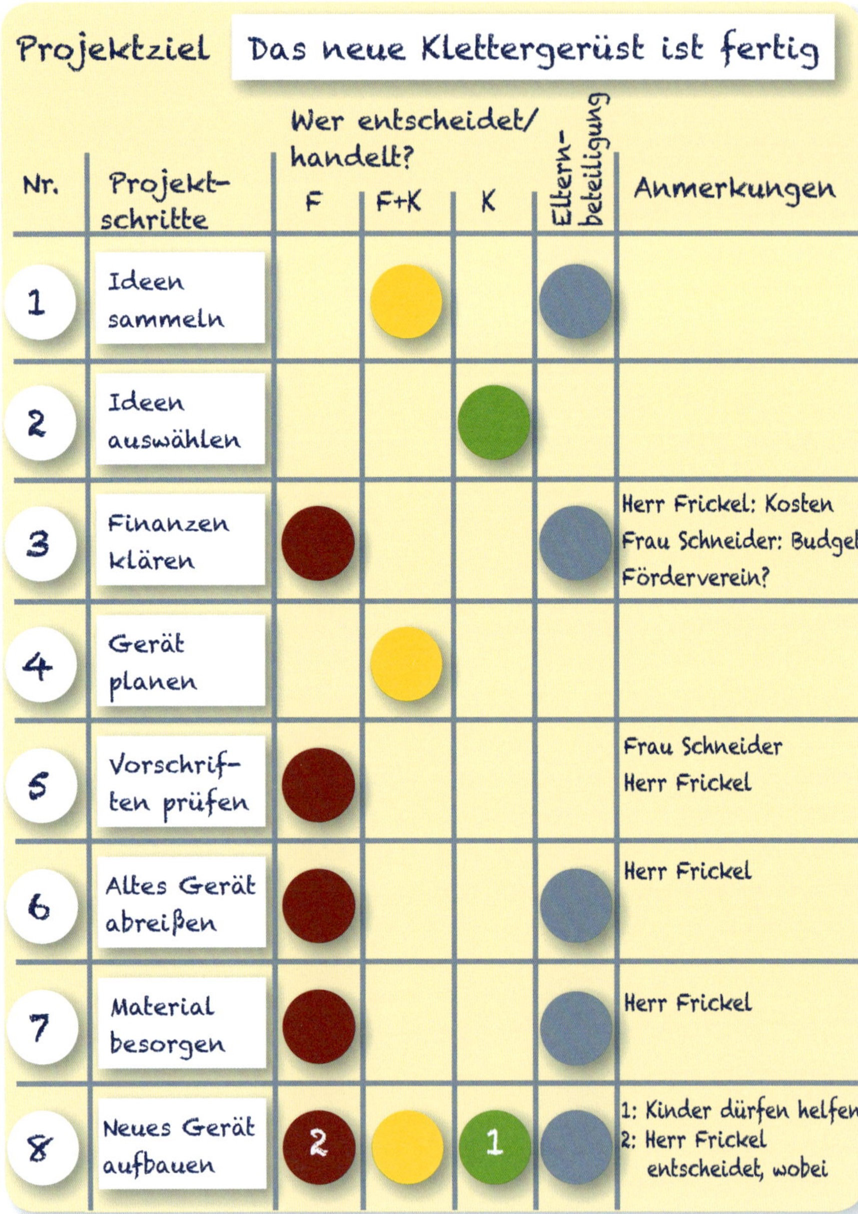
Projektziel
Das neue Klettergerüst ist fertig
Nr.
Projekt-schritte
Wer entscheidet/ handelt?
F
F+K
K
Eltern-beteiligung
Anmerkungen
1
Ideen sammeln
2
Ideen auswählen
3
Finanzen klären
Herr Frickel: Kosten
Frau Schneider: Budget
Förderverein?
4
Gerät planen
5
Vorschrif-ten prüfen
Frau Schneider
Herr Frickel
6
Altes Gerät abreißen
Herr Frickel
7
Material besorgen
Herr Frickel
8
Neues Gerät aufbauen
2
1
1: Kinder dürfen helfen
2: Herr Frickel entscheidet, wobei

In diesem Fall haben die Fachkräfte geplant, dass auch die Eltern Ideen für das neue Klettergerät beisteuern können; die Entscheidung über die besten Ideen sollen aber weiterhin die Kinder allein treffen. Die Fachkräfte wollen beim Förderverein anfragen, ob sie den Bau des neuen Geräts finanziell unterstützen. Und die Eltern sollen gebeten werden zu prüfen, ob sie beim Abriss des alten Geräts, bei der Materialbeschaffung und beim Aufbau des neuen Geräts helfen können.

Bei der Erarbeitung einer Kita-Verfassung stellt sich die Frage, ob neben den Kindern und den Fachkräften auch Eltern angeboten werden soll, regelmäßig in den Beteiligungsgremien mitzuwirken. Die Zusammensetzung der Verfassungsorgane in Leons und Jelenas Kindergarten, wie sie in Kapitel 4.4 vorgestellt werden, könnten dann zum Beispiel so wie auf dem folgenden Plakat ergänzt werden.

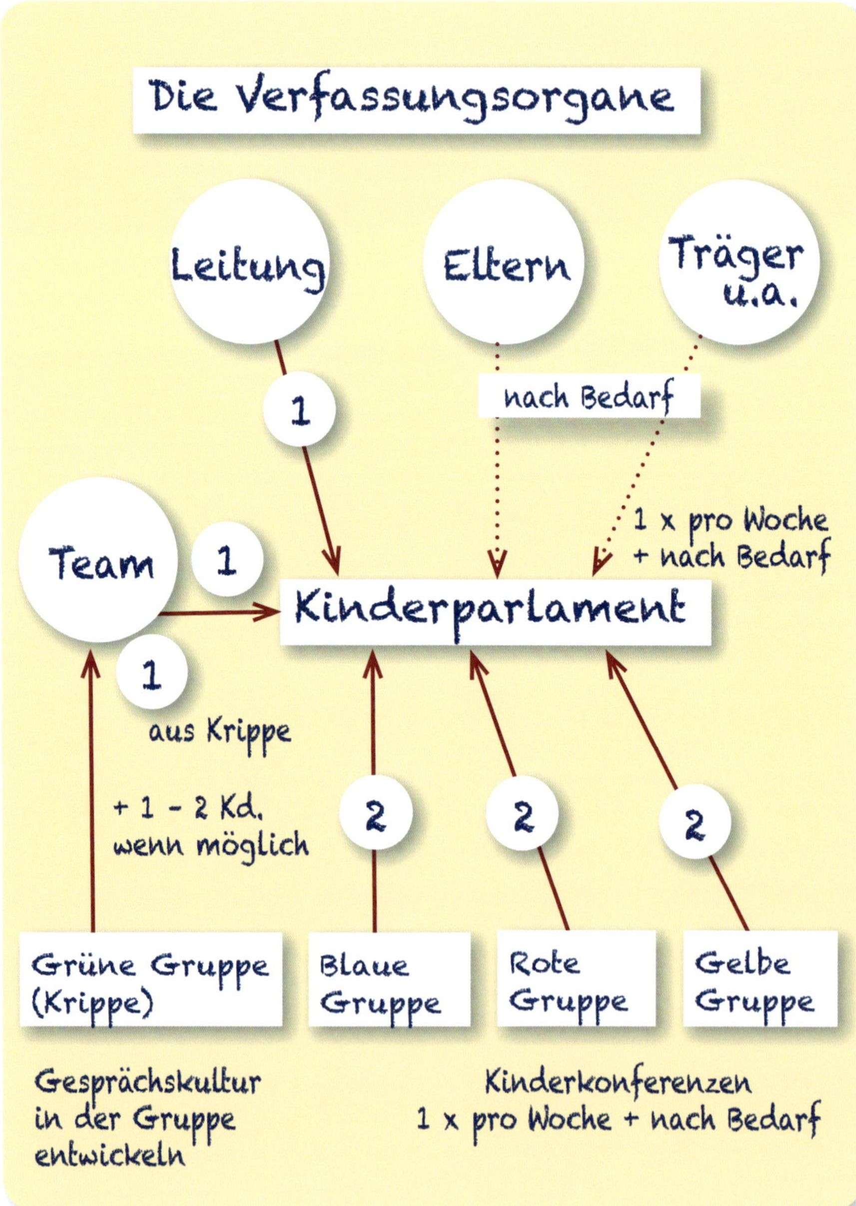
Die Verfassungsorgane
Leitung
Eltern
Träger u.a.
1
nach Bedarf
Team
1
1 x pro Woche + nach Bedarf
Kinderparlament
1
aus Krippe
+ 1 - 2 Kd. wenn möglich
2
2
2
Grüne Gruppe (Krippe)
Blaue Gruppe
Rote Gruppe
Gelbe Gruppe
Gesprächskultur in der Gruppe entwickeln
Kinderkonferenzen 1 x pro Woche + nach Bedarf

Hier haben sich die Fachkräfte entschieden, dass Eltern wie auch Trägervertreter oder andere Expertinnen und Experten nach Bedarf zu einer Sitzung des Kinderparlaments eingeladen werden oder um eine Einladung ersuchen können. Die Vertreter der Eltern in diesem Gremium müssen nicht zwangsläufig gewählte Vertreter der Elternschaft sein. Es sollte allerdings darauf geachtet werden, dass möglichst keine Eltern der aktuellen Delegierten der Kindergruppen teilnehmen, da dadurch häufig das Verhalten der Kinder dieser Eltern stark beeinflusst wird.

Wenn Fachkräfte Eltern dazu einladen wollen, sich in Beteiligungs- und Engagementprojekten oder in strukturell verankerten Beteiligungsgremien einzubringen, heißt das auch, die Eltern darüber in angemessener Form zu informieren. Für manche Eltern mag es genügen, ihnen einen Elternbrief in die Hand zu drücken oder ein großes Plakat aufzuhängen, auf dem sie um Unterstützung gebeten werden. Andere werden vielleicht besser persönlich angesprochen, damit sie sich beteiligen. Eine intensive Dokumentation der Beteiligungs- und Engagementprozesse in der Kita, an der auch die Kinder mitwirken, ist in den meisten Fällen auch die beste Werbung, die eine Kita für die Beteiligung von Müttern und Vätern machen kann.

Partizipation und Engagement von Kindern in Kindertageseinrichtungen kann nur schwer gegen die Eltern eingeführt und gefördert werden. Um dabei „zum Wohl der Kinder und zur Sicherung der Kontinuität des Erziehungsprozesses“ zusammenzuarbeiten, sollten pädagogische Fachkräfte sich bemühen, auch die Eltern für das Konzept „Mitentscheiden und Mithandeln in der Kita“ zu gewinnen. Wenn das gelingt, tragen Mütter und Väter ihren Teil zu einer positiven Wahrnehmung der Kita in der Öffentlichkeit bei.

In der lokalen Presse war über die Einführung der Kita-Verfassung im Kindergarten berichtet worden. In verschiedenen Leserbriefen wird der Kita daraufhin unterstellt, einen „laissez-fairen Erziehungsstil“ zu betreiben, der in den Erziehungswissenschaften längst als gescheitert bewertet würde. „Wenn nur die rein lustgesteuerten Bedürfnisse der Kinder befriedigt werden, sind sie garantiert schlecht auf die Schule und das Leben vorbereitet. Wo bleibt da die Erziehung?“, heißt es dort. So würden keine kleinen Demokraten, sondern eher kleine Tyrannen heranwachsen.

Die Elternvertreter weisen diese Vorwürfe ihrerseits in einem ausführlichen Leserbrief deutlich zurück, in dem sie berichten, innerhalb welcher klar umrissenen (Sicherheits-)Grenzen die demokratischen Entscheidungsprozesse in der Kita verlaufen und was ihre Kinder dabei alles lernen. „Wir begrüßen es, dass unsere Kinder in der Kita respektvoll behandelt werden und ihre Wünsche und Bedürfnisse in Entscheidungsprozesse einbezogen werden“, schreiben die Mütter und Väter. „In Zeiten immer geringerer Wahlbeteiligung und zurückgehenden bürgerschaftlichen Engagements ist es umso wichtiger, eine Generation heranzuziehen, die mit dem Gefühl aufgewachsen ist, dass ihre Stimme zählt.“

7 Mitentscheiden und Mithandeln in der Kita – Resümee und Ausblick

Das Konzept „Mitentscheiden und Mithandeln in der Kita" ist in enger Kooperation zwischen Wissenschaft, Praxis und Fortbildungsdidaktik entstanden. Kern des Projekts waren Fortbildungen ganzer Kita-Teams durch qualifizierte Multiplikatorinnen und Multiplikatoren.

Diese Fortbildungen umfassten drei Phasen:

- In der ersten Phase setzte sich das Team mit dem Thema „Gesellschaftliches Engagement von Kindern in Kindertageseinrichtungen" auseinander, untersuchte, zu welchen Themen sich die Kinder in ihrer Kita engagieren könnten, wählte eines der Themen aus und plante dann entweder ein Beteiligungs- und Engagementprojekt oder erarbeitete eine Kita-Verfassung.
- In der zweiten Phase wurden diese Planungen von den pädagogischen Fachkräften in der Praxis mit den Kindern umgesetzt. Die Fachkräfte erlebten, welche pädagogischen Herausforderungen mit der Förderung von Partizipation und Engagement verbunden sind. In bedarfsorientierten Coachings wurden „Meilensteine" und „Stolpersteine" des Umsetzungsprozesses gemeinsam reflektiert und die weitere Arbeit überdacht.
- In der dritten Phase wurde abschließend reflektiert, wie die erworbenen Erkenntnisse im Alltag verstetigt werden können.

In der Projektauswertung standen vor allem zwei Fragen im Vordergrund:

- Welche Wirkungen haben die pädagogischen Fachkräfte in ihrer Kita beobachtet, die sie auf das Modellprojekt zurückführen?
- Wie beurteilen die Fachkräfteteams das Fortbildungskonzept „Mitentscheiden und Mithandeln in der Kita"?

Im Folgenden fassen wir die Rückmeldungen aus den Modelleinrichtungen zusammen. Die kursiven Zitate stammen aus verschriftlichten Gesprächen mit den Teams am Ende des Projekts. Ergänzt werden diese Zitate durch eine Organisationsbefragung von 86 Mitarbeiterinnen und Mitarbeitern der am Modellprojekt beteiligten Kindertageseinrichtungen (38 Prozent aus Berlin, 35 Prozent aus Sachsen-Anhalt und 23 Prozent aus Rheinland-Pfalz, 4 Prozent machten keine Angaben, vgl. GEBIT 2013).

Partizipation und Engagement bewegen: Fachkräfte, Kinder, Eltern, die Öffentlichkeit

Durch die Umsetzung des Konzepts „Mitentscheiden und Mithandeln in der Kita“ verändert sich der Blick auf Partizipations- und Engagementmöglichkeiten der Kinder im Alltag der Kita. Die Fachkräfte in den Modelleinrichtungen ließen sich darauf ein, Probleme weniger für die Kinder, sondern mehr mit den Kindern zu lösen. Alltagsprobleme wurden nun weniger als lästige Notwendigkeiten wahrgenommen, sondern standen mehr im Zentrum der pädagogischen Arbeit – auch in Bezug auf die Bildungspotenziale, die sie für die Kinder haben. Das veränderte den Alltag in den Kitas für alle Beteiligten.

Die Auseinandersetzung mit Partizipation und Engagement in den Fortbildungen bewegte zunächst die Fachkräfte. So wie die Partizipation der Kinder in den Köpfen der Erwachsenen beginnt, beginnt auch die Förderung demokratischen Engagements der Kinder damit, dass die pädagogischen Fachkräfte es den Kindern ermöglichen und zumuten, für die Probleme des Alltags mit zuständig zu sein.

Alltagsprobleme wurden in vielen Modellkitas zu Beginn des Projekts eher selten als Bildungsanlässe für Kinder betrachtet. Gerade die Bildungsdebatte hatte die Fachkräfte eher dazu bewogen, immer mehr und differenziertere Bildungsangebote für die Kinder zu gestalten, anstatt die Chancen der Alltagsbewältigung in den Blick zu nehmen. Die Fortbildung bestärkte die Fachkräfte darin, den Kindern zu erlauben, sich mehr in die Bewältigung alltäglicher Aufgaben einzubringen. „Wir haben uns viel mehr zurückgenommen“ – dieser Satz fiel in diversen Auswertungsgesprächen.

Dadurch konnten die Kita-Teams vielfältige Erfahrungen mit dem Mitentscheiden und Mithandeln von Kindern machen: *„Sie* [die Kinder] *durften überall mitmachen: beim Geldausgeben (wir haben mit ihnen besprochen, was wie viel kostet), wo was hinkommt, beim Arbeitseinsatz. Sie haben einen Kinderrat gewählt. Wir haben sie gefragt: Wo kriegen wir denn Steine her?“* Immer wieder schilderten die Fachkräfte, wie überrascht sie über die Lernprozesse der Kinder gewesen wären: *„Wir konnten uns häufig gar nicht vorstellen, dass bei bestimmten Tätigkeiten auch die Kinder mitmachen – vor allem die Krippenkinder. Jetzt haben wir gelernt, dass zum Beispiel auch schon eine*

Dreijährige im Kinderrat mitarbeiten kann. Wir trauen den Kindern sehr viel mehr zu und sind viel gelassener." So wurden die Lernprozesse der Kinder auch zu Lernprozessen der pädagogischen Fachkräfte. *„Die Kinder bringen uns immer wieder zum Staunen, indem sie uns zeigen, dass sie das doch entscheiden können. Dadurch sind wir offener geworden. Unsere Wahrnehmung hat sich verändert."*

Mehrfach wurde betont, dass dieser Lernprozess zu mehr Gelassenheit bei den Fachkräften geführt hat. *„Das Zutrauen in die Kinder ist gewachsen. Damit ist auch die Gelassenheit bei den Erzieherinnen gestiegen."*

Diese Gelassenheit wurde von den Fachkräften im Laufe des Projekts auch als Erleichterung der Arbeit beschrieben (obwohl sie gleichzeitig betonten, dass die Veränderung der Arbeit zunächst mit stärkeren Anforderungen einherging): *„Früher habe ich immer möglichst viel für die Kinder gemacht und versucht, ihnen Alltagsprobleme abzunehmen. Jetzt thematisiere ich gerade diese Probleme mit den Kindern und wir suchen gemeinsam Lösungen. Das ist viel entspannter – auch für uns Fachkräfte."*

In der Organisationsbefragung bestätigten die Fachkräfte, dass es in der Folge der Projektteilnahme zu einer stärkeren Berücksichtigung gesellschaftlichen Engagements in der Arbeit der Kita gekommen ist.

In unseren Angeboten ist Engagementförderung ein Aspekt, der stärker bedacht wird.

stimmt voll und ganz	stimmt überwiegend	stimmt eher	stimmt eher nicht	stimmt überwiegend nicht	stimmt gar nicht
42 %	44 %	14 %	0 %	0 %	0 %

Gleichzeitig wird Engagementförderung nun auch von der Leitung intensiver unterstützt.

Die Leitung unterstützt die Engagementkultur in der Einrichtung noch intensiver.					
stimmt voll und ganz	stimmt überwiegend	stimmt eher	stimmt eher nicht	stimmt überwiegend nicht	stimmt gar nicht
48 %	34 %	7 %	1 %	0 %	0 %

Die Auseinandersetzung mit demokratischem gesellschaftlichem Engagement führte in den Teams auch zu einem Nachdenken über die Machtstrukturen im Kita-Alltag. *„Die Kolleginnen sind im Alltag nicht mehr die alleinigen Bestimmer. Wir mussten uns sogar bremsen mit unseren sprudelnden Ideen und haben uns immer wieder gefragt: Wollen nur wir das? Was wollen eigentlich die Kinder?“* Voraussetzung dafür war die gemeinsame Entscheidung des Teams für das Projekt. *„Wir haben alle die persönliche Entscheidung getroffen, dass wir uns für diese Arbeit öffnen und den Mut haben, Entscheidungen abzugeben an die Kinder.“*

Das Projekt hat auch zu einer veränderten Kommunikation im Team geführt: *„Es gibt mehr gruppenübergreifende Absprachen im Team. Die Gespräche untereinander sind intensiver und mehr geworden.“* Die Erfahrung von Demokratie in den partizipativ ausgerichteten Fortbildungen und in der pädagogischen Arbeit mit den Kindern führte auch zu mehr Demokratie in der Diskussion zwischen den pädagogischen Fachkräften. So können „brisante“ Themen im Team eher besprochen werden. Auch dies wird durch die Organisationsbefragung bestätigt.

Durch die Teilnahme an der Fortbildung konnten wir uns im Team weiterentwickeln.					
stimmt voll und ganz	stimmt überwiegend	stimmt eher	stimmt eher nicht	stimmt überwiegend nicht	stimmt gar nicht
56 %*	37 %	8 %	0 %	0 %	0 %

*Abweichungen von 100 Prozent sind auf Rundungsdifferenzen zurückzuführen.

Partizipation und Engagement bewegte nach Aussagen der Fachkräfte auch die Kinder. Die Fachkräfte betonten: *„Die Kinder sind beteiligt. Sie sind motiviert, sie sind engagiert. Sie denken mit.“* Die Kinder mischten sich auch von sich aus in Entscheidungen und Prozesse in der Kita ein: *„Als das Gerüst für die Nestschaukel aufgestellt werden sollte, haben sie gesagt: ‚Wenn die Nestschaukel jetzt angebracht wird, können wir doch nicht hochgehen zum Essen.‘“* So berichteten die Fachkräfte davon, dass durch das Projekt Engagement für die Kinder selbstverständlicher geworden ist.

Partizipation und Engagement haben nach Aussage der pädagogischen Fachkräfte dazu beigetragen, dass die Kinder selbstbewusster und selbstständiger geworden sind. Sie mischten sich ein und äußerten ihre Interessen: *„Wenn sie jetzt Sorgen oder Wünsche haben, kommen sie und sagen, wir müssen darüber reden! Sie haben erlebt, dass wir uns für ihre Sachen interessieren und ihnen zuhören.“* Die Kinder lernten auch, ihre Interessen und Meinungen deutlicher kundzutun: *„Die Kinder haben eine andere Ausdrucksweise entwickelt. Sie machen durch Gesten ganz klar: ‚Ich will das hier nicht.‘ Das haben sie früher so nicht gemacht. Wir sind da aber auch eher drüber hinweggegangen.“*

In der Organisationsbefragung gaben die Fachkräfte an, das Projekt habe dazu beigetragen, dass die Kinder einen Wissenszuwachs erlangt haben und auch ihre personalen und sozialen Kompetenzen gestärkt wurden.

Sich zu engagieren ist für viele Kinder in unserer Einrichtung selbstverständlicher geworden.

stimmt voll und ganz	stimmt überwiegend	stimmt eher	stimmt eher nicht	stimmt überwiegend nicht	stimmt gar nicht
25 %	46 %	20 %	8 %	0 %	1 %

Das Projekt hat die personale und soziale Kompetenz der Kinder gestärkt.					
stimmt voll und ganz	stimmt überwiegend	stimmt eher	stimmt eher nicht	stimmt überwiegend nicht	stimmt gar nicht
62 %*	27 %	8 %	0 %	1 %	1 %

* Abweichungen von 100 Prozent sind auf Rundungsdifferenzen zurückzuführen.

Davon profitierten insbesondere Kinder, die die Fachkräfte vor dem Modellprojekt eher als ruhig und zurückhaltend eingeschätzt hatten. *„Die Kinder sind selbstsicherer geworden, selbstbewusster. Gerade bei Kindern, die immer sehr ruhig waren, hat man richtig gemerkt, wie die aufgeblüht sind und darauf bestanden haben: ‚Jetzt rede ich!'"* Damit bestätigen sich auch in diesem Projekt die Ergebnisse der Studie von Ronald Lutz (2012), die einen Zusammenhang zwischen Partizipation und Resilienz belegt.

Viele Fachkräfte berichteten davon, dass die Kinder auch komplexe Prozesse verstanden und umsichtig mitdachten, wie zum Beispiel als ein Kind befand, dass der Hausmeister an der falschen Stelle arbeitet: *„Als Herr Freise* (der Hausmeister) *auf dem Gelände gearbeitet hat, ist ein Kind zu mir gekommen und hat gesagt: ‚Herr Freise arbeitet da hinten. Der muss aber da arbeiten, bei dem Hügel.'"* Die Krippenkinder beteiligten sich ebenfalls auf eine Art und Weise, die die Erwachsenen oft staunen ließ. So gelang es schon unter Dreijährigen, sich bei einem so komplexen Thema wie einer Spielplatzplanung zu beteiligen: *„In der Kritikphase waren wir mit den Krippenkindern immer wieder am Modell. Das ging ab ca. zwei Jahren. Nach vielem Hin und Her zwischen dem Spielplatz und dem Modell konnte man merken, dass die Kinder ein Bewusstsein davon entwickeln, was was ist. Es gab viele Gespräche am Modell. Man merkte schon, dass sie wissen, wovon sie reden. ‚Das ist das Haus. Da habe ich drin gespielt.' Oder: ‚Da kommst du immer nicht hoch.' Und so konnten auch die Krippenkinder ihre Meinung sagen."* In diesem Beispiel wird aber auch deutlich, dass die Möglichkeit der Kinder, sich zu engagieren, von den didaktisch-methodischen Fähigkeiten der Erwachsenen abhängt. Diese Zweijährigen konnten ihre Meinung nur kundtun, weil es den Fachkräften gelungen war, ihnen mithilfe eines Modells die Planungen und die Möglichkeiten, sich zu beteiligen, transparent zu machen.

Einige Kinder diskutierten die Verantwortung, die mit der Übernahme bestimmter Rollen in den Beteiligungsprozessen verbunden ist. So beschwerten sich die Kinder in einer Kita über einen gewählten Gruppensprecher, der andere Kinder oft ärgerte und schlug. Die Kinder fanden es unangemessen, *„dass so ein Kind im Kinderrat ist"*. Nach längerer Diskussion im Kinderrat entschieden die Kinder, dass er noch eine Chance bekommen solle und Delegierter bleiben könne, wenn er andere nicht mehr haue. Dass diese Aufforderung von den Kindern selbst kam (und nicht von den Erwachsenen), schien den Jungen sehr zu beeindrucken. Jedenfalls änderte sich sein Verhalten anschließend sichtlich. Hier wurde einmal mehr bestätigt, welch großen Einfluss Gleichaltrige auf soziale Lernprozesse haben können.

Partizipation und Engagement der Kinder bewegt auch Mütter und Väter. Die Zusammenarbeit mit Eltern ist eine besondere Herausforderung für viele pädagogische Fachkräfte (vgl. Kapitel 6). Das war auch in den Modellkitas so. Nicht alle Eltern standen anfangs dem Projekt „Mitentscheiden und Mithandeln in der Kita" aufgeschlossen gegenüber. Immer wieder stießen die Fachkräfte bei Müttern oder Vätern auf Bedenken oder Ablehnung. Das verunsicherte manche Fachkräfte, zumal sie zu Beginn des Projekts selbst oft noch unsicher bezüglich der Förderung von Partizipation und Engagement waren. Um unsichere Eltern trotz eigener Unsicherheit zu überzeugen, war Transparenz ein wichtiges Moment: *„Wir haben mit den Eltern von Anfang an das Gespräch gesucht."* Auch dies wurde in der Organisationsbefragung deutlich.

Wir informieren die Eltern regelmäßiger über die Engagementförderung in unserer Einrichtung.					
stimmt voll und ganz	stimmt überwiegend	stimmt eher	stimmt eher nicht	stimmt überwiegend nicht	stimmt gar nicht
43 %	38 %	18 %	1 %	0 %	0 %

Eine frühe Beteiligung der Eltern verringerte ebenfalls deren Skepsis: *„Bei einem Spielplatz-Rundgang konnten sie Smileys auf einer Skizze vom Spielplatz verteilen.“* Am überzeugendsten war aber häufig die Begeisterung ihrer Kinder: *„Die Kinder sind hochmotiviert und ziehen ihre Eltern mit. Sie sagen: ‚Wir brauchen das und das ...‘ und die Eltern setzen sich dann damit auseinander. Und die Kinder sind dann ganz stolz, wenn Mama oder Papa beim gemeinsamen Arbeiten dabei waren.“* Auch die Beobachtung der Eltern, wie selbstständig ihre Kinder werden, wenn ihnen Engagement zugetraut wird, überzeugte viele von dem Konzept: *„Die Eltern waren vielfach erstaunt gewesen, wie selbstständig ihre Kinder in kurzer Zeit wurden.“* Elternabende, an denen das Projekt vorgestellt wurde, waren meist gut besucht; und letztlich beurteilten die Eltern das Projekt in der Regel positiv: *„Wir haben ein sehr positives Feedback von den Eltern erhalten. Und das, nachdem die Zusammenarbeit mit den Eltern am Anfang des Projekts sehr schwierig war.“*

Fachkräfte einer Kita in einem sozialen Brennpunkt berichteten, dass für viele Eltern vor allem die Möglichkeit, sich selbst praktisch zu beteiligen, wichtig war: *„Auf dem Elternabend haben wir sie* [die Eltern] *auch zum Arbeitseinsatz eingeladen. Vorher kamen immer dieselben Eltern und es wurde ein bisschen sauber gemacht. Hier konnten sie nun mitentscheiden und kreativ sein. Kinder und Eltern haben fleißig mitgeholfen. Die Kolleginnen mussten den Arbeitseinsatz beenden – zum ersten Mal! Es gab viele Gespräche in zwangloser Atmosphäre.“* Insbesondere durch solche gemeinsamen Arbeitseinsätze intensivierte sich auch das Verhältnis der Fachkräfte zu den Eltern: *„Die Erziehungspartnerschaft ist weiter gereift. Wir sind öfter auf die Eltern zugegangen und haben geschaut: Welche Potenziale haben die Eltern? Die Eltern nehmen uns jetzt auch anders wahr. Wir haben sie gefragt,* *wie könnt ihr uns helfen? Nicht nur von oben mit dem pädagogischen Zeigefinger. Eltern, die zuvor oft im Streit mit Fachkräften waren, haben richtig die Ärmel hochgekrempelt."*

Es gab jedoch auch Unsicherheiten und Bedenken bei den Eltern, häufig aus Sorge um die Kinder: *„Es gab Elternbeschwerden übers Matschen. Die hatten Sorge wegen Erkrankungen. Manche Kinder haben keine Regenkleidung. Die einen Eltern gilt es zu überzeugen, die anderen zu unterstützen. Aber jetzt lassen sich die Eltern zusehends ein. Sie helfen beim Abholen immer mehr beim Saubermachen der Kinder. Wir zeigen ihnen immer wieder, welche Freude die Kinder beim Matschen haben und was sie dabei lernen."* Demokratisches Arbeiten mit Kindern verlangt, auch mit den Eltern demokratisch zu arbeiten (vgl. Knauer 2013). Die Fachkräfte aus den Modellkitas betonten, wie wichtig es gewesen sei, Mütter und Väter mit ihren Ideen und Sorgen ernst zu nehmen.

Allerdings gelang es nicht immer, die Eltern zu überzeugen. In einer Kita meldete eine Mutter ihren Sohn ab, weil sich die Fachkräfte weigerten, das Kind gegen seinen Willen *„auf den Topf zu setzen"*.

Partizipation und Engagement der Kinder kann schließlich auch die Öffentlichkeit bewegen. Das Konzept „Mitentscheiden und Mithandeln in der Kita" entwickelt die Förderung von Partizipation und Engagement zunächst innerhalb der Kita, sodass dies in der Öffentlichkeit häufig kaum wahrgenommen wird. Und doch gab es auch öffentliche Reaktionen auf das Konzept. Über einige der Projekte in den Modellkitas wurde in der Zeitung und auch im Fernsehen berichtet.

Einer der Zeitungsartikel erregte ein breites öffentliches Interesse: *„Wer sich jetzt alles für unsere Arbeit interessiert: Das Jugendamt hat angerufen und nachgefragt, was hier passiert. Der Bürgermeister hat Sponsoren motiviert. Wir haben eine Geldspende für die Nestschaukel bekommen: 1000 Euro in bar. Die Frau wollte nicht in der Öffentlichkeit genannt werden. Wir haben sie zur Eröffnung eingeladen."*

Es gab aber auch andere Reaktionen. Obwohl ein Zeitungsartikel unter der Überschrift *„Demokratie im Kleinen: Wenn Kinder entscheiden dürfen, werden sie selbstständiger"* zunächst positiv über das demokratische Engagement der Kinder in der Kita berichtete, äußerten sich Bürgerinnen und Bürger in Leserbriefen sehr kritisch dazu. Das

Engagementprojekt in der Kita hatte auf diese Weise eine öffentliche Debatte über Kinderrechte ausgelöst. Das führte auch innerhalb der Elternschaft wieder zu einer Diskussion über die Rechte von Kindern. Ergebnis war schließlich eine ausführliche öffentliche Stellungnahme des Elternkuratoriums, das sich deutlich hinter das Projekt stellte. Eine Erzieherin erzählte: *„Nach einem Artikel in der Lokalpresse über unsere Kita-Verfassung gab es böse Leserbriefe: Das ginge ja gar nicht, dass die Kinder so viel mitentscheiden dürften. Die wären völlig überfordert usw. Das Elternkuratorium hat dann eine Antwort geschrieben und unser Vorgehen begründet. Eigentlich ist es gut, dass diese Diskussionen nun auch öffentlich geführt werden.“*

Demokratie in der Kita führte in diesem Fall auch über die Grenzen der Kita hinaus zu einer kontroversen Debatte über Kinderrechte. Das verunsicherte die Fachkräfte zunächst, führte dann aber – auch durch die Unterstützung der Eltern – dazu, dass das Team selbstbewusster wurde: *„Wir verteidigen unsere Entscheidungen jetzt viel mehr als früher, egal was uns vorgesetzt wird. Wir verteidigen unsere Positionen anstatt klein beizugeben und hinterher zu meckern. Aber das war eine lange Entwicklung.“*

Zur Öffentlichkeitsarbeit gehört ebenfalls die Mitarbeit in lokalen Netzwerken, die Zusammenarbeit mit Schule, Jugendamt usw. Hier berichten viele Fachkräfte von positiven Rückmeldungen: *„Wir bekommen überall viel Anerkennung, wenn wir von dem Projekt berichten.“* – *„In den Sozialraumgremien mit Kita-Leitungen, Gesundheitsdienst, Schulleitung, Jugendhilfeeinrichtungen usw. gab es einen regen Austausch über das, was wir aus dem Projekt vorgestellt haben.“* So konnten neue Kontakte aufgebaut beziehungsweise bestehende Kontakte ausgeweitet werden. Dies waren vor allem Kontakte zu anderen Kindertageseinrichtungen, zu Projektverantwortlichen in den Kommunen und Bezirken, zu Grundschulen, aber auch zu Unternehmen, anderen sozialen Einrichtungen oder Vereinen.

Gesellschaftliches Engagement in der Kita zu verankern und in der Öffentlichkeit darüber zu berichten, hat sich ausgezahlt: *„Wir sind unseren Weg gegangen und haben gemacht, was zu uns gepasst hat. Dadurch haben wir eine große Wertschätzung erfahren – im Gemeinwesen und beim Träger.“* Ihre pädagogischen Positionen in der Öffentlichkeit der Kommune zu vertreten, fällt vielen Fachkräften jedoch nicht leicht: *„Aber auch die Lobbyarbeit ist für uns ein Lernprozess.“*

Kinder nehmen ihre Engagementerfahrungen aus der Kita in die Schule mit. Selbst wenn sie hier auf Strukturen stoßen, in denen ihr Engagement weniger willkommen ist als in der Kita, profitieren sie in der Regel von ihren Erfahrungen. Selbstständigkeit, Selbstbewusstsein oder das Vertrauen darauf, Probleme selbstständig lösen zu können, helfen ihnen auch, in der Schule zurechtzukommen. Kinder, die in der Kita demokratische Strukturen und Verfahren kennengelernt haben, suchen auch in der Schule danach: *„Manchmal sind die Schulkinder extra noch einmal in die Kita gekommen, weil Kinderrat war. Wenn in der Schule in der ersten Klasse die Klassensprecher gewählt werden, sagen diese Kinder dann: ‚Ich war das schon im Kindergarten.'"*

Und manchmal interessieren sich dann auch die Grundschullehrkräfte für die demokratischen Strukturen in der Kita. Die Leiterin einer Kindertageseinrichtung mit einer Kita-Verfassung berichtete: *„Viele unserer Kinder wurden in die gleiche Klasse eingeschult. Für sie war der Übergang kein Problem. Sie monierten allerdings nach zwei Wochen, dass es ja gar keinen Klassenrat gäbe und sie doch Dinge gemeinsam besprechen müssten. Sie erklärten der Klassenlehrerin, wie sie das im Kindergarten gemacht haben. Diese rief mich dann an, weil sie es gar nicht glauben konnte, was die Kinder hier alles mitentscheiden konnten. Ich habe sie dann eingeladen und gemeinsam haben wir überlegt, wie die Kinder sich auch in der Grundschule engagieren können. Jetzt gibt es dort einen Klassenrat und die Lehrerin ist immer wieder erstaunt, wie gut der funktioniert."* Hier haben die Kinder selbst dafür gesorgt, ihre demokratischen Rechte, die sie aus der Kita kannten, in der Schule ebenfalls zu erhalten.

Nicht immer gelingt dieser Übergang allerdings so reibungslos. Die Leiterin der Kita berichtet auch von einem anderen Beispiel: *„Ein Junge kam allerdings nicht in diese Klasse. Da seine Eltern umzogen, wurde er am anderen Ende der Stadt eingeschult. Nur durch Zufall erfuhr ich davon, dass er große Probleme in der ersten Klasse hatte. Auch er mischte sich immer wieder ein und sagte seine Meinung. Die Lehrerin bewertete dies aber als renitent und auffällig. Den Eltern sagte sie, dass sie glaube, dass der Junge schwere Lernprobleme hätte und vermutlich eine Sonderschule besuchen müsse. Aus der Kita aber wusste ich, dass es sich bei diesem Jungen um ein sehr aufgewecktes und auch durchsetzungsstarkes Kind handelte. Es gelang mir, ein Gespräch mit den Eltern* *und der Lehrerin zu verabreden. Zu diesem Gespräch habe ich Projektberichte aus der Kita mitgenommen und versucht zu zeigen, wie klug und aufgeweckt das Kind in der Kita gewesen war. Das Gespräch verlief nicht ganz einfach, weil die Lehrerin ein völlig anderes Bild vom Kind hatte als wir. Unterstützt durch mich, gelang es den Eltern aber, mit der Schulleitung zu verabreden, dass der Junge in eine Parallelklasse konnte und mit einer anderen Lehrkraft, mit der auch vorher gesprochen wurde, einen Neustart machen konnte. Jetzt geht er gerne zur Schule und hat keinerlei Probleme.“*

Schwierigkeiten im Übergang von der Kita in die Grundschule kann es immer wieder geben. Je mehr Kinder aus einer Kita in eine Grundschulklasse kommen, desto einfacher ist es für die Kinder, an ihre bisherigen Bildungserfahrungen anknüpfen zu können. Um Probleme wie im beschriebenen Fall zu reduzieren, empfiehlt es sich, Grundprinzipien der Kita-Arbeit auch der Grundschule transparent zu machen. Die Lehrkräfte wissen dann, mit welchen demokratischen Vorerfahrungen die Kinder in die erste Klasse kommen.

Engagementförderung ist ein Lernprozess – auch für die pädagogischen Fachkräfte

Partizipation und Engagement von Kindern in Kitas bedeutet nicht nur einen Bildungsprozess für die Kinder, sondern auch für die pädagogischen Fachkräfte. Die Beschäftigung mit gesellschaftlichem Engagement hat in vielen Modellkitas zu intensiven Diskussionen und Klärungen pädagogischer Grundpositionen in den Teams geführt. In den Auswertungsrunden wurde deutlich, dass dazu nicht nur die Inhalte der Fortbildungen, sondern auch deren didaktisch-methodische Gestaltung beigetragen haben. In der Organisationsbefragung wurde die Fortbildung durchweg mit sehr guten Noten bewertet (Note 1,1), sowohl in Bezug auf den Wissenserwerb als auch auf den Erwerb von Methodenkenntnissen zur Förderung gesellschaftlichen Engagements.

Ich setze die in der Fortbildung erlernten Methoden in meinem Arbeitsalltag ein.					
stimmt voll und ganz	stimmt überwiegend	stimmt eher	stimmt eher nicht	stimmt überwiegend nicht	stimmt gar nicht
44 %	50 %	6 %	0 %	0 %	0 %

Positiv wurden die Fortbildungen vor allem aus folgenden Gründen bewertet:

„Wir sind von euch nicht getrieben worden, sondern ihr seid mit uns gegangen.“ Das Fortbildungskonzept „Mitentscheiden und Mithandeln in der Kita“ ist selbst als partizipativer Prozess des gesamten Teams angelegt, in dem die Fachkräfte stets selbst entscheiden, wobei und wie sie die Kinder beteiligen wollen. Im Wechsel zwischen theoretischer Planung und praktischer Erprobung, Erfahrung und Reflexion entwickeln sie ihre pädagogische Arbeit demokratisch weiter. Die Fachkräfte betonten immer wieder, dass sie diese Auseinandersetzung im ganzen Team als sehr wertvoll erlebt haben. Viele Fachkräfte meldeten zurück, dass schon die Entscheidung für das Projekt im Team demokratisch getroffen wurde: *„Es war eine Teamentscheidung, das Projekt durchzuführen und auch das Thema zu wählen. Dadurch waren die Identifikation mit dem Projekt, die Motivation der Kolleginnen und ihr Durchhaltevermögen groß.“*

Diese Teilnehmerorientierung ist im Rahmen der Fortbildung allerdings in ein strukturiertes, zielorientiertes Verfahren eingebunden. Das Team legt in einem moderierten Konsensverfahren das Projektthema und das konkrete Projektziel fest und trifft dann in einem klar strukturierten Prozess alle inhaltlichen Entscheidungen hinsichtlich der Beteiligung der Kinder. *„Wir haben alle die persönliche Entscheidung getroffen, dass wir uns für diese Arbeit öffnen und den Mut haben, Entscheidungen an die Kinder abzugeben.“* Während die Fachkräfte die Inhalte verantworten, ist die Moderation für die Struktur und die Gestaltung der Prozesse der Fortbildung verantwortlich. So entsteht einerseits Raum für Diskussionen und Klärungen im Team, andererseits wird das Ziel nie aus den Augen verloren und in der Regel auch in der vorgesehenen Zeit erreicht. Die Teams empfanden dieses Vorgehen als sehr hilfreich: *„Vollkommen neu war die strukturierte Planung. Wir haben zum ersten Mal ein Projekt im gesamten Team geplant, gemeinsam gefragt, wie wir eigentlich vorgehen wollen, und dann verbindliche Verabredungen im Team getroffen."* – *„Die klare Zielorientierung war gut. Wir haben uns immer gefragt: Hilft das, was ich mache, um das gemeinsame Ziel zu erreichen?"*

„In den Fortbildungen sind durch eine Sicht von außen Dinge aufgebrochen, die wir jahrelang so gemacht haben." Das Fortbildungskonzept nutzt Themen des pädagogischen Alltags, um daran zu erarbeiten, wie Partizipation und Engagement von Kindern ermöglicht werden können. So werden pädagogische Grundsatzfragen über die Rechte der Kinder in der Kita stets am Beispiel konkreten pädagogischen Handelns diskutiert und geklärt. Auch die theoretischen Inputs der Fortbildnerinnen und Fortbildner werden immer auf die konkrete Praxis bezogen. *„Man hat sich immer wieder hinterfragt, bei jedem Schritt, zum Beispiel: Was kann man eigentlich mit welcher Altersgruppe wie machen? Es gab immer wieder Diskussionen: Was kann man noch anders, besser machen? Warum hakt es? Liegt es an den Kindern? An uns? Wir sind dadurch viel sensibler für die Leistungen der Kinder geworden."*

„Das ganze Team ist gewachsen." In den Aussagen vieler Fachkräfte deutet sich auch an, dass die Fortbildungen zur Teamentwicklung beigetragen haben. *„Wir sind miteinander ins Gespräch gekommen. Das war gut; man hat ja normalerweise nicht so viel Zeit, miteinander ins Gespräch zu kommen!"* Dass die Auseinandersetzungen im Team als konstruktiv empfunden wurden, ist insbesondere eine Folge der partizipativen Fortbildungsdidaktik, die den Fachkräften die inhaltliche Entscheidungsmacht belässt, sowie der konsensorientierten Moderation der Entscheidungsprozesse, die das Team nicht in Gewinner und Verlierer spaltet, sondern es unterstützt, sich zu einigen. Diese Erfahrung setzte sich in der Umsetzung der Beteiligungsprozesse fort: *„Wir geben uns untereinander Hilfe und Unterstützung und können uns aufeinander verlassen"*.

Auch die zielorientierte Planung, die immer in einen Handlungsplan für die Umsetzung mündete, trug zu dieser Entwicklung bei: *„Durch den Zeitplan gab es Druck. Das war gut. Das hat unheimlichen Schwung in die Entwicklung des Teams gebracht."* Zwar wurden insbesondere die Planungsprozesse, aber auch die Umsetzung der gemeinsamen Beschlüsse oft als anstrengend beschrieben, doch hat sich diese Anstrengung nach Meinung vieler Fachkräfte gelohnt: *„Es war jetzt am Anfang schon mehr Arbeit. Neues bedeutet ja immer erst mal mehr Arbeit. Eine Veränderung ist immer anstrengend. Aber wir sind durch Dick und Dünn gegangen und bei der Stange geblieben."* Die hohe intrinsische Motivation betont auch die Leiterin einer Modellkita: *„Wir als Leitungsteam mussten überhaupt nicht nachhaken. Das Team hat sehr eigenverantwortlich gearbeitet."*

Partizipation und Engagement in Kindertageseinrichtungen – ein Ausblick

Kindertageseinrichtungen sind die ersten öffentlichen Einrichtungen, in denen Kinder Demokratieerfahrungen machen können – wenn die dort tätigen Fachkräfte dies wollen, im Team beschließen und im Alltag für die Kinder gestalten. Wie dies gelingen kann, beschreibt dieses Handbuch, das in einem fruchtbaren Austausch zwischen Theorie und Praxis entstanden ist. Im Rahmen des Modellprojekts „jungbewegt – Für Engagement und Demokratie." wurden bislang 21 Kindertageseinrichtungen in der Einführung beziehungsweise Weiterentwicklung gesellschaftlichen Engagements von Kindern begleitet.

Das Konzept „Mitentscheiden und Mithandeln in der Kita" bietet eine Grundlage für eine demokratische Gestaltung des Alltags in Kindertageseinrichtungen. Damit möglichst viele Kinder in möglichst vielen Kindertageseinrichtungen die Chancen nutzen können, die ihnen demokratische Partizipation und demokratisches gesellschaftliches Engagement bieten, gilt es, praxisbewährte Konzepte von Demokratie in der Kita zu verbreiten, thematisch weiter zu spezifizieren und sowohl bei den Einrichtungsträgern als auch in der Ausbildung pädagogischer Fachkräfte zu verankern. Dazu, wie dieses geschehen könnte, möchten wir abschließend einige Ideen skizzieren:

- **Regionale Leuchttürme errichten:** Für eine Implementierung von Demokratie in Kindertageseinrichtungen ist es hilfreich, wenn die pädagogischen Fachkräfte in ihrer Region auf gelungene Beispiele zugreifen können. Im Projekt „jungbewegt – Für Engagement und Demokratie." trug die

Mundpropaganda der Mitarbeiterinnen und Mitarbeiter aus den Modellkitas dazu bei, dass weitere Kitas aus der Region sich um eine Beteiligung am Modellprojekt bemühten. Einzelne Kitas, die das Konzept erfolgreich umsetzen und als Konsultationseinrichtungen veranschaulichen, dass und wie Demokratiebildung funktioniert, können eine Verbreitung des Konzepts „Mitentscheiden und Mithandeln in der Kita“ in der Region oder beim Träger initiieren.

- **Fachlich kompetente Begleitung anbieten:** Eine Demokratisierung der Kita berührt sensible Themen wie die pädagogische Grundhaltung der Fachkräfte oder die Machtverhältnisse in der Einrichtung. Insofern ist es ratsam, dass Kita-Teams sich von externen Beraterinnen und Beratern begleiten lassen, wenn sie Partizipation und Engagement der Kinder systematisch fördern wollen. Diese Aufgabe können Fachkräfte übernehmen, die als Multiplikatorinnen und Multiplikatoren für das Konzept „Mitentscheiden und Mithandeln in der Kita“ qualifiziert, miteinander vernetzt und an Träger und Kitas vermittelt werden.
- **Partizipation und Engagementförderung thematisch spezifizieren:** Partizipation und Engagement sind eng verknüpft mit vielen weiteren Anforderungen an die Arbeit einer Kindertageseinrichtung. Eine Pädagogik der Vielfalt sowie die Inklusion aller Kinder und ihrer Familien sind ohne Partizipation und Engagement aller Beteiligten nicht denkbar. Zum Schutz der Kinder vor Übergriffen der Erwachsenen verlangt der Gesetzgeber in § 45 SGB VIII eine konzeptionelle Verankerung von Partizipation und Beschwerdeverfahren (vgl. u. a. Hansen und Knauer 2013). Auch der Übergang von einer demokratieorientierten Kita zur Grundschule oder die Zusammenarbeit mit Einrichtungen der Jugendarbeit oder der Hilfen zur Erziehung sollten im Hinblick auf eine engagierte Beteiligung der Kinder gestaltet werden. Zudem verlangt diese Förderung von Partizipation und Engagement, ebenfalls zu klären, inwiefern Eltern und pädagogische Fachkräfte in der Kita mitentscheiden und mithandeln. Es gilt, das Konzept „Mitentscheiden und Mithandeln in der Kita“ aus der jeweiligen Perspektive dieser Themen zu reflektieren und weiterzuentwickeln. Eine nachhaltige Umsetzung von Demokratie in Kitas kann nur gelingen, wenn Demokratie

zu einem konstitutiven Moment der ganzen Kita gemacht wird (vgl. Bartosch und Knauer 2014).

- **Nachhaltige strukturelle Maßnahmen unterstützen:** Eine breite Verankerung verbindlicher demokratischer Konzepte in Kitas wird nur dann gelingen, wenn Partizipation und Engagementförderung in die Qualitätsentwicklungskonzepte der Träger implementiert werden. Dabei kommt den Einrichtungsleitungen eine Schlüsselrolle zu, da sie die Entwicklung einer demokratischeren Einrichtungskultur nicht nur im Team fördern, sondern auch gegenüber Eltern und anderen Kooperationspartnern vertreten müssen. Es erscheint daher sinnvoll, ihnen eine besondere Begleitung zukommen zu lassen, beispielsweise in Form regelmäßiger Leitungscoachings durch erfahrene Multiplikatorinnen und Multiplikatoren des Konzepts „Mitentscheiden und Mithandeln in der Kita". Unterstützt werden können diese Maßnahmen, indem Partizipation und gesellschaftliches Engagement junger Menschen auch in regionalen Entwicklungskonzepten verankert werden.
- **Demokratiebildung als bedeutsames Element in der Ausbildung pädagogischer Fachkräfte integrieren:** Eine nachhaltige Implementierung von Demokratie in Kindertageseinrichtungen erfordert auch eine Integration des Themas in die verschiedenen Ausbildungen pädagogischer Fachkräfte an Fachschulen und Hochschulen. Ein Forschungsprojekt der Fachhochschule Kiel und der Katholischen Universität Eichstätt-Ingolstadt gibt Hinweise auf Bausteine einer Ausbildung, die Demokratiebildungskompetenzen für Kindertageseinrichtungen anregt und unterstützt (vgl. Bartosch und Knauer 2014).

Die hier genannten Maßnahmen können dazu beitragen, dass möglichst vielen Kindern in Kindertageseinrichtungen die demokratischen Erfahrungen, mitzuentscheiden und mitzuhandeln, möglichst umfassend nahegebracht werden. Das Ziel des Konzepts „Mitentscheiden und Mithandeln in der Kita" ist erreicht, wenn für pädagogische Fachkräfte in Kindertageseinrichtungen selbstverständlich ist, was eine Fachkraft in einer Modelleinrichtung während der Projektauswertung ausdrückte:

Ich mache eigentlich gar nichts mehr für die Kinder. Wenn irgendwas anliegt, frage ich jetzt immer: „Und–was können wir da tun?"

Raster für die Planung eines Beteiligungs- und Engagementprojekts

Projektziel:									
	Projektschritte: Welche Schritte sind erforderlich, damit das Projektziel erreicht wird?	**Wer entscheidet?**			**Elternbeteiligung**	**Meinungsbildungsprozess**		**Entscheidungsprozess**	
		F	F+K	K		Was brauchen die Kinder, um den Schritt gehen zu können?	Wie wird ihnen das methodisch vermittelt?	Wer soll beteiligt werden? Welche Gremien werden ggf. benötigt?	Welche Entscheidungsverfahren sollen ggf. angewendet werden?
1									

Legende: F = Fachkräfte; K = Kinder

Die Kita-Verfassung aus dem Kindergarten von Leon und Jelena

– Aktualisierte Version vom 16. Februar 2014 –

Präambel

1| In der Zeit vom 15. bis 17. Juli 2013 trat das pädagogische Team der Kita von Leon und Jelena als Verfassunggebende Versammlung zusammen. Die Mitarbeiterinnen und Mitarbeiter verständigten sich auf die künftig in der Einrichtung geltenden Partizipationsrechte der Kinder.

2| Die Beteiligung der Kinder an allen sie betreffenden Entscheidungen wird damit als Grundrecht anerkannt. Die pädagogische Arbeit soll an diesem Grundrecht ausgerichtet werden.

3| Gleichzeitig ist die Beteiligung der Kinder eine notwendige Voraussetzung für gelingende (Selbst-)Bildungsprozesse und die Entwicklung demokratischen Denkens und Handelns.

Abschnitt 1: Verfassungsorgane

§ 1 Verfassungsorgane

Die Verfassungsorgane der Kita von Leon und Jelena sind die Kinderkonferenzen, das Kinderparlament und die Kindersprechstunde.

§ 2 Kinderkonferenzen

1| Die Kinderkonferenzen finden in der blauen, gelben und roten Gruppe mindestens einmal in der Woche statt. Sie können bei Bedarf öfter zusammentreten. In der grünen Krippengruppe finden keine verbindlichen Kinderkonferenzen statt. Dort werden die Kinder zunächst dabei begleitet, eine Gesprächskultur in der Gruppe zu entwickeln und demokratische Entscheidungsverfahren zu lernen.

2| Die Kinderkonferenzen setzen sich aus den Kindern und den pädagogischen Mitarbeiterinnen und Mitarbeitern der jeweiligen Gruppe zusammen. Die Teilnahme an der Kinderkonferenz ist für die Kinder freiwillig.

3| Die Kinderkonferenzen entscheiden im Rahmen der im Abschnitt 2 geregelten Zuständigkeitsbereiche über alle Angelegenheiten, die ausschließlich die jeweilige Gruppe betreffen.

4| Bei der Entscheidungsfindung wird ein Konsens angestrebt. Erscheint das den pädagogischen Mitarbeiterinnen und Mitarbeitern unverhältnismäßig aufwendig, entscheidet die einfache Mehrheit aller anwesenden Konferenzmitglieder.

5| Die Kinderkonferenzen werden von einer pädagogischen Mitarbeiterin oder einem pädagogischen Mitarbeiter sowie nach Möglichkeit von einem Kind anhand eines für alle Anwesenden sichtbaren Protokolls moderiert. Alle Tagesordnungspunkte und getroffenen Entscheidungen werden simultan im Dialog mit allen Anwesenden mittels Symbolen und ergänzt durch Schrift protokolliert. Die Protokolle werden von den Gruppenmitgliedern genehmigt, in der Gruppe veröffentlicht und in einem Protokollordner für Kinder, Eltern, Mitarbeiterinnen und Mitarbeiter zugänglich archiviert.

6| Die Kinder in den Kinderkonferenzen wählen aus ihrem Kreis die Delegierten, die die Interessen der Gruppe im Kinderparlament vertreten sollen. Jede Elementargruppe entsendet zwei Delegierte in das Kinderparlament. Die Wahlen erfolgen als freie Wahl unter allen Kindern, die sich bereit erklären zu kandidieren. Die Legislaturperiode beträgt ein halbes Kindergartenjahr. Wiederwahl ist möglich. Tritt eine Delegierte oder ein Delegierter zurück oder wird sie/er von der Kinderkonferenz abgewählt, wählt die Kinderkonferenz eine neue Delegierte oder einen neuen Delegierten.

§ 3 Kinderparlament

1| Das Kinderparlament tagt mindestens einmal in der Woche. Es kann bei Bedarf beschließen, öfter zusammenzutreten.

2| Das Kinderparlament setzt sich aus den Delegierten der Kinderkonferenzen, der Einrichtungsleitung, einer pädagogischen Mitarbeiterin oder einem pädagogischen Mitarbeiter aus dem Elementarbereich sowie einer pädagogischen Mitarbeiterin oder einem pädagogischen Mitarbeiter aus der Krippe zusammen. Die pädagogische Mitarbeiterin oder der pädagogische Mitarbeiter aus der Krippe vertritt die Interessen der Krippenkinder. Sie/er kann sich dabei gegebenenfalls von bis zu zwei Krippenkindern begleiten lassen.

3| Nach Bedarf können Vertreter der Eltern oder des Trägers, deren Kinder nicht Delegierte der Elementargruppen sind, sowie weitere sachverständige Erwachsene oder Kinder zu einer Sitzung des Kinderparlaments eingeladen werden oder um eine Einladung ersuchen. Die Teilnahme erfolgt ohne Stimmrecht.

4| Das Kinderparlament entscheidet im Rahmen der im Abschnitt 2 geregelten Zuständigkeitsbereiche über alle Angelegenheiten, die die ganze Einrichtung betreffen.

5| Bei der Entscheidungsfindung wird ein Konsens angestrebt. Erscheint das den pädagogischen Mitarbeiterinnen und Mitarbeitern unverhältnismäßig aufwendig, entscheidet die einfache Mehrheit aller anwesenden Konferenzmitglieder.

6| Die Sitzungen des Kinderparlaments werden von einer pädagogischen Mitarbeiterin oder einem pädagogischen Mitarbeiter sowie nach Möglichkeit von einem Kind anhand eines für alle Anwesenden sichtbaren Protokolls moderiert. Alle Tagesordnungspunkte und getroffenen Entscheidungen werden simultan im Dialog mit allen Anwesenden mittels Symbolen und ergänzt durch Schrift protokolliert. Die Protokolle werden von den Parlamentsmitgliedern genehmigt, in der Einrichtung veröffentlicht und in einem Protokollordner für Kinder, Eltern, Mitarbeiterinnen und Mitarbeiter zugänglich archiviert.

7| Die Mitglieder des Kinderparlaments berichten am Tag nach einer Sitzung in den Kinderkonferenzen mithilfe des Protokolls über die Beschlüsse des Kinderparlaments.

§ 4 Kindersprechstunde

1| Die Kindersprechstunde findet einmal in der Woche statt.

2| Während der Kindersprechstunde empfängt die Einrichtungsleitung alle Kinder, die ihr etwas mitteilen, Wünsche äußern oder Beschwerden vorbringen wollen.

3| Die jeweiligen Kinder selbst oder die Einrichtungsleitung mit Zustimmung der jeweiligen Kinder können ein von den Kindern vorgebrachtes Thema einer Kinderkonferenz, dem Kinderparlament oder der Dienstversammlung der pädagogischen Mitarbeiterinnen und Mitarbeiter zur Entscheidung vorlegen.

Abschnitt 2: Zuständigkeitsbereiche

§ 5 Spielen

Jedes Kind hat das Recht, selbst zu entscheiden, was es im Laufe des Kita-Tages wann, wo, mit wem und wie macht. Dieses Recht kann durch die Regelungen der §§ 6–8, 10, 13–15 teilweise eingeschränkt werden.

§ 6 Tagesstruktur

Die Kinder haben nicht das Recht, über die grobe Strukturierung des Tagesablaufs mitzuentscheiden.

§ 7 Themen und Inhalte

1| Die Kinder haben das Recht, über die Themenauswahl und die Durchführung von gruppenübergreifenden und gruppeninternen Angeboten und Projekten mitzuentscheiden. Die pädagogischen Mitarbeiterinnen und Mitarbeiter behalten sich das Recht vor, auch ohne vorherige Rücksprache mit den Kindern einzelne Angebote und Projekte zu planen und durchzuführen.

2| Jedes Kind hat das Recht, selbst zu entscheiden, an welchen Angeboten und Projekten es teilnimmt. Die pädagogischen Mitarbeiterinnen und Mitarbeiter behalten sich das Recht vor, nach einem entsprechenden Beschluss der Dienstversammlung der pädagogischen Mitarbeiterinnen und Mitarbeiter zu bestimmen, dass bestimmte Kinder an bestimmten Angeboten teilnehmen müssen.

§ 8 Ausflüge

1| Die Kinder haben das Recht mitzuentscheiden, welche Ausflüge stattfinden. Die pädagogischen Mitarbeiterinnen und Mitarbeiter behalten sich das Recht vor, auch ohne vorherige Rücksprache mit den Kindern zu bestimmen, dass bestimmte Ausflüge stattfinden.

2| Die Kinder haben das Recht mitzuentscheiden, wie Ausflüge gestaltet werden.

3| Die pädagogischen Mitarbeiterinnen und Mitarbeiter behalten sich das Recht vor zu bestimmen, ob die Kinder an einem Ausflug teilnehmen.

§ 9 Feste und Feiern

1| Die Kinder haben das Recht, Vorschläge zu machen, welche Feste stattfinden. Die pädagogischen Mitarbeiterinnen und Mitarbeiter verpflichten sich, die Vorschläge der Kinder zu prüfen, darüber zu entscheiden und den Kindern ihre Entscheidung begründet mitzuteilen. Die pädagogischen Mitarbeiterinnen und Mitarbeiter behalten sich das Recht vor, auch ohne vorherige Rücksprache mit den Kindern zu bestimmen, dass bestimmte Feste gefeiert werden.

2| Die Kinder haben das Recht mitzuentscheiden, wie Feste gestaltet werden.

3| Jedes Kind hat das Recht, selbst zu entscheiden, ob es an einem Fest teilnimmt.

4| Jedes Kind hat das Recht, selbst zu entscheiden, ob es seinen Geburtstag in der Kita feiert.

5| Jedes Kind hat das Recht mitzuentscheiden, wie sein Geburtstag gefeiert wird.

§ 10 Mahlzeiten

1| Jedes Kind hat das Recht, selbst zu entscheiden, ob, was und wie viel es isst und trinkt, sofern keine medizinische Indikation und keine familiäre religiös oder ethisch begründete Einschränkung vorliegen und für alle Kinder genug da ist. Dieses Recht umfasst auch das Recht des Kindes, selbst zu bestimmen, ob und was es probieren möchte.

2| Die Kinder haben das Recht, unter Einbeziehung der Hauswirtschaftskräfte über die Auswahl und die Gestaltung des Mittagessens mitzuentscheiden. Die pädagogischen Mitarbeiterinnen und Mitarbeiter behalten sich das Recht vor zu bestimmen, dass bestimmte Nahrungsmittel nicht zum Frühstück mitgebracht werden dürfen.

3| Die pädagogischen Mitarbeiterinnen und Mitarbeiter behalten sich das Recht vor zu bestimmen, wo die Mahlzeiten eingenommen werden können.

4| Jedes Kindergartenkind hat das Recht, selbst zu entscheiden, wann es in einem von den pädagogischen Mitarbeiterinnen und Mitarbeitern festgelegten Zeitrahmen sein Frühstück einnimmt. Die pädagogischen Mitarbeiterinnen und Mitarbeiter behalten sich das Recht vor zu bestimmen,

1. wann die Krippenkinder ihr Frühstück einnehmen können,
2. wann die Kinder ihr Mittagessen einnehmen können.

5| Die Kinder haben das Recht, über die Tischregeln mitzuentscheiden. Dieses Recht umfasst auch das Recht, selbst zu entscheiden, neben wem sie sitzen. Die pädagogischen Mitarbeiterinnen und Mitarbeiter behalten sich jedoch das Recht vor, den Kindern nach Regelverstößen das Recht nach Satz 2 vorübergehend zu entziehen.

6| Die Kinder haben das Recht mitzuentscheiden, welche Dienste rund um die Mahlzeiten wie erledigt werden sollen. Jedes Kind hat das Recht selbst zu entscheiden, ob es einen Dienst übernehmen möchte.

§ 11 Schlafen

Jedes Kind hat das Recht, selbst zu entscheiden, ob, wann, wie lange, wo und wie es in der Einrichtung schläft.

§ 12 Kleidung

1| Jedes Kind hat das Recht, selbst zu entscheiden, wie es sich in den Innenräumen kleidet. Die pädagogischen Mitarbeiterinnen und Mitarbeiter behalten sich jedoch das Recht vor zu bestimmen,

1. dass in der Einrichtung keine schmutzigen Straßenschuhe getragen werden dürfen,
2. dass die Kinder im Flur Hausschuhe tragen müssen.

2| Jedes Kindergartenkind und jedes Krippenkind, das bereits sicher aufrecht gehen kann, hat das Recht, selbst zu entscheiden, wie es sich bei trockener Witterung im Außengelände kleidet.

3| Jedes Kindergartenkind hat das Recht, selbst zu entscheiden, wie es sich bei feuchter Witterung im Außengelände kleidet, sofern für das Kind ausreichend Wechselkleidung zur Verfügung steht und es sich an mit den pädagogischen Mitarbeiterinnen und Mitarbeitern abgesprochene Verhaltensregeln in Bezug auf seine Kleidung hält.

4| Die pädagogischen Mitarbeiterinnen und Mitarbeiter behalten sich das Recht vor, die Rechte nach Absatz (1) bis (3) einzuschränken, wenn aus ihrer Sicht eine aktuelle Gesundheitsgefährdung aufgrund der Bekleidung des Kindes besteht.

5| Die pädagogischen Mitarbeiterinnen und Mitarbeiter behalten sich das Recht vor zu bestimmen, dass die Kinder bei bestimmten Tätigkeiten besondere Schutzkleidung tragen müssen.

§ 13 Hygiene

1| Jedes Kind hat das Recht, selbst zu entscheiden, ob es gewickelt wird. Es hat das Recht mitzuentscheiden, wann, wie und von wem es gewickelt wird. Die pädagogischen Mitarbeiterinnen und Mitarbeiter behalten sich das Recht vor zu bestimmen,

1. dass und wann ein Kind gewickelt wird, wenn aus ihrer Sicht dem Kind oder anderen durch die Ausscheidungen des Kindes akute gesundheitliche Gefahren drohen,
2. wo ein Kind sich aufhalten darf, wenn die Einrichtung oder Einrichtungsgegenstände durch die Ausscheidungen des Kindes drohen, verschmutzt zu werden.

2| Jedes Kind hat das Recht, selbst zu entscheiden, ab wann es statt einer Windel die Toilette benutzt.

3| Jedes Kind hat das Recht, selbst zu entscheiden, wann es – auch vor Ausflügen – auf die Toilette geht.

4| Jedes Kind hat das Recht, selbst zu entscheiden, ob seine Nase geputzt wird. Es hat das Recht mitzuentscheiden, von wem und wie seine Nase geputzt wird. Die pädagogischen Mitarbeiterinnen und Mitarbeiter behalten sich das Recht vor zu bestimmen, wo ein Kind sich aufhalten darf, wenn die Einrichtung oder Einrichtungsgegenstände durch die Ausscheidungen des Kindes drohen, verschmutzt zu werden.

5| Die pädagogischen Mitarbeiterinnen und Mitarbeiter behalten sich das Recht vor zu bestimmen, dass und wann die Kinder ihre Zähne putzen müssen.

6| Die pädagogischen Mitarbeiterinnen und Mitarbeiter behalten sich das Recht vor zu bestimmen,

1. dass die Kinder nach dem Toilettengang ihre Hände waschen müssen,
2. dass die Kinder vor den Mahlzeiten ihre Hände waschen müssen,
3. dass die Kinder sich reinigen müssen, wenn sie aus Sicht der pädagogischen Mitarbeiterinnen und Mitarbeiter zu stark verschmutzt sind.

§ 14 Regeln

1| Die Kinder haben das Recht, über die Regeln des Zusammenlebens in der Einrichtung sowie über den jeweiligen Umgang mit Regelverletzungen mitzuentscheiden. Letzteres gilt auch, wenn pädagogische Mitarbeiterinnen oder Mitarbeiter einer Regelverletzung bezichtigt werden.

2| Die pädagogischen Mitarbeiterinnen und Mitarbeiter behalten sich das Recht vor, zu bestimmen und durchzusetzen,

1. dass niemand verletzt oder beleidigt werden darf,
2. dass die Kinder beim körperlichen Umgang miteinander das „Nein" der anderen beachten müssen und nichts in Körperöffnungen stecken dürfen,
3. dass die Einrichtung und die materielle Ausstattung nicht ohne aus ihrer Sicht angemessene Gründe beschädigt werden dürfen,
4. dass bestimmte besonders gekennzeichnete Gegenstände oder Bereiche nur mit Zustimmung einer pädagogischen Mitarbeiterin oder eines pädagogischen Mitarbeiters genutzt werden dürfen,
5. dass niemand das Privateigentum anderer ohne deren Zustimmung nutzen darf,
6. dass die Kinder nicht ohne Genehmigung einer pädagogischen Mitarbeiterin oder eines pädagogischen Mitarbeiters das Einrichtungsgelände verlassen dürfen.

§ 15 Sicherheitsfragen

Die Kinder haben nicht das Recht mitzuentscheiden, wenn aus Sicht der pädagogischen Mitarbeiterinnen und Mitarbeiter für die Kinder nicht überschaubare Gefahren für Körper und Psyche bestehen.

§ 16 Raumgestaltung

1| Die pädagogischen Mitarbeiterinnen und Mitarbeiter behalten sich das Recht vor, die grundsätzliche Funktion der Räume festzulegen.

2| Die Kinder haben das Recht, über die räumliche Gestaltung der Innenräume sowie des Außengeländes durch Möbel, Spielgeräte und Materialien mitzuentscheiden. Dieses Recht umfasst auch das Recht, über die Auswahl der Wandfarben und Bodenbeläge mitzuentscheiden. Ausgenommen von diesem Recht sind das Büro, die Küche, die Wirtschaftsräume und die Materialkammer sowie fest eingebaute Gegenstände.

§ 17 Finanzen

1| Das Kinderparlament hat das Recht, über die Nutzung eines von der Einrichtungsleitung für die jeweilige Legislaturperiode zur Verfügung gestellten Etats zu entscheiden.

2| Über alle weiteren Finanzangelegenheiten haben die Kinder nicht das Recht mitzuentscheiden.

§ 18 Personal

1| Die Kinder haben das Recht, vor Entscheidungen über Neueinstellungen pädagogischer Mitarbeiterinnen und Mitarbeiter angehört zu werden. Die pädagogischen Mitarbeiterinnen und Mitarbeiter verpflichten sich, das Votum der Kinder bei ihrer Entscheidung zu bedenken und den Kindern ihre Entscheidung begründet mitzuteilen.

2| Die pädagogischen Mitarbeiterinnen und Mitarbeiter verpflichten sich, den Kindergartenkindern in den Sitzungen der Verfassungsorgane regelmäßig Möglichkeiten zu eröffnen, Beschwerden über Mitarbeiterinnen und Mitarbeiter öffentlich zu äußern, und anschließend

1. entweder über diese Beschwerden öffentlich mit den Kindern zu verhandeln und gegebenenfalls gemeinsam Konsequenzen zu beschließen oder
2. in ihrer Dienstversammlung über diese Beschwerden zu verhandeln, gegebenenfalls Konsequenzen zu beschließen und den Kindern die Ergebnisse ihrer Verhandlungen begründet mitzuteilen.

3| Die pädagogischen Mitarbeiterinnen und Mitarbeiter verpflichten sich, sich in Machtkämpfe zwischen Erwachsenen und Krippenkindern schlichtend einzumischen sowie bei einer Beteiligung an einem Machtkampf mit einem Krippenkind eine solche Einmischung zuzulassen.

4| Über alle weiteren Personalfragen haben die Kinder kein Recht mitzuentscheiden.

§ 19 Konzeption

Die Kinder haben nicht das Recht, über die Konzeption der Einrichtung mitzuentscheiden.

§ 20 Kinderaufnahme

1| Die Kinder haben nicht das Recht, über die Aufnahme neuer Kinder mitzuentscheiden.

2| Die Kinder haben nicht das Recht, über ihre Zugehörigkeit zu einer Gruppe mitzuentscheiden.

§ 21 Öffnungszeiten

Die Kinder haben nicht das Recht, über die Öffnungs- und Schließzeiten der Einrichtung mitzuentscheiden.

§ 22 Verfassungsänderungen

Die Kita-Verfassung kann nur von der Dienstversammlung der pädagogischen Mitarbeiterinnen und Mitarbeiter geändert werden. Dabei bedarf es

1. eines Konsensbeschlusses, um die Rechte der Kinder zu erweitern,
2. eines Beschlusses mit mindestens einer Zweidrittelmehrheit, um die Rechte der Kinder einzuschränken oder Verfassungsorgane und Verfahrensvorschriften zu verändern.

Abschnitt 3: Geltungsbereich und Inkrafttreten

§ 23 Geltungsbereich

Die vorliegende Verfassung gilt für die Kita von Leon und Jelena. Die pädagogischen Mitarbeiterinnen und Mitarbeiter verpflichten sich mit ihrer Unterschrift, ihre pädagogische Arbeit an den Beteiligungsrechten der Kinder auszurichten.

§ 24 Inkrafttreten

Die Verfassung tritt unmittelbar nach Unterzeichnung durch die pädagogischen Mitarbeiterinnen und Mitarbeiter der Kita von Leon und Jelena in Kraft.

Multiplikatorinnen und Multiplikatoren des Konzepts „Mitentscheiden und Mithandeln in der Kita"

Kindertageseinrichtungen, die eine kompetente Begleitung bei der (Weiter-)Entwicklung der Kita zu einem demokratischen Ort der Engagementförderung suchen, finden qualifizierte Multiplikatorinnen und Multiplikatoren für die Konzepte „Mitentscheiden und Mithandeln in der Kita“ und „Die Kinderstube der Demokratie“ auf den Internetseiten des Projekts „jungbewegt – Für Engagement und Demokratie.“ der Bertelsmann Stiftung sowie des Instituts für Partizipation und Bildung:
www.jungbewegt.de/praxishilfen/kita/multiplikatorinnen-und-multiplikatoren
www.partizipation-und-bildung.de/kindertageseinrichtungen/multiplikatorinnen

Literatur

Ahnert, Lieselotte. *Wieviel Mutter braucht ein Kind? Bindung – Bildung – Betreuung: öffentlich und privat*. Heidelberg 2010.

AWO Schleswig-Holstein. *„,Weltenentdecker'. Lernwerkstätten und Forscherräume in Kindertagesstätten"*. Kiel 2009.

Bartosch, Ulrich. „Missbrauchte Macht – Pädagogik als Unterdrückung". *Differenz und Dialog. Anerkennung als Strategie der Konfliktbewältigung?* Hrsg. Vera Flocke und Holger Schonefeld. Berlin 2011. 123–137.

Bartosch, Ulrich, und Raingard Knauer. „Demokratiebildung in der Kindertageseinrichtung als Merkmal von Qualität. Ergebnisse des Forschungsprojekts ,Schlüsselkompetenzen pädagogischer Fachkräfte in Kindertageseinrichtungen für Bildung in der Demokratie'". *Forschungsperspektiven auf Professionalisierung in der Frühpädagogik. Empirische Befunde der AWiFF-Förderlinie*. Hrsg. Anke König, Hans Rudolf Leu und Susanne Viernickel. Weinheim 2015.

Beek, Angelika von der. *Bildungsräume für Kinder von Null bis Drei*. Weimar und Berlin 2006.

Bernfeld, Siegfried. *Antiautoritäre Erziehung und Psychoanalyse. Ausgewählte Schriften Band 1–3*. Darmstadt 1969.

Deutscher Bundestag. „Bericht der Enquete-Kommission ,Zukunft des bürgerschaftlichen Engagements'". Drucksache 14/8900. Berlin 2002.

Deutscher Hebammenverband und Bundeszahnärztekammer (Hrsg.). „Textfreier Comic zur Zahnpflege und Mundgesundheit bei Kleinkindern". 2013. www.bzaek.de/fileadmin/PDFs/b/Comic_Prophylaxe_Zaehneputzen.pdf (Download 20.12.2013).

Deutsches PISA-Konsortium. *PISA 2000. Basiskompetenzen von Schülerinnen und Schülerin im internationalen Vergleich*. Opladen 2001.

Dewey, John. *The School and Society*. New York 1900.

Dewey, John. *Demokratie und Erziehung*. Weinheim und Basel 2000.

Dewey, John. *Pädagogische Aufsätze und Abhandlungen* (1900–1944). Zürich 2002.

Dittrich, Gisela, Mechthild Dörfler und Kornelia Schneider. *Wenn Kinder in Konflikt geraten. Eine Beobachtungsstudie in Kindertagesstätten*. Neuwied und Berlin 2001.

Dreier, Anette. *Was tut der Wind, wenn er nicht weht? Begegnung mit der Kleinkindpädagogik in Reggio Emilia*. Neuwied und Berlin 1999.

Eylert, Andreas. „Vielfalt als Chance – Elternschaft als heterogenes Gebilde". *Erziehungs- und Bildungspartnerschaften. Grundlagen und Strukturen von Elternarbeit*. Hrsg. Waldemar Stange, Angelika Henschel und Christof Schmitt. Wiesbaden 2012. 286–296.

Forst, Rainer. *Das Recht auf Rechtfertigung. Elemente einer konstruktivistischen Theorie der Gerechtigkeit*. Frankfurt am Main 2007.

Fthenakis, Wassilios E. „Ko-Konstruktion. Lernen durch Zusammenarbeit". *Didacta Kinderzeit* 3 2009. 8–13.

GEBIT – Gesellschaft für Beratung sozialer Innovation und Informationstechnologie. „Kindertageseinrichtungen". Auswertung der Organisationsbefragung „Zwischenfazit" im Rahmen von jungbewegt. Münster 2013.

Gonzales-Mena, Janet, und Dianne Widmeyer Eyer. *Säuglinge, Kleinkinder und ihre Betreuung, Erziehung und Pflege. Ein Curriculum für respektvolle Pflege und Erziehung*. Zwickau 2008.

Gopnik, Alison, Patricia Kuhl und Andrew Meltzoff. *Forschergeist in Windeln. Wie Ihr Kind die Welt begreift*. Kreuzlingen und München 2000.

Hansen, Rüdiger. „Mitbestimmung der Kleinsten im KiTa-Alltag – so klappt's!". *KiTa aktuell ND* 3 2013. 67–69.

Hansen, Rüdiger, und Raingard Knauer. „Beschweren erwünscht! Wie Kindertageseinrichtungen Beschwerdeverfahren für Kinder umsetzen können". *TPS – Theorie und Praxis der Sozialpädagogik* 9 und 10 2013.

Hansen, Rüdiger, und Raingard Knauer. *Leon und Jelena. Geschichten vom Mitmachen und Mitbestimmen in der Kita*. Gütersloh 2014.

Hansen, Rüdiger, Raingard Knauer und Benedikt Sturzenhecker. *Partizipation von Kindern in Kindertageseinrichtungen. So gelingt Demokratiebildung mit Kindern!* Weinheim und Berlin 2011.

Hentig, Hartmut von. *Bildung*. München und Wien 1996.

Himmelmann, Gerhard. *Demokratie Lernen als Lebens-, Gesellschafts- und Herrschaftsform*. Schwalbach 2005.

Hüther, Gerald, und Uli Hauser. *Jedes Kind ist hochbegabt. Die angeborenen Talente unserer Kinder und was wir aus ihnen machen*. München 2014.

Juul, Jesper. *Das kompetente Kind*. Reinbek 1997.

Kazemi-Veisari, Erika. *Kinder verstehen lernen. Wie Beobachten zu Achtung führt*. Seelze 2004.

Kleemiß, Hannelore. „Rhythmus, Konstanz, Rituale und ihre Bedeutung für die pädagogische Arbeit mit Kindern in den ersten drei Lebensjahren". 2011.

www.kita-fachtexte.de/texte-finden/detail/data/rhythmus-konstanz-rituale-und-ihre-bedeutung-in-der-paedagogischen-arbeit-mit-kindern-in-den-erste/ (Download 13.4.2014).

Korczak, Janusz. *Wie man ein Kind lieben soll.* Göttingen 1967.

Korczak, Janusz. *Das Recht des Kindes auf Achtung.* Göttingen 1970.

Knauer, Raingard, Bianca Friedrich, Thomas Herrmann und Bettina Liebler. *Beteiligungsprojekte mit Kindern und Jugendlichen in der Kommune. Vom Beteiligungsprojekt zum demokratischen Gemeinwesen.* Wiesbaden 2004.

Knauer, Raingard. „Demokratie in Kindertageseinrichtungen – aber nicht nur für Kinder". *E&W S-H* Sonderheft soz-päd. Berufe. Dezember 2013. 6–8.

Knauer, Raingard, Benedikt Sturzenhecker und Rüdiger Hansen. *Mitentscheiden und Mithandeln in der Kita. Gesellschaftliches Engagement von Kindern fördern.* Gütersloh 2011.

Laewen, Hans-Joachim. „Bildung und Erziehung in Kindertageseinrichtungen". *Bildung und Erziehung in der frühen Kindheit. Bausteine zum Bildungsauftrag von Kindertageseinrichtungen.* Hrsg. Hans-Joachim Laewen und Beate Andres. Weinheim, Berlin und Basel 2002a. 16–102.

Laewen, Hans-Joachim. „Was Bildung und Erziehung in Kindertageseinrichtungen bedeuten können". *Forscher, Künstler, Konstrukteure. Werkstattbuch zum Bildungsauftrag von Kindertageseinrichtungen.* Hrsg. Hans-Joachim Laewen und Beate Andres. Neuwied und Berlin 2002b. 33–69.

Lutz, Ronald. *Mitbestimmung in Kindertageseinrichtungen und Resilienz.* Hrsg. Deutsches Kinderhilfswerk e.V. Kinderreport Deutschland 2012. Berlin 2012.

Merkle, Tanja, und Carsten Wippermann. *Eltern unter Druck. Selbstverständnisse, Befindlichkeiten und Bedürfnisse von Eltern in verschiedenen Lebenswelten.* Hrsg. Christine Henry-Huthmacher und Michael Borchard. Stuttgart 2008.

Muchow, Martha, und Hans-Heinrich Muchow. *Der Lebensraum des Großstadtkindes.* Weinheim und München 1998.

Negt, Oskar. „Politische Bildung und Demokratie". *Bildung in der Demokratie. Beiträge zum 22. Kongress der Deutschen Gesellschaft für Erziehungswissenschaft.* Hrsg. Stefan Aufenanger, Franz Hamburger, Luise Ludwig und Rudolf Tippelt. Opladen 2010. 27–38.

Oerter, Rolf. „Partizipation – Aspekte ihrer Realisierung in der vorschulischen Kindheit". *KiTa spezial* 4 2005. 7–9.

Oswald, Paul, und Günter Schulz-Benesch. *Grundgedanken der Montessori-Pädagogik. Quellentexte und Praxisberichte. Überarbeitet und aktualisiert von Harald Ludwig.* Freiburg 2009.

Pikler, Emmi. *Laßt mir Zeit. Die selbständige Bewegungsentwicklung des Kindes bis zum freien Gehen.* München 2001.

Schäfer, Gerd (Hrsg.). *Bildung beginnt mit der Geburt. Förderung von Bildungsprozessen in den ersten sechs Lebensjahren.* Weinheim, Berlin und Basel 2003.

Schäfer, Gerd. „Fachfrau für den kindlichen Anfängergeist". *Kinderwelten – Bildungswelten. Unterwegs zur Frühpädagogik.* Hrsg. Gerd Schäfer, Roswitha Staege und Kathrin Meiners. Berlin 2010. 38–49.

Schier, Michaela, und Karin Jurczyk. „‚Familie als Herstellungsleistung' in Zeiten der Entgrenzung". *Aus Politik und Zeitgeschichte* 34 2007. 10–16.

Schneider, Wolfgang, und Ulman Lindenberger. *Entwicklungspsychologie*. Weinheim und Basel 2012.

Schröder, Richard. *Kinder reden mit! Beteiligung an Politik, Stadtplanung und Stadtgestaltung*. Weinheim und Basel 1995.

Staatsinstitut für Frühpädagogik (Hrsg.). „Gelingende BayBEP-Umsetzung in Kitas: Schlüssel Projektarbeit. Ein Positionspapier der AG Projektarbeit im Ko-Kita-Netzwerk Bayern, begleitet durch das IFP". München 2012. www.bildung-und-begabung.de/download/positionspapier-ko-kita-netzwerk-in-bayern (Download 20.12.2013).

Stamer-Brandt, Petra. *Projektarbeit in Kita und Kindergarten*. Freiburg 2010.

Steenberg, Ulrich. *Kinder kennen ihren Weg. Ein Wegweiser zur Montessori-Pädagogik*. Ulm 1997.

Stenger, Ursula. „Die Krippe als Bildungsort – Konzeptionelle Überlegungen und Beobachtungen". *Kinderwelten – Bildungswelten. Unterwegs zur Frühpädagogik*. Hrsg. Gerd Schäfer, Roswitha Staege und Kathrin Meiners. Berlin 2010. 50–64.

Sturzenhecker, Benedikt, Raingard Knauer und Rainer Dollase. *Evaluation der Bildungsleitlinien Schleswig-Holstein – Endbericht*. Hrsg. Ministerium für Soziales, Gesundheit, Familie und Gleichstellung des Landes Schleswig-Holstein. Kiel 2013.

Textor, Martin R. „Die Bildungsfunktion der Familie stärken: Neue Aufgabe der Familienbildung, Kindergärten und Schulen?" *Nachrichtendienst des Deutschen Vereins für öffentliche und private Fürsorge* 5 2005. 155–159.

Textor, Martin. „Die Erzieherin-Kind-Beziehung aus Sicht der Forschung". 2007. www.kindergartenpaedagogik.de/1596.html (Download 20.12.2013).

Tomasello, Michael. *Die kulturelle Entwicklung des menschlichen Denkens*. Frankfurt am Main 2006.

Tomasello, Michael. *Warum wir kooperieren*. Berlin 2010.

Viernickel, Susannae, Iris Nentwig-Gesemann, Katharina Nicolai, Stefanie Schwarz und Luise Zenker. *Schlüssel zu guter Bildung, Erziehung und Betreuung. Bildungsauftrag, Zeitkontingente und strukturelle Rahmenbedingungen in Kindertageseinrichtungen*. Berlin 2013.

Vygotskij, Lev Semenovic. *Denken und Sprechen. Psychologische Untersuchungen*. Weinheim und Basel 2002.

Zimmer, Jürgen. *Das kleine Handbuch zum Situationsansatz*. Weinheim und Basel 2000.

DVDs

Behnen, Ulrike. *Post für Herrn Gaddafi. Partizipation in der Kita*. DVD. 44 Minuten. Münster 2012. www.filmwerkstatt-muenster.de

Müller, Lorenz, und Thomas Plöger. *Die Kinderstube der Demokratie. Wie Partizipation in Kindertageseinrichtungen gelingt*. DVD. 32 Minuten. Kiel 2008. Deutsches Kinderhilfswerk e. V. Berlin.

Internetseiten

www.jungbewegt.de
www.partizipation-und-bildung.de

Der Autor und die Autorin

Rüdiger Hansen, Dipl.-Soz.Päd., ist freiberuflich in der Fort- und Weiterbildung tätig. Er ist Gründungsmitglied des Instituts für Partizipation und Bildung e.V. und hat langjährige Praxis in der pädagogischen Arbeit sowie der Fachberatung in Kindertageseinrichtungen. Arbeitsschwerpunkte: Partizipation und Bildung in Kindertageseinrichtungen, Planungsbeteiligung von Kindern.

Raingard Knauer, Dipl.-Soz.Päd., Dipl.-Päd., Dr. Päd., ist Professorin für Pädagogik, Sozialpädagogik und Kindheitspädagogik an der Fachhochschule Kiel, Fachbereich Soziale Arbeit und Gesundheit. Sie ist Gründungsmitglied des Instituts für Partizipation und Bildung e.V. Arbeitsschwerpunkte: Erziehung und Bildung in Kindertageseinrichtungen, Partizipation von Kindern und Jugendlichen, Konzepte hochschulischer Bildung.

Abstract

This handbook describes how to successfully promote social engagement among children in day care facilities. It was developed within the framework of the "Young and Involved" project, which aims to provide young people opportunities for social engagement early on in their life: in day care centers, schools and youth facilities.

Acting on the concept of "co-determination and participation in day care," pedagogy practitioners begin by enabling children to become active in the community of their day care facility – for their benefit as well as that of the community. This begins with paying special attention to the variety of daily duties and challenges that arise within the context of a day care facility.

The goal is to have children participate as much as possible in all the activities that need to be done within and around the facility. The point here is to get more things done with the children, not for the children. Sharing the power to decide plays a major role in this regard.

This concept draws upon the ten years' experience gathered through the "Nursing Democracy" (Kinderstube der Demokratie) project – the largest of its kind in the German-speaking world – and develops its aims further. The Nursing Democracy project addresses the issue of who should have the right and power to make decisions in the day-to-day activities that take place at a day care. By implementing the concept of "co-determination and participation," children are encouraged to take part in the decisions affecting their communal life and to become active in facilitating this communal life.

Cultivating social engagement in day care facilities strengthens not only children's sense of who they are as a person, but their sense of community, their independence and self-confidence. It also fosters educational processes and provides children experience with democratic activity at an early age. Cultivating social engagement is therefore not a task to be carried out by practitioners in addition to their other duties. It is much more. It helps them provide each child invidualized assistance, build a thriving sense of community among the children, and foster autonomy as well as solidarity.

This concept was developed and tested by the Bertelsmann Stiftung together with three day care facilities in Schleswig-Holstein. Since 2011, it has been implemented within the framework of the Young and Involved project at various facilities in Berlin, Magdeburg,

Mainz and Halberstadt, and has yielded positive results.

This book examines the experiences of these day care facilities so that others may learn from them. The book describes what social engagement among children in day care centers means (Chapter 1), what children need in order to take part in decision-making and to act (Chapter 2), and why children's social engagement should be fostered (Chapter 3). It presents practice-tested methods for fostering social engagement (Chapter 4), shows how this can work even with children below three years of age (Chapter 5), and how children's families can be involved (Chapter 6).

A variety of best practices are showcased to illustrate how social engagement among children in day care might look in concrete terms and how it can be supported in pedagogical terms. This is done in part through stories of co-determination and participation involving Leon and Jelena at a day care facillity. Though the characters and location are fictional, the stories are based on real-life developments at actual day care centers. Some of these stories have been published in five children's picturebooks (Hansen and Knauer 2014). These books help practitioners not only introduce the issue of social engagement to children but also explain the issue to parents. Our handbook contains these and other stories to help explain pedagogical plans targeting democratic social engagement.

The handbook encourages practitioners to critically examine and potentially rethink their daily activities. Methodological tips are also provided, but not with the goal of being copied one-to-one. Because each facility and each child is unique, methods must be adapted to an individual day care facility's needs and context, and tailored to the children involved. In their work, practitioners face the challenge of appreciating the diversity among "their" children and incorporating this into their actions so as to ensure social inclusion in everyday life.

Weiterführende Literatur:

Leon und Jelena

Leon und Jelena gehen in dieselbe Kita. Hier dürfen sie bei vielen Dingen des Alltags mitentscheiden. Ihr Engagement ist gefordert, wenn es darum geht, das Frühstück besser zu organisieren. Sie haben aber auch gute Ideen, um den Streit wegen der Dreiräder, die alle gleichzeitig benutzen möchten, zu lösen. Dadurch lernen sie, wie man Gemeinschaft so gestalten kann, dass alle zu ihrem Recht kommen. Ihre Erfahrungen vom Mitbestimmen und Mithandeln in der Kita sind in den zwölf Heften lebendig und kindgerecht aufgezeichnet. Die Geschichten vermitteln eindrücklich, dass sich Kinder schon im Alter von Leon und Jelena bewusst einsetzen und engagieren.

Empfohlen ab 3 Jahren

| **Verlag** Bertelsmann**Stiftung**

Geschichten vom Mitbestimmen und Mitmachen im Kindergarten

Rüdiger Hansen, Raingard Knauer

Leon und Jelena

Geschichten vom Mitbestimmen und Mitmachen im Kindergarten

32 S., Klammerbroschur, je € 3,– (D)

Die neue Erzieherin
ISBN 978-3-86793-859-4

Ein Name für den Fisch
ISBN 978-3-86793-794-8

Eine Baustelle für die Krippis
ISBN 978-3-86793-795-5

Eine Kinderkonferenz für die Schule
ISBN 978-3-86793-796-2

Der neue Kletterturm
ISBN 978-3-86793-594-4

Ein Platz zum Frühstücken
ISBN 978-3-86793-595-1

Die Haltestelle für Dreiräder
ISBN 978-3-86793-596-8

Jelena im Kinderparlament
ISBN 978-3-86793-597-5

Die Hundehaufen im Park
ISBN 978-3-86793-598-2

Die Matschhose muss weg
ISBN 978-3-86793-667-5

Schuhe für die Schuhe
ISBN 978-3-86793-668-2

Das Schrankspringer-Spiel
ISBN 978-3-86793-669-9

Alle Hefte auch als E-Book erhältlich

www.bertelsmann-stiftung.de/verlag